CNB
535
멸망을 앞둔 북이스라엘을 향한 경고
지상교회가 받고 깨달아야 할 메시지

소선지서 ⟨Ⅰ⟩

호세아서 / 요엘서 / 아모스서 / 오바댜서 / 요나서

이 광 호

2018년

교회와성경

지은이 | 이광호

영남대학교와 경북대학교대학원에서 법학과 서양사학을 공부했으며, 고려신학대학원 (M.Div.)과 ACTS(Th.M.)에서 신학일반 및 조직신학을 공부한 후 대구 가톨릭대학교 (Ph.D.)에서 선교학을 위한 비교종교학을 연구하였다. '홍은개혁신학연구원'에서 성경신학 담당교수를 비롯해 고신대학교, 고려신학대학원, 영남신학대학교, 브니엘신학교, 대구 가톨릭대학교, 숭실대학교 등에서 학생들을 가르쳤으며, 이슬람 전문선교단체인 국제 WIN선교회 한국대표를 지냈다. 현재는 실로암교회에서 담임목회를 하면서 한국개혁장로회신학교 교장을 맡고 있으며 부경신학연구원에서 강의하고 있다.

저서

- 성경에 나타난 성도의 사회참여(1990)
- 갈라디아서 강해(1990)
- 더불어 나누는 즐거움(1995)
- 기독교관점에서 본 세계문화사(1998)
- 세계 선교의 새로운 과제들(1998)
- 이슬람과 한국의 민간신앙(1998)
- 아빠, 교회 그만하고 슈퍼하자요(1995)
- 교회와 신앙(2002)
- 한국교회 무엇을 개혁할 것인가(2004)
- 한의 학제적 연구(공저)(2004)
- 세상속의 교회(2005)
- 한국교회의 문제점과 극복방안(공저)(2005)
- 교회, 변화인가 변질인가(2015)
- CNB 501 에세이 산상수훈(2005)
- CNB 502 예수님 생애 마지막 7일(2006)
- CNB 503 구약신학의 구속사적 이해(2006)
- CNB 504 신약신학의 구속사적 이해(2006)
- CNB 505 창세기(2007)
- CNB 506 바울의 생애와 바울서신(2007)
- CNB 507 손에 잡히는 신앙생활(2007)
- CNB 508 아름다운 신앙생활(2007)
- CNB 509 열매 맺는 신앙생활(2007)
- CNB 510 웨스트민스터 신앙고백(2008)
- CNB 511 사무엘서(2010)
- CNB 512 요한복음(2009)
- CNB 513 요한계시록(2009)
- CNB 514 로마서(2010)
- CNB 515 야고보서(2010)
- CNB 516 다니엘서(2011)
- CNB 517 열왕기상하(2011)
- CNB 518 고린도전후서(2012)
- CNB 519 개혁조직신학(2012)
- CNB 520 마태복음(2013)
- CNB 521 히브리서(2013)
- CNB 522 출애굽기(2013)
- CNB 523 목회서신(2014)
- CNB 524 사사기, 룻기(2014)
- CNB 525 옥중서신(2014)
- CNB 526 요한 1, 2, 3서, 유다서(2014)
- CNB 527 레위기(2015)
- CNB 528 스코틀랜드 신앙고백서(2015)
- CNB 529 이사야(2016)
- CNB 530 갈라디아서(2016)
- CNB 531 잠언(2017)
- CNB 532 욥기(2018)
- CNB 533 교회헌법해설(2018)
- CNB 534 사도행전(2018)

역서

- 모슬렘 세계에 예수 그리스도를 심자(Charles R. Marsh, 1985년, CLC)
- 예수님의 수제자들(F. F. Bruce, 1988년, CLC)
- 치유함을 받으라(Colin Urquhart, 1988년, CLC)

홈페이지 http://siloam-church.org

소선지서 〈I〉

호세아서 / 요엘서 / 아모스서 / 오바댜서 / 요나서

CNB 535

소선지서 〈I〉

호세아서 / 요엘서 / 아모스서 / 오바댜서 / 요나서

A Study on the Book of Hosea, Joel, Amos, Obadiah, Jonah
by Kwangho Lee
Copyright ⓒ 2018 by Kwangho Lee

Published by the Church & Bible Publishing House

초판 인쇄 | 2018년 11월 10일
초판 발행 | 2018년 11월 16일

발행처 | 교회와성경
주소 | 평택시 특구로 43번길 90 (서정동)
전화 | 031-662-4742
등록번호 | 제2012-03호
등록일자 | 2012년 7월 12일

발행인 | 문민규
지은이 | 이광호
편집주간 | 송영찬
편집 | 신명기
디자인 | 조혜진

————————————————

총판 | (주) 비전북출판유통
주소 | 경기도 고양시 일산구 장항동 568-17호 (우) 411-834
전화 | 031-907-3927(대)   팩스 031-905-3927

————————————————

CNB 시리즈
서 문

CNB The Church and The Bible 시리즈는 개혁신앙의 교회관과 성경신학적 구속사 해석에 근거한 신·구약 성경 연구 시리즈이다.

이 시리즈는 보다 정확한 성경 본문 해석을 바탕으로 역사적 개혁 교회의 면모를 조명하고 우리 시대의 교회가 마땅히 추구해야 할 방향을 제시함으로써 교회의 삶과 문화를 창달하는 것을 그 목적으로 하고 있다.

따라서 이 시리즈는 진지하게 성경을 연구하며 본문이 제시하는 메시지에 충실하고 있다. 그렇다고 이 시리즈가 다분히 학문적이거나 또는 적용이라는 의미에 국한되지 않는다. 학구적인 자세는 변함 없지만 궁극적으로 하나님의 나라를 지향함에 있어 개혁주의 교회관을 분명히 하기 위해 보다 더 관심을 가진다는 의미이다.

본 시리즈의 집필자들은 이미 신·구약 계시로써 말씀하셨던 하나님께서 지금도 말씀하고 계시며, 몸된 교회의 머리이자 영원한 왕이신 그리스도께서 지금도 통치하시며, 태초부터 모든 성도들을 부르시어 복음으로 성장하게 하시는 성령께서 지금도 구원 사역을 성취하심으로써 창세로부터 종말에 이르기까지 거룩한 나라로서 교회가 여전히 존재하고 있음을 그 무엇보다도 중요하게 여기고 있다.

아무쪼록 이 시리즈를 통해 계시에 근거한 바른 교회관과 성경관을 가지고 이 땅에 진정한 그리스도인의 삶과 문화가 확장되기를 바라는 바이다.

시리즈 편집인

김영철 목사, 미문(美門)교회 목사, Th.M.
송영찬 목사, 기독교개혁신보 편집국장, M.Div.
오광만 목사, 대한신학대학원대학교 교수, Ph.D.
이광호 목사, 실로암교회 목사, Ph.D.

소선지서 〈I〉

호세아서 / 요엘서 / 아모스서 / 오바댜서 / 요나서

A Study on the Book of
Hosea, Joel, Amos, Obadiah, Jonah

2018년

교회와성경

머리말

하나님께서 특별히 선택하신 다윗을 통해 세우신 언약의 왕국은 불과 두 세대를 넘기지 못하고 남북으로 분열되었다. 다윗을 이어 왕위에 오른 솔로몬이 죽고 나서 그 나라는 여로보암이 반란을 일으켜 이스라엘 왕국이란 이름으로 독립하게 되었기 때문이다. 그로 말미암아 솔로몬의 아들 르호보암은 예루살렘을 중심으로 한 남쪽 지역의 왕으로서 백성들을 통치할 수 있었을 따름이다.

남 유다 왕국은 다윗의 혈통을 이은 왕들이 모세의 율법과 예루살렘 성전을 중심으로 그 명맥을 유지할 수 있었다. 물론 백성들의 타락으로 인해 나라 안팎에 많은 혼란이 되풀이 되었지만 전체적으로는 그 근본에서 벗어나지 않았다. 즉 그들은 하나님 앞에서 악한 범죄를 저질렀을 때도 다윗 왕국에 속한 백성의 정체성을 완전히 버리지는 않았던 것이다.

하지만 북 이스라엘 왕국은 그렇지 않았다. 그 백성들은 반란 왕국에 속한 자로서 이단자와 배도자로서 존재하게 되었다. 그 지도자들은 관념상 유대교를 지향하고 있었으나 실제로는 불신자들로 구성된 권력 집단에 지나지 않았다. 그들은 입술로는 아브라함과 이삭과 야곱을 언급하고 모세와 여호수아를 이야기했을지라도 여호와 하나님과는 아무런 상관이 없는 배도에 빠진 불신자들이었다.

그 사람들은 이방의 불신자들보다도 오히려 더 사악했다. 그들은 모세를 통해 계시된 율법을 버리고 그것을 멸시했다. 또한 북 왕국에서는 예루살렘 성전을 완전히 버렸다. 그 지도자들은 하나님의 율법 대신 이단적 율법을 제정하기에 이르렀다. 그리하여 아론 지파 제사장을 인정하지 않고 저들의 뜻에 맞는 이방 제사장을 따로 세웠다.

그들은 언약의 장소인 예루살렘이 아닌 단과 벧엘에 증오의 신전을 세웠다. 그리하여 거짓 제사장들이 촛대와 등대, 향단이 없는 가짜 신전 가운데서 이방신을 섬기게 되었다. 그들은 십계명이 새겨진 모세의 두 돌판과 만나가 담긴 금항아리, 그리고 아론의 싹난 지팡이가 없는 거짓 성소를 세우고 금송아지 형상의 이방신상을 만들어 그 안에 두고 섬기기를 좋아했다. 거기에는 율법에 기록된 번제단과 정결케 하는 물두멍이 존재하지 않았다.

우리가 반드시 기억해야 할 바는 모세 율법을 비롯한 계시된 말씀을 통하지 않고 하나님을 알 수 있는 방법이 없다는 점이다. 또한 예루살렘 성전을 통하지 않고는 여호와 하나님 앞으로 나아갈 길이 아예 없다는 사실이다. 북 이스라엘 왕국의 신앙행태가 그렇게 됨으로써 남 유다 왕국에 속한 백성들도 그로부터 악한 영향 아래 노출되어 있다는 것은 심각한 문제가 아닐 수 없었다.

하나님께서는 그와 같은 형편 가운데서 진리로부터 멀어져가는 백성들에게 진리의 말씀을 주셨다. 구약 시대에는 하나님으로부터 계시된 말씀을 언약의 자손들에게 전달한 선지자들이 많았다. 하나님께서는 각 시대마다 적절한 성도들을 불러 그 특별한 임무를 맡기셨다. 그들 가운데는 문자로 기록하여 예언한 자들이 있는가 하면 언술로 선포만 한 선지자들도 있었다. 또한 삶과 행위를 통해 하나님의 뜻을 전달한 자들도 있었다.

우리는 그 선지자들 가운데 누가 더 훌륭한 인물인지 평가할 수 없다. 각자 상이한 시대적 배경 가운데 살아가면서 주님께서 맡기신 특수한 사명을 성실하게 감당했을 것이기 때문이다. 그런 측면에서 볼 때 모든 참된 선지자들은 차별 없이 하나님의 말씀에 온전히 순종했던 성도들이었음이 분명하다.

그럼에도 불구하고 사람들은 편의에 따라 선지자들이 기록한 책들을 대선지서와 소선지서로 나눈다. 이사야서, 예레미야서, 에스겔서, 다니엘서를 대선지서라 칭한다. 그리고 호세아서, 요엘서, 아모스서, 오바댜서, 요나서, 미가서, 나훔서, 하박국서, 스바냐서, 학개서, 스가랴서, 말라기서를 소선지서라 부른다. 물론 그것은 성도들의 편의를 위한 구분일 뿐 그 권위에 차이가 나는 것은 아니다.

이 책은 소선지서로 알려진 열두 권의 서책들 가운데 앞부분의 다섯 권에 관한 주해서이다. 이 성경 서책들은 북 이스라엘 왕국이 심각한 이단적 배도에 빠져 있었으나 아직 앗수르 제국에 의해 멸망당하기 전에 예언되었다. 물론 북쪽 왕국의 이단 행위와 더불어 남쪽 유다 왕국 역시 많은 문제점들을 안고 있었다.

하나님께서는 그 가운데 살아가는 선택받은 성도들을 잠시도 잊지 않고 계셨다. 따라서 참 언약의 자손들이 이방 종교사상뿐 아니라 혈통적 형제 관계라 내세우는 북 이스라엘 왕국의 가증한 이단자들로부터 영향을 받는 것을 방지하고자 하셨다. 이미 그 사상에 영향을 받고 있는 자들은 속히 하나님 앞으로 돌아와야만 했다.

　우리는 구약성경의 선지서들을 읽고 묵상하면서 그에 연관된 의미들을 올바르게 알아가야 한다. 그래야만 하나님께서 저들을 향해 간곡히 말씀하고자 하는 의도를 명확하게 깨달을 수 있게 된다. 또한 선지서에 기록된 모든 말씀은 오늘날 우리의 소중한 거울이 된다는 사실을 잊어서는 안 된다. 즉 그 말씀들은 오래전에 있었던 역사적 사실을 우리에게 전해줄 뿐 아니라 지상 교회가 현실적으로 받아들여 적용해야 할 소중한 실제적 교훈들을 담고 있기 때문이다.

　이 책에 담긴 내용들은 몇몇 교회와 신학교에서 강의한 내용을 정리한 것들이다. 부족한 사람에게 말씀을 나눌 수 있는 기회를 허락하신 형제들에게 고마움을 전한다. 또한 이 책의 출판을 위해 수고를 아끼지 않은 친구 송영찬 목사님과 본인이 목회하는 한국개혁장로회 실로암교회 성도님들, 그리고 원고를 읽고 교정을 본 아내 정정희 성도에게도 깊은 감사의 마음을 가진다. 이 책을 통해 성경을 절대 진리로 받아들이고 소선지서를 이해하고자 하는 많은 성도들에게 작은 도움이 되기를 바란다.

2018년 10월 9일
실로암교회 서재에서
이광호 목사

차 례

호세아서

〈목 차〉

서 문

성경 각 서책은 사건이 발생한 연대기 순이나 기록연대에 따라 배열되지 않았다. 그럼에도 불구하고 역사적 전통 가운데 배열된 그 순서에는 상당한 의미가 담겨 있는 것으로 보아야 한다. 따라서 호세아서는 구약 성경에서 대선지서 예언에 이어 연결되는 소선지서 열두 권의 맨 앞에 놓여 있어서 그 관문의 역할을 하는 것으로 이해할 수 있다.

호세아가 하나님의 말씀을 예언하던 시기는 남북 이스라엘 왕국이 공히 가장 강력한 시대였다. 특히 북 이스라엘 왕국의 여로보암 2세 왕과 남 유다 왕국의 웃시야 왕이 통치하던 시기는 일반적인 관점에서 보아 최고 전성기를 누리고 있었다고 해도 과언이 아니다.

당시 모든 것이 흥왕하고 국력이 강해지자 어리석은 자들 가운데는 그 풍요로움으로 인해 배도에 빠지는 경우가 많아졌다. 그리고 기득권자들은 자기의 욕망에 사로잡혀 이기적인 행위를 되풀이했다. 그렇게 되자 하나님을 버린 자들은 연약한 백성들을 억압하는 가운데 영적인 간음에 빠지게 되었다.

북 이스라엘 왕국의 여로보암 2세는 막강한 권력으로 장기 집권을 했다. 그러나 하나님을 모독하는 우상숭배 행위로 말미암아 그의 무서운 심판을 피할 수 없었다. 또한 남 유다 왕국의 웃시야 왕 역시 장기 집권하며 국력을 신장했다. 하지만 그는 하나님 앞에서 오만한 태도를 보임으로써 말년에는 하나님의 징계를 받아 문둥병이 걸려 고통스런 시간을 보냈다.

그런 상황 가운데 하나님께서는 이사야와 아모스를 비롯한 여러 선지자들을 보내 이스라엘 백성을 향한 경고의 메시지를 전하셨다. 그 선지자들 중에는 청년 호세아가 포함되어 있었다. 하나님께서는 그를 결코 평범하지 않은 특이한 방법으로 사용하셔서 배도에 빠져 허덕이는 언약의 자손들과 기득권자들에 의해 고통을 당하고 있는 백성을 일깨우고자 하셨다.

선지자 호세아는 언어적 계시를 통해 하나님의 뜻을 이스라엘 백성에게 전달하기도 했지만 그에게는 매우 특이한 사명이 주어졌다. 즉 그는 행위 예언자로서 그의 전 생애가 언약의 자손들을 위한 예언적 메시지가 되어 하나님의 뜻을 전달했다. 그것은 물론 호세아 개인의 판단과 열정에 따라 이루어진 것이 아니라 전적으로 하나님께서 주도하신 일이었다.

우리는 호세아서 본문에 기록된 말씀을 보며, 하나님의 계시 전달 방식에 있어서 그것이 구술 예언과는 상당한 차이가 난다는 사실을 알게 된다. 더구나 그의 삶을 통한 행위 예언은 개인적인 단회적 사건에 국한된 것이 아니었다. 그것은 선지자의 전 생애와 가정생활에 직접 연관된 것들이었다. 즉 거룩함을 유지해야 했던 선지자 호세아와 음란한 성향을 지닌 그의 아내 고멜, 그리고 불행한 가운데 출생한 그의 자녀들 모두가 하나님의 예언을 전달하는 특수한 도구가 되어 있었던 것이다.

그리하여 호세아의 불행한 삶에 연관된 모든 내용들은 이스라엘 민족에게 살아있는 강력한 메시지가 되어 존재했다. 따라서 당시 언약의 자손들은 항상 호세아와 그 가족의 삶을 주시할 수밖에 없는 상황이었다. 그 가운데서 선지자 호세아 본인과 다른 선지자들의 예언적 해석을 통해 그 의미를 확인하고 적용해 나가야만 했다. 이스라엘 자손은 그것을 통해 하나님의 놀라운 뜻을 알아가야만 했던 것이다.

호세아서에 나타나는 모든 예언의 메시지는 오늘날 우리 역시 주의를 기울여 받아들여야만 한다. 풍요로움으로 넘쳐나는 현대 기독교는 전반적으로 배도에 빠져 있다고 해도 과언이 아니다. 한편 이 땅에는 교회의 목회자요 성경 교사로 알려진 목사들이 수없이 많이 있으며 종교적인 열정이 어느 때보다 강한 시대임에도 불구하고 교회는 치욕적인 불신으로 가득 차 있다.

이런 시대적 형편 가운데서 교회 안에는 세상과 타협함으로써 영적인 간음에 빠진 자들이 수없이 많다. 그들은 자기가 속한 타락한 시대를 해석해 낼 아무런 여력이 없다. 그런 자들은 영적인 음란 행위를 되풀이 하면서도 그것이 얼마나 두려운 일인지 인식하지 못하고 있다. 호세아서는 배도의 상황에 처한 모든 교회들을 향해 경고의 메시지와 더불어 인내하는 하나님의 놀라운 사랑을 보여주고 있다. 따라서 우리는 이 말씀에 여간 민감하게 반응하지 않으면 안 된다.

이 글은 2018년 부경신학연구원 가을학기(9-12월) 강의를 위해 준비한 강의안이다. 모쪼록 이 글을 접하는 교회와 성도들이 호세아서에 대한 깊은 깨달음을 가지게 되길 바란다. 하지만 그것이 단순한 이론에 머문다면 아무런 의미가 없다. 시대에 처한 교회 가운데 실천적으로 적용될 때 그 진정한 의미가 살아날 수 있을 것이기 때문이다.

지상 교회에 허락된 유일한 진리는 천상으로부터 계시된 하나님의 말씀이라는 사실을 결코 잊어서는 안 된다. 성숙한 성도들은 그것을 통해 타락한 이 세상을 예리하게 해석해야 하며 교회 가운데 그 의미를 생동감 있게 드러내어 적용해 가야 한다. 말세지말(末世之末)에 처한 지상 교회와 성도들이 호세아서의 교훈을 통해 하나님 앞에서 온전히 세워져 갈 수 있기를 소망해 본다. "아멘, 주 예수여 속히 오시옵소서"

제1장

'호세아의 혼인과 그 자녀들'을 통한 하나님의 메시지
(호1:1-11)

1. 선지자 호세아 시대(호1:1)

선지자 호세아가 생애를 통해 예언하던 그 시기 남 유다 왕국에서는 웃시야와 요담, 아하스, 히스기야가 왕이 되어 통치하던 때였으며 북 이스라엘 왕국에서는 요아스의 아들 여로보암 2세가 나라를 통치하던 시대였다. 그 시기는 전반적으로 외적인 흥왕함으로 인해 하나님의 뜻을 멀리하는 매우 교만한 시대가 되어 있었다.

당시 이스라엘 백성들 가운데는 종교적 혼합주의가 크게 기승을 부리고 있었다. 배도에 빠진 자들은 이방 종교 사상을 끌어들여 심각한 음란에 빠져 있으면서 입술을 통해 형식적으로는 여호와의 이름을 부르기를 좋아했다. 그들의 실상은 바알과 아세라를 비롯한 이방신 사상을 따르며 이 세상에서의 욕망을 채우기에 급급했을 따름이다(호2:8, 참조).

그러므로 하나님께서는 배도에 빠져 갈피를 잡지 못하는 백성들을 위해 여러 선지자들을 보내 주셨다. 그 가운데는 이사야와 아모스 등의 선지자가 포함되어 있었다. 하나님은 율법을 버리고 진리를 멀리하는 타락한 언약의 백성들에게 여러 선지자들을 보내 자기에게 돌아오도록 요구하셨던 것이다.

그 선지자들이 하나님의 부르심을 받을 때는 대개 보잘것없는 평범한 인물에 지나지 않았다. 아직 혼인하지 않은 젊은 호세아의 경우에는 더욱 그러했다. 그런 형편에서 당시 서슬 퍼런 권력을 지닌 왕들을 향해 비판의 목소리를 내는 것은 목숨이 위태로울 수밖에 없었다. 하지만 어리석은 자들은 선지자들의 용기 있는 행동에도 불구하고 하나님의 말씀을 받아들이기는커녕 더욱 패악을 저지르며 제 갈 길을 가고 있었다.

2. 하나님의 특별한 요구와 음란한 여인 고멜 사이에 얻은 자식들(호1:2-9)

(1) 호세아와 고멜 사이에 난 아들 '이스르엘' (호1:2-5)

하나님께서는 절대 다수의 이스라엘 백성이 배도에 빠져 종교적인 음란을 행하고 있던 시기에 아직 미혼인 호세아를 불러 자신의 선지자로 세우셨다. 구약시대 혼인하지 않은 인물이나 젊은 청년을 불러 특별한 직분을 맡긴다는 것은 그리 흔한 일이 아니었다. 그럼에도 불구하고 하나님께서 그를 부르신 까닭은 그에게 이스라엘 민족을 향한 예언자로서 특별한 사명을 맡기시기 위해서였다.

하나님께서 선지자 호세아를 불러 세워 명령을 내리셨다. "이제 가서 음란한 여자를 아내로 맞이하여 음란한 자식들을 낳으라"(호1:2). 이는 음란한 백성들 가운데서 저들과 어울려 살아가는 여자를 택하여 아내로 삼으라는 의미를 내포하고 있다. 그가 그렇게 해야만 했던 중요한 이유는 이스라엘 왕국이 여호와 하나님을 떠나 크게 음란하게 행했기 때문이다.

하나님께서는 자신의 율법을 떠나 배도에 빠진 백성들에게, 선지자의 특별한 행위 예언을 통해 메시지를 전하고자 하셨다. 즉 거룩한 삶을 살아가야 할 선지자와 음란에 빠진 고멜은, 거룩하신 하나님과 음란한 배도에 빠진 이스라엘 백성을 대비시키고 있다. 도저히 어울릴 수 없는 남녀의 관계 속에서 신랑으로 이해할 수 있는 하나님과 그의 아내로 묘사되는 음란한 이스라엘 민족 사이를 드러내 보여주고 있다.

우리가 여기서 먼저 기억해야 할 바는 우선 하나님의 선지자라 일컫는 호세아가 음란한 여인을 아내로 맞아 결혼함으로써 사람들로부터 심한 비난을 면치 못했을 것이란 사실이다. 선지자가 음란한 여성과 혼인을 하게 되었을 때 주변 사람들이 그에 대한 의구심을 떨칠 수 없었을 것이 틀림없다. 하나님의 예언을 맡은 거룩해야 할 선지자가 부정하고 더러운 여인을 아내로 맞아들인다는 것은 이해하기 어려운 문제였다. 그것은 선지자의 권위를 크게 떨어뜨리는 부정적인 역할을 했을 것이 분명하다.

그리고 호세아의 혼인과 가정을 통한 행위 예언은 간단하게 전달할 수 있는 언어적 메시지와 달리 상당한 기간을 요하는 것이었다는 사실을 기억해야 할 필요가 있다. 언어적 예언은 그 자리에서 즉시로 전달되는 특색이 있었다면 호세아의 행위 예언은 그와 달랐다. 또한 그것이 언약의 자손들에게 전달되기 위해서는 선지자들의 또 다른 예언적 해석을 요구할 수밖에 없었다.

하나님의 특별한 명령을 받은 믿음의 사람 호세아는 그에 순종하는데 조금도 주저하지 않았다. 그는 하나님께서 요구하신 대로 즉시 가서 디블라임(Diblaim)의 딸 고멜을 아내로 맞았다. 그런데 우리는 여기서 많은 생각을 하게 된다. 고멜이 다른 남성과 음란한 간음을 저지른 여성이었다면 살아남기 어려웠을 것이기 때문이다. 구약시대 이스라엘 백성에게 있어서 간음은 사형에 처해질 만큼 무서운 죄악이었다. 모세 오경에는 성적으로 부도덕한 여인은 돌로 쳐 죽이라고 했다.

"그 처녀에게 처녀인 표적이 없거든 처녀를 그 아비집 문에서 끌어내고 그 성읍 사람들이 그를 돌로 쳐 죽일지니 이는 그가 그 아비 집에서 창기의 행동을 하여 이스라엘 중에서 악을 행하였음이라 너는 이와 같이 하여 너의 중에 악을 제할지니라"(신22:20,21)

성경은 호세아의 아내가 된 고멜이 음란한 여성이라는 사실을 분명히 밝히고 있다. 우리가 일반적으로 생각하듯 그 여인이 성적으로 부도덕한 여성이었다면 그에 관한 사실이 온 동네에 자자하게 소문나 있지 않았을까? 만일 그러했다면 고멜은 집안에서 무사하지 못했을 것 아닌가?

그런데 성경의 문맥을 통해 볼 때 고멜이 돌에 맞아죽지 않은 것은 물론 특별한 징벌을 받은 것으로 보이지 않는다. 어쩌면 당시 배도에 빠진 사람들은 그 더러운 악행을 알면서도 하나님의 율법을 무시했을지 모른다. 그리고 물질의 풍요로움으로 인해 고멜과 같은 음란한 여성들이 많았으므로 사회적 윤리성이 무디어진 상태였을 것이라 짐작해 볼 수 있다.

그와 더불어 우리에게는 호세아가 고멜을 음란한 여성이라는 사실을 어떻게 알아보았을까 하는 간단하지 않은 문제가 남는다. 고멜은 하나님을 두려워하지 않은 영적으로 음란한 여성으로서 육체적 정조에 대한 관념이 없던 여성이었다. 조심스러운 접근이기는 하지만, 혼인하기 전의 그 여인이 비록 성적인 접촉을 통한 직접적인 범행을 저지르지 않았을지라도 그는 순결에 대한 개념이 전혀 없었을 것이 분명하다.

그러므로 우리가 기억해야 할 바는 호세아가 고멜의 집안을 찾아가 청혼을 했을 때 그것 자체로 문제될 것이 없었다는 사실이다. 당시 그 두 사람의 혼인이 가능했다는 것은 양쪽 집안의 충분한 동의와 허락이 있었음을 말해준다. 음란한 여자인 고멜이 호세아가 하나님의 선지자란 사실을 뻔히 알면서 그의 청혼을 순순히 받아들인 점 역시 이해하기 쉽지 않다. 물론 하나님의 특별한 명령과 경륜에 따른 것이지만 그 혼인 과정은 일반적인 절차를 밟았을 것이 틀림없다.

고멜을 단순히 직접적인 성적 접촉을 통해 음란에 빠진 자로 제한하기 어려운 중요한 근거는 호세아가 고멜을 통해 얻은 자식들이 아직 나이가 어렸지만 이미 '음란한 자식들' 로 낙인찍혀 있었다는 점이다(호1:2). 호세아와 혼인한 고멜은 그의 첫 번째 아들 이스르엘을 출산했다. 그 이름은 부모가 지은 것이 아니라 하나님께서 직접 지어주셨다. 그의 이름에서 드러나는 의미를 통해 하나님께서 오므리 왕조를 파멸시키고 북 이스라엘 왕국의 왕위에 오른 예후(BC841-814) 왕조를 심판하여 멸망시키겠노라고 하셨다.

예후는 아합왕의 아들 요압을 비롯한 여러 왕자들과 왕후 이세벨을 죽이고 반란에 성공한 인물이었다. 따라서 하나님께서 북 이스라엘 왕국의 예후 집안을 심판하시고자 한 것은 그가 이스르엘에서 죄없는 자들을 죽이고 권력을 찬탈한 죄값이었다. 예후의 세력을 징벌하는 그 날이 이르게 되면 하나님께서 이스르엘 골짜기에서 이스라엘 왕국의 활을 꺾어 버리신다는 것이었다.

(2) 호세아와 고멜 사이에 난 딸 '로루하마' (호1:6,7)

맏아들을 출산한 고멜은 또 임신하여 딸을 낳게 되었다. 하나님께서는 그 딸의 이름을 '로루하마' 라고 지어주셨다. 이는 하나님께서는 다시는 북 이스라엘 왕국에 속한 족속을 긍휼히 여기거나 용서하지 않는다는 심각한 의미를 지니고 있다.

하지만 하나님은 남 유다 왕국의 족속들에게는 긍휼을 베풀어 여호와의 이름으로 저들을 구원해주시겠다고 말씀하셨다. 그러나 그 백성의 활과 칼, 혹은 말과 마병을 통해 스스로 자기를 방어할 수 있게 하지는 않는다고 하셨다. 즉 유다 왕국의 전투력이 아니라 전적인 하나님의 능력과 은혜로 저들을 구원하시리라는 것이었다.

우리가 이에 대한 분명한 깨달음을 가지는 것은 매우 중요하다. 하나님께서 야곱의 자손 열두 지파를 특별히 세우신 것은 저들 자신을 위해서가 아니었다. 따라서 이스라엘 민족의 각 지파 자체를 긍휼의 대상으로 삼지 않으셨다. 그 모든 것은 도리어 하나님께서 계획하신 바 뜻을 이루어 가시기 위한 것이었다. 그 중심에는 장차 자기 백성을 죄로부터 구원하실 메시아를 이 땅에 보내시는 일이 존재하고 있었다(마1:21).

그 일을 위해서는 배도에 빠진 북 이스라엘 왕국에 긍휼을 베푸시는 대신 저들을 패망시키고 예루살렘과 거룩한 성전이 존재하는 남 유다 왕국으로 충분했다. 성숙한 성도들은 그에 대한 깨달음을 가지고 있었다. 하나님의 구원사역은 인간들 자체가 아니라 하나님 자신을 위한 것으로서 인간의 노력과 능력이 아닌 하나님의 뜻에 모든 것이 달려 있음을 알고 있었던 것이다. 하지만 어리석은 자들은 하나님을 위해 존재하는 자기가 아니라 자기를 위해 존재하는 하나님으로 크게 착각하게 된다.

(3) 호세아와 고멜 사이에 난 다른 아들 '로암미' (호1:8,9)

'로루하마'를 젖뗀 후 호세아와 고멜 사이에는 또다시 자녀가 태어나게 되었다. 하나님께서 이번에는 그의 이름을 '로암미'라 지어주셨다. 그 가운데는 '너희는 나의 백성이 아니요 나는 너희 하나님이 되지 않을 것이라' (호1:8)는 충격적인 뜻이 담겨 있었다.

하나님께서는 음란한 여인 고멜이 출산한 호세아의 아들 로암미를 통해 자기와 이스라엘 백성 사이의 관계를 단절하여 정리하고자 하신다는 메시지를 주셨다. 이는 사실 하나님의 심판과 저주에 해당되는 두려운 일이었다. 호세아의 자식으로 태어난 로암미는 이스라엘 백성들 가운데서 점차 성장해갔다. 많은 이스라엘 백성들은 자라가는 그의 이름을 부르며 하나님께서 주신 끔찍한 예언의 말씀을 기억할 수밖에 없었다.

그러나 배도에 빠진 자들은 하나님의 이름을 끊임없이 부르면서도 그가 호세아의 가정을 통해 주신 메시지에 대해서는 진정한 관심이 없었다. 로암미는 보통 집의 평범한 아들이 아니라 하나님께서 택하신 특별한 선지자 호세아의 자식이었다. 따라서 로암미와 가까이 살지 않고 그의 얼굴을 모르는 백성들도 선지자의 아들 이름이 로암미라는 사실과 그를 통해 이스라엘 백성 가운데 엄청난 예언이 주어지고 있다는 사실을 깨닫고 있어야만 했다. 그래야만 그들이 죄를 뉘우치고 진정한 회개의 눈물을 흘릴 수 있을 것이었기 때문이다.

3. 이스라엘 자손을 향한 하나님의 뜻(호1:10,11)

하나님께서는 이스라엘 자손들을 향해 엄중한 심판을 선언하시면서도 자기가 계획하는 바 구원 사역에 연관된 문제를 결코 가볍게 여기지 않으셨다. 그는 이스라엘 자손의 수가 바닷가의 모래 같이 되어서 헤아릴 수 없을 만큼 많게 해주시겠다고 하셨다. 지금은 배도에 빠진 자들을 버리겠지만 장차 선택받은 많은 이방인들이 하나님의 백성이 될 것이기 때문이었다. 따라서 이방지역 사람들이, "너희는 살아계신 하나님의 아들들이라"(호1:10)고 칭함을 받게 된다는 것이었다.

이는 하나님께서 아브라함에게 약속하신 말씀과 조화되는 내용이었다. "내가 네게 큰 복을 주고 네 씨로 크게 성하여 하늘의 별과 같고 바닷가의 모래와 같게 하리니 네 씨가 그 대적의 문을 얻으리라"(창22:17). 메시아를 향한 이스라엘 민족에 연관된 하나님의 약속은 아브라함의 혈통에 제한되지 않고 끝까지 유효했던 것이다.

그리하여 유다 자손과 이스라엘 자손이 함께 모여 통일을 이루게 된다. 이는 민족주의나 혈통주의를 넘어서는 개념을 지니고 있다. 그들 가운데 '한 통치자'(one head, one leader)가 세워지게 되며 포로가 되어 잡혀갔던 땅에서 나와 번성하게 된다고 했다. 그러면서 그 날이 '이스르엘의 날'(호

1:11)이 되리라고 했다. 이는 무고한 백성의 피를 흘리고 권력을 찬탈한 예후의 행위로 인해 이스르엘에게 무서운 심판을 내리듯이 하나님의 엄중한 심판이 악한 자들 위에 임하게 된다는 사실을 말해주고 있다.

이 말씀은 역사적 과정과 더불어 실행되는 메시아 예언적 의미를 가지는 것으로 이해할 수 있다. 하나님께서 사악한 자들에 대하여 궁극적인 심판을 행함으로써 자신의 놀라운 뜻을 이루어가시게 된다. 그것을 위해 하나님께서 '한 통치자'를 허락하여 궁극적인 승리를 거두게 하시는 것이다. 그 통치자는 이스라엘 민족 가운데 일반적인 왕위를 계승할 다윗의 혈통적 자손이 아니라 언약의 자손인 예수 그리스도를 칭하는 것으로 이해하는 것이 자연스럽다.

4. 호세아와 고멜 사이에 난 자녀들

성경에는 호세아와 고멜 사이에 하나님께서 허락하신 세 명의 자녀들이 있었던 사실이 기록되어 있다. 그들은 '이스르엘', '로루하마', '로암미'였다. 우리가 기억해야 할 바는 고멜이 음란한 여성이었다고 할지라도 그들은 정상적인 부부 사이에서 출생한 자들이었다는 사실이다. 하지만 고멜의 몸을 통해 태어난 그 자식들이 과연 호세아의 '씨'였는가 하는 점에 대해서는 다양한 주장들이 있다.

이 말은 사람들이 그에 대해 정확하게 알기 어렵다는 점을 드러내는 것과 마찬가지다. 어떤 사람들은 그 자식들 가운데 첫째 아들인 이스르엘은 호세아의 자식인 반면 나머지 두 명의 자녀들은 다른 외간 남자의 자식이라 주장하는 자들이 있다. 혹은 세 자식들 모두 호세아의 자식이 아니라고 생각하는 자들도 있다.

그러나 필자는 세 명 모두 호세아의 친 자식으로 보는 것이 가장 자연스러운 것으로 본다. 호세아의 아내 고멜이 다른 외간 남자의 자식을 낳았다면 하나님께서 가정 파탄의 빌미를 제공한 것처럼 될 수 있다. 만일 정조 관념이 전혀 없는 고멜이 외간 남자와의 성적인 관계를 통해 자식들을 낳았다면 그 상대 남자 역시 무사할 수 없었을 것이 분명하다. 또한 그와 같은 부정한 상황이라면 호세아에게도 심각한 문제가 야기될 수 있는 일이었다.

음란한 여성인 고멜과 그가 낳은 자식들을 통해 하나님께서는 영적으로 음란한 상태에 빠진 이스라엘 민족의 추한 모습을 보여주고 계신다. 그 백성은 하나님으로부터 선택받았음에도 불구하고 하나님을 버리고 이방신들과 그 종교사상을 받아들여 음란한 영적 간음행위를 저질렀다. 우리는 그후 고멜이 남편의 집으로부터 가출하여 외간 남자와 성적인 부정을 저지른 것을 보며, 언약의 자손들이 하나님의 돌보심을 떨치고 나가 더러운 이방신들과 더불어 종교적인 음란한 행위를 지속하는 사악한 모습을 보게 된다.

제2장

이스라엘에 대한 하나님의 심판
(호2:1-13)

1. 이스라엘 백성을 향한 위로의 말씀(호2:1)

하나님께서는 여기서 심한 고통에 빠져 신음하는 이스라엘 백성에게 위로와 소망의 말씀을 주셨다. 이는 앞 장에 언급된 '이스르엘의 날'의 심판에 연관된 것이었다. 하지만 당시에도 여전히 많은 사람들이 배도에 빠져 있었다. 뿐만 아니라 주변에서는 사악한 이방 민족이 저들을 호시탐탐 노리며 위협을 가하고 있었다. 그런 가운데서 눈에 보이지 않는 하나님의 세밀한 간섭이 존재했던 것이다.

그러므로 선지자 호세아는 하나님께서 허락하신 예언을 좇아 언약의 백성들에게 위로를 전했다. 저들의 형제에게는 '암미'라 하고 그 자매에게는 '루하마'라고 하라는 말씀은 감격스런 약속이 아닐 수 없었다. 이는 하나님께서 저들을 향해 '나의 백성'이라 일컬을 것이며 '하나님의 긍휼을 입은 자'로 받아들이겠다는 의미를 지니고 있었기 때문이다.

이는 앞에서 하나님께서 직접 이름을 지어주신 호세아의 세 번째 출생한 아들 '로암미' 와 두 번째 태어난 딸 '로루하마' 가 지닌 의미와 정반대였다. 언약의 백성들은 하나님께서 허락하신 호세아 집안의 행위 예언을 통해 그점을 깨달아야만 했다. 그것이 이스라엘 백성들을 향한 하나님의 뜻이었기 때문이다.

이스라엘의 형제 자매에게 '암미' 와 '루하마' 라고 칭하라는 이 말씀 가운데는, 하나님께서 선지자 호세아를 통해 그와 같은 행위 예언을 주신 근본 의도를 알도록 요구하는 의미가 담겨 있다. 하지만 배도자들과 어리석은 자들은 여전히 그 의미를 귀담아 듣지 않았다. 그에 반해 성숙한 신앙인들은 안팎으로 심한 고통을 겪으면서도 하나님께서 약속하신 그 소망을 간직한 채 살아갈 수 있었다.

그때 선포된 하나님의 약속은 호세아 시대뿐 아니라 구약시대 모든 성도들에게 허락된 하나님의 놀라운 은혜였다. 이 말씀은 또한 신약교회 시대와 오늘날 우리도 동일하게 소유하고 있는 위로와 소망이 되고 있다. 인간의 몸을 입으신 예수 그리스도께서 이룩하신 십자가 사역을 통해 이제 그 모든 것들이 실현되었다. 따라서 하나님의 자녀들이 세상에서 아무리 어렵고 힘든 상황에 처한다고 할지라도 영원한 천상의 나라를 바라보며 소망 가운데 살아가게 되는 것이다.

2. 음란한 어미와 자식 사이의 갈등 요구(호2:2-5)

선지자 호세아는 자기 자녀들에게 어미 고멜과 더불어 옳고 그름을 따지는 논쟁을 하도록 요구했다. 그 여인은 이제 자기 아내가 아니며 자기는 더 이상 그 여인의 남편이 아니라는 것이었다. 법적으로 부부관계이면서도 그 관계가 원만하게 지속되지 않고 있다는 사실을 밝히며 단호한 어조로 말했다.

음란한 여성인 고멜은 자식을 셋이나 낳고도 남편을 버리고 집을 나갔다. 한 남편의 아내로서 정숙해야 할 여자가 집을 나가 외간 남자를 만나 쾌락을 누리고자 했던 것이다. 기본적인 상식을 갖춘 자라면 이와 같은 상황을 결코 이해할 수 없다.

이 실제적인 사실은 하나님과 이스라엘 백성 사이의 관계에 대한 것을 상징적으로 말해주고 있다. 하나님께서는 언약의 자손들을 불러 자기 백성으로 삼으셨지만 그들은 오히려 더러운 이방신을 따라갔다. 이처럼 하나님은 저들의 배도 행위로 인해 그 악한 자들을 더 이상 자기 백성으로 보지 않으신다는 사실을 실제적 상황을 통해 비유적으로 언급하고 있다. 이와 같은 관계 단절을 선포하는 것은 매우 중요한 의미를 지니게 된다.

호세아는 자식들에게 자기 아내이자 저들의 어미인 고멜의 얼굴에서 음란을 제하라는 강한 요구를 했다. 그리고 그의 유방 사이에서 음행의 흔적을 제거하라는 요구를 했다. 우리가 여기서 눈여겨보아야 할 점은 음란을 일삼는 고멜로부터 그것을 제거하는 일에 있어서 그 자식들의 역할이 크다는 것이다. 이는 이스라엘 민족의 영적인 음란을 제거하기 위해서는 호세아의 예언을 받아들이고 있는 그 남은 백성들의 역할이 막중하다는 사실을 말해주고 있다.

선지자는 만일 자기 아내 고멜이 음란한 행위를 지속할 경우 엄하게 대응하겠다는 언급을 했다. 자기가 직접 그를 벌거벗겨서 그가 출생할 때 완전히 벌거벗은 채 태어난 것처럼 하겠다는 것이었다. 그리고 저로 하여금 광야와 마른 땅 같이 만들어 메마른 삶을 살게 할 것이며 거기서 목말라 죽게 만들어 버리겠다고 했다.

그렇게 되면 선지자 호세아는 고멜이 낳은 자기 자식들까지 버리겠다는 말을 했다. 비록 자기 자녀라 할지라도 긍휼히 여기지 않으리라는 것이었다. 그들은 음란에 빠진 어미로부터 음란한 본성을 가지고 태어나 저들의 삶에 아무런 변화가 없었기 때문이다.

이 말씀은 하나님의 영원한 예정과 선택에 관한 의미를 넘어 일반적인 관점에서 이해해야 한다. 즉 하나님의 창세전 예정에 따라 구원의 반열에 든 성도들조차도 버림받을 수 있다는 뜻이 아니다. 이는 하나님께서 이스라엘 민족에 속한 언약의 자손들 가운데 배도에 빠진 자들을 버리시겠다는 의미를 지니고 있다.

선지자 호세아는 아내로서 자기 자식들을 임신하여 낳은 여성이 다른 외간 남자를 따라가 음행을 저지르면서 남편에 대한 정절을 버리고 부끄러운 일을 행한 사실에 대하여 분노했다. 그 여자는 자기에게 풍족한 음식과 물을 주고 양털과 삼과 기름과 술을 넉넉하게 제공하는 자라면 누구에게든지 따라 가겠다고 생각하는 음녀였다. 이처럼 음행을 대수롭지 않게 여기는 고멜 같은 여자는 자기의 욕망을 충족시켜 주고 배가 부르면 정절 따위는 아무 것도 아닌 듯이 여겼던 것이다.

이는 하나님의 은혜 가운데 있어야 할 이스라엘 민족이 배도에 빠진 사실과 연관되어 있다. 우리가 여기서 반드시 기억해야 할 바는 하나님의 자녀들은 신앙의 정조를 지켜야 하며 감정과 물질에 따라 움직여서는 안 된다는 사실이다. 실상을 버리게 되면 눈앞에 놓인 현실에 눈이 멀어 본질을 상실하게 될 것이기 때문이다. 선지자는 이 내용을 통해 언약의 백성들이 하나님께 돌아오기를 간절히 바라고 있다는 사실과 그들이 하나님 앞에서 어떻게 살아야 하는지에 대한 중요한 교훈을 주고 있다.

3. 하나님의 간섭과 징계(호2:6-7)

호세아 선지자는 여기서 자기 아내에 대한 강한 연민을 보이고 있다. 고멜이 음행을 저지르기 위해 다른 남성을 따라갈 때 결단코 그냥 모르는 채 방치하지 않으리라고 했다. 따라서 자기 아내가 나아가는 길을 가시로 가로막을 것이라 언급하고 있다. 또한 담을 높이 쌓아 그가 도망치고자 하는 길을 찾지 못하도록 하리라는 말을 했다.

그러므로 음란한 행위를 즐기고자 하는 자기 아내가 더러운 사랑에 빠져 정부(情夫)를 따라가고자 할지라도 끝내 그에게 미치지 못하리라는 것이었다. 그 남자를 찾기 위해 온갖 술수를 쓰지만 결코 그를 만날 수 없다. 그제야 음란한 자기 아내가 외간 남자와 저지르는 간음행위를 포기하게 된다.

우리가 여기서 기억해야 할 바는 호세아의 아내 고멜이 스스로 자신의 더러운 죄를 깨달아 하나님 앞에서 회개하지 않았다는 사실이다. 그리고 자기 남편 호세아에게 진정으로 죄스런 마음을 가진 것도 아니었다. 그 여자는 오히려 외간 남자와 음행을 하고자 했으나 남편의 연민으로 말미암아 그 남자를 만나는 길이 가로막히게 되었을 따름이다. 고멜은 남편 호세아의 연민이 자기가 즐기고자 하는 외도행위를 막은 것 정도로 받아들였을 것이다.

그와 같은 판단은 지극히 어리석은 것이었지만 결과적으로는 고멜이 자기의 정부(情夫)를 놓치게 되었다. 이는 지극히 다행한 일로써 그 여자가 즐기고자 하는 음행에 연관된 쾌락과 그로부터 제공되는 모든 것들이 끊어지게 되었음을 말해준다. 그 음녀는 하는 수 없이 본 남편인 호세아에게 되돌아갈 수밖에 없었다.

그제서야 추악한 과거를 가진 그 여자는 과거에 원래의 남편과 살아가면서 많은 불만이 있었지만, 외간 남자와 부정하게 생활할 때보다 좋았다는 고백을 하게 되었다. 그것은 남편 이외에 진정으로 의지하고 살아갈 만한 대상이 없었다는 점을 말해주고 있다. 이는 하나님 앞에서의 자발적인 신앙자세가 아니라 자신의 현실적 삶에 기초한 수동적인 처신에 지나지 않았다. 고멜은 남편의 적극적인 행위로 인해 자발적이지 않은 판단으로 남편에게 되돌아오게 되었던 것이다.

이는 이스라엘 민족의 회복에 연관된 예언이다. 그 백성은 이방신 사상과 더불어 영적인 음란행위를 지속하고 있지만 결국 배도의 길을 떠나 하나님께로 돌아오게 된다는 사실을 말해주고 있다. 하지만 그것은 이스라엘 백성의 자발적인 결단에 의한 것이 아니라 하나님의 전적인 은혜로 말미암아 이루어지게 된다.

4. 무지한 백성들을 책망(호2:8,9)

하나님께서는 남편을 버리고 외간 남자와 음란에 빠진 여인과 같은 더럽고 추한 이스라엘 백성들을 향해 말씀하셨다. 이방신 사상을 받아들여 영적으로 간음하는 자들은 풍족한 양식과 포도주와 기름을 얻고 나서 그 모든 것이 마치 그 이방신으로부터 온 것인 양 착각했다. 즉 이방신을 잘 섬겼기 때문에 그와 같은 삶을 얻은 것처럼 착각했던 것이다.

그러므로 하나님께서는 저들을 심하게 책망하셨다. 그들이 더러운 이방신으로부터 얻은 것으로 여기는 모든 식량과 음료는 여호와 하나님께서 저들에게 은혜로 허락하신 것들이라는 말씀이었다. 또한 그들이 바알 신을 섬기며 그를 위하여 사용한 은과 금도 실상은 하나님께서 주신 것이라고 하셨다. 하지만 배도에 빠진 자들은 그에 대한 사실을 전혀 인식하지 못하고 있었다.

따라서 하나님께서는 배도에 빠진 이스라엘 백성들에게 그 모든 것들의 주인이 자기라는 점을 명백히 보여주시겠노라고 말씀하셨다. 즉 곡식이 무르익어가는 계절에 곡식을 거두지 못하게 할 것이며 포도가 익어 포도주를 담글 시기에 그것을 중단시키시리라는 것이었다. 그리고 저들의 몸을 가리기 위하여 필요한 양털과 삼을 빼앗아 벌거벗은 몸을 가리지 못하도록 하여 창피를 당하게 하시리라고 했다.

어리석은 자들은 자기를 위한 모든 것들이 여호와 하나님으로부터 제공된 것들임에도 불구하고 그점을 제대로 깨닫지 못하고 있었다. 그들은 엉뚱한 거짓 신을 섬기며 그에게 빌면서 그가 마치 자기에게 복을 준 것으로 여겼다. 그것은 모든 것들을 은혜로 허락하신 여호와 하나님을 멸시함으로써 그를 욕되게 하는 사악한 행위에 지나지 않았다.

이에 대해서는 오늘날 우리도 주의 깊게 생각해 볼 수 있어야 한다. 우리가 먹고 마시며 입고 집안에 거주하는 모든 것들은 하나님께서 우리에게 허락하신 것이다. 하지만 미련한 자들은 자기의 노력을 통해 그 모든 것을 쟁취한 것인 양 착각하고 있다. 하지만 성숙한 성도라면 인간들의 생명을 위해 허락된 모든 것들이 하나님으로부터 주어진 선물이라는 사실을 분명히 깨닫고 있어야만 한다.

5. 하나님의 심판(호2:10-13)

하나님께서는 배도에 빠져 종교적인 음란을 되풀이하는 백성들에게 무서운 심판을 내리겠다는 예고를 하셨다. 이제 그 모든 수치를 자기가 사랑하는 자의 눈앞에 그대로 노출시켜 드러내시리라는 것이었다. 하나님의 진노아래 놓이게 되면 그를 구출해 낼 수 있는 자가 아무도 없다. 이는 물론 호세아의 아내 고멜을 비유로 삼은 바와 같이 언약의 백성들에 관한 말씀으로 이해해야 한다.

그러므로 하나님께서는 이스라엘 민족의 모든 것을 박탈하고 폐하시리라고 했다. 우선 저들 가운데 남아있는 기쁨과 즐거움을 완전히 제거해 버린다고 하셨다. 그리고 절기와 월삭과 안식일과 모든 명절을 폐하실 것이라고 하셨다. 이는 이스라엘 민족의 패망에 직접 연관되는 의미를 지니고 있다.

배도에 빠진 언약의 자손들은 그 전부터 소유한 모든 것들을, 자기와 영적인 간음을 행하며 더러운 쾌락에 빠졌던 그 대상으로부터 얻은 것이라 착각하고 있었다. 즉 하나님을 떠나 살아가던 때 여호와 하나님이 아니라 주변의 이방신들을 포함한 혼합적인 신들에 의해 제공받았다는 것이다.

즉 포도나무, 무화과나무 열매가 자기에게 주어진 것은 자기의 종교적인 열성에 의한 결과라 여겼던 것이다.

그 백성들은 자신의 열성적인 종교 행위로 인해 그에 따른 적절한 댓가로서 그 모든 것들을 취하게 되었다고 생각했다. 하지만 이제 그 많은 나무들이 심겨져 있던 과수원에는 잡초들이 우거지게 된다. 그리고 겨우 맺힌 얼마 되지 않는 그 열매들조차도 들짐승들이 찾아와 먹이로 삼게 될 따름이다.

그럼에도 불구하고 그들은 뉘우치기는커녕 귀에 금 고리를 달고 값비싼 패물로 몸을 장식한 채 외간 남자를 따라가는 배도행위를 지속하게 된다. 그 배도자들은 정부(情夫)를 따라가 음란을 행함으로써 참된 자기 남편을 잊어버리게 된다. 이는 언약의 자손들이 여호와 하나님을 버리고 바알신 앞에서 향을 사르고 섬긴 것에 빗대어 한 말씀이다.

하나님께서는 배도에 빠진 자기 백성들을 결코 그냥 내버려 두시지 않는다. 오히려 저들이 저지른 행위대로 무서운 형벌을 내리시게 된다. 그럼에도 불구하고 음행에 빠진 인간들은 그에 대한 아무런 깨달음이 없는 채 자신의 욕망대로 살아가기를 좋아한다.

그에 반해 구원받은 하나님의 자녀들은 결코 그렇지 않다. 하나님을 진정으로 경외하며 사랑하는 성도들은 선지자가 전하는 하나님의 모든 경고의 말씀을 귀담아 듣고 그로부터 돌이키고자 애쓴다. 그와 같은 자세가 참된 언약의 백성들에게 허락된 진정한 지혜가 되기 때문이다.

제3장

회복에 대한 하나님의 약속
(호2:14-23)

1. 하나님의 사랑(호2:14,15)

배도에 빠진 이스라엘 백성은 신실한 남편 호세아를 버린 고멜처럼 음녀가 되어 하나님을 버리고 세속적 가치를 받아들여 자신의 종교적 만족을 추구하고자 했다. 그런 정도가 되었다면 하나님께서 저들에게 무서운 심판을 내릴 수밖에 없는 형편이었다. 그러나 언약에 신실하신 하나님은 인내하며 그렇게 하지 않으셨다. 창세전에 택하신 자기 백성과 맺었던 언약을 기억하고 그 백성을 원래대로 회복시켜 주시고자 했던 것이다.

따라서 하나님께서는 이방의 더러운 신들과 음행에 빠져 배도자가 된 자기 신부인 백성을 타이르셨다. 그를 거친 들로 데리고 나가 말로써 위로를 전하셨던 것이다. 하나님께서 저를 거친 광야로 데리고 가신 까닭은 옛날 시내광야를 기억케 하고자 함이었다.

이처럼 하나님께서는 단순히 그를 책망하신 것이 아니라 도리어 위로하고자 하셨다. 그렇게 함으로써 저를 원래의 자리로 돌이키고자 하셨기 때문이다. 하나님은 그 더러운 배도행위에도 불구하고 마치 신랑이 외간 남자와 음행에 빠진 아내를 용서하고 사랑으로 대하듯이 언약의 백성을 그런 식으로 대하셨던 것이다.

그리하여 그 백성에게 아름다운 자신의 포도원을 선사하시리라고 말씀하셨다. 또한 죽음의 터전인 아골 골짜기를 변화시켜 소망의 문으로 삼아주실 것이라고 했다. 거기서 그는 언약의 자손들을 향해 과거 아무것도 모르던 어린 시절 하나님의 은혜를 입었던 때와 오래전 저들의 조상이 애굽 땅에서 나와 약속의 땅을 향해 올라오던 날 같이 해주시리라는 말씀을 하셨다. 우리는 여기서 아무런 조건 없는 무한한 은혜를 베푸시는 사랑의 하나님을 엿보게 된다.

2. 하나님과 관계회복에 대한 약속(호2:16,17)

선지자 호세아는 본문 가운데서 하나님께서 약속하신 매우 중요한 사실을 언급하고 있다. 지금 당장은 아니지만 장차 매우 '특별한 날' 이 저들에게 임하게 된다는 것이었다. 이 말 가운데는 당시로서는 하나님과 그의 백성 사이에 원만한 관계가 유지되고 있지 않았지만 하나님에 의해 모든 상황이 원만하게 개선되리라는 사실을 말해주고 있다.

하나님께서는 성경의 기록을 통해 자신과 이스라엘 백성 사이를 남편과 아내 사이의 특별한 관계로 묘사하고 있다. 신실한 남편인 선지자 호세아와 추악한 음란에 빠진 여인인 그의 아내 사이처럼 하나님과 언약의 백성 사이가 도저히 납득할 수 없는 비정상적인 관계아래 놓여 있다는 것이었다. 그런 상태에서는 진정한 사랑을 가진 올바른 부부관계가 지속되는 것이 불가능하다.

그러므로 하나님께서는 장차 '그 날' 이 도래하게 되면 하나님과 그의 백성 사이에 파괴된 그 관계가 반드시 회복되리라는 사실을 언급하셨다.

그 특별한 때가 이르면 그 백성이 하나님을 '남편'이라 일컫게 되리라는 것이었다. 따라서 그들이 다시는 하나님을 '내 바알' 곧 '내 주인'이라 일컫지 않으리라고 했다. 우리는 여기서, 남편은 부부간의 본질적 관계를 전제로 하고 있는데 반해 바알 곧 주인의 경우에는 특별한 목적을 중심에 둔 이해관계를 기초로 하고 있다는 사실을 기억해야 한다.

이 말씀 가운데는 언약의 백성이 더 이상 이방신 사상에 빠져 그에게 속한 자가 아님을 만방에 천명하게 된다는 사실에 연관되어 있다. 하나님께서 저들의 입술로부터 바알의 이름을 완전히 제거하시게 된다는 사실을 의미하기 때문이다. 따라서 언약의 백성이 이방신들의 이름을 기억하여 부르는 일이 없어지게 된다.

하나님께서 말씀하신 '그 특별한 때'는 메시아 강림과 밀접하게 연관되어 있다. 약속에 따라 이 땅에 메시아 곧 예수 그리스도가 오시면 죄로 말미암아 파괴된 하나님과 자기 백성 사이의 모든 관계가 완전히 회복된다. 하나님께서는 배도로 인해 고통에 빠져 신음하는 백성들에게 그 약속을 통해 궁극적인 소망을 주셨던 것이다.

3. '그 날'에 허락될 새 언약의 세계(호2:18-20)

장차 메시아가 오시게 되면 새로운 세계가 펼쳐지게 된다. 그것은 죄에 빠진 인간들로서는 도저히 경험할 수 없는 일이었다. 그러나 메시아가 이 땅에 강림하시게 되면 인간들뿐 아니라 자연 세계에 이르기까지 모든 것에 큰 변화가 일어나게 된다. 물론 그 모든 것은 하나님의 특별한 은총으로 말미암는 것이다.

그 때가 이르면 하나님께서 들짐승과 공중의 새와 땅의 곤충과 더불어 언약을 맺으시게 된다. 이는 하나님의 언약이 피조세계와 연관된 포괄적 성격을 띠고 있음을 말해주고 있다. 그런데 그것은 그 동물들을 위해서가 아니라 전적으로 '자기 백성을 위한 것'이다(호2:18). 이처럼 하나님께서는 창세전에 택하신 자기 자녀들에게 모든 것을 집중하고 계신다. 우리는 여기서 하나님의 백성이 지닌 독특한 지위를 깨달아 알게 된다. 하나님께서 궁극적으로 관심을 가진 인격적인 대상은 '자신의 형상'(창1:26)을 닮은 인간들이기 때문이다.

선지자 호세아가 전한 이 내용은 메시아 예언에 밀접하게 연관된 말씀이다. 장차 이 땅에 메시아가 오시게 되면 그로 말미암아 온 세상에 엄청난 변화가 오게 된다는 것이었다. 그것은 타락한 인간들이 이 세상에서 전혀 경험할 수 없던 새로운 환경이었다. 호세아와 동시대에 하나님의 말씀을 예언했던 선지자 이사야는 하나님의 계시를 받아 그에 관한 사실을 기록하고 있다.

"그 때에 이리가 어린 양과 함께 거하며 표범이 어린 염소와 함께 누우며 송아지와 어린 사자와 살찐 짐승이 함께 있어 어린 아이에게 끌리며 암소와 곰이 함께 먹으며 그것들의 새끼가 함께 엎드리며 사자가 소처럼 풀을 먹을 것이며 젖 먹는 아이가 독사의 구멍에서 장난하며 젖뗀 어린 아이가 독사의 굴에 손을 넣을 것이라 나의 거룩한 산 모든 곳에서 해됨도 없고 상함도 없을 것이니 이는 물이 바다를 덮음 같이 여호와를 아는 지식이 세상에 충만할 것임이니라"(사11:6-9)

이 말씀은 인간들이 경험하고 있는 타락한 세상과는 전혀 다른 모습이다. 따라서 이는 앞으로 이 땅에 메시아가 오시면 이룩될 변화된 세상의 환경을 보여주고 있다. 이사야서에는 위의 말씀에 뒤이어 메시아에 대한 직접적인 증거가 나타나고 있다. '그 날에 이새의 뿌리에서 한 싹이 나서 만민의 기호로 설 것이요 열방이 그에게로 돌아오리니 그 거한 곳이 영화로우리라'(사11:10)는 예언을 하고 있기 때문이다. 우리는 이 말씀이 메시아 예언에 직접 연결된 내용이란 사실을 알고 있다.

그러므로 그 날이 이르게 되면 이 땅에서 상대를 죽이는 전쟁 무기들이 사라지게 된다. 하나님께서 인간들이 소유한 모든 활과 칼을 꺾어버리실 것이기 때문이다. 즉 인간들 가운데 부당한 우열이나 세력의 불균형을 통한 힘의 차등이 완전히 사라지게 되는 것이다. 따라서 하나님께서는 자기 자녀들로 하여금 영원한 평안을 누리며 편히 쉬도록 해 주신다.

그렇게 되면 하나님과 그에 속한 언약 공동체는 혼인 관계와 같은 형편에 놓이게 된다. 성경은 하나님께서 그 백성에게 장가들어 영원히 살게 되리라는 사실을 기록하고 있다(호2:20). 그때가 오면 하나님의 공의와 정의, 은총과 긍휼 베푸심이 충만하게 나타난다. 그로 말미암아 하나님과 그의 백성 사이에 부부 관계처럼 일체가 이루어지게 되면 그 백성이 여호와 하나님을 명확하게 알게 되는 것이다.

이는 예수 그리스도로 말미암아 세워지는 지상 교회에 관한 예언적 의미를 지니고 있다. 신랑 되시는 예수 그리스도와 그의 신부 되는 교회 곧 믿음의 공동체가 상호 일체감을 가지게 된다. 그로 말미암아 천상의 나라에 속한 모든 성도들은 지상에서 영원한 복락을 맛보는 가운데 살아가게 되는 것이다.

4. '그 날'에 임하게 될 하나님의 응답(호2:21,22)

하나님께서는 또한 자신이 친히 하신 말씀이 장차 반드시 이루어지게 되리라는 사실을 말씀하셨다. 그 날이 되면 약속하신 대로 응답하시리라는 것이었다. 그것은 상호간에 이루어지는 응답이 아니라 하나님으로 말미암아 우주 만물 가운데서 연계적 전달방식으로 진행되는 특성을 지니고 있다. 그 응답은 하나님의 종말론적 심판과 연관되는 것으로 보인다.

그러므로 하나님은 먼저 하늘에 응답하시겠노라고 했다. 그러면 하늘은 그 응답을 듣고나서 곧 이어 땅에 응답하게 된다는 것이었다. 이는 하나님께서 땅이나 그 밖의 것들에 대하여 직접 응답하시는 것이 아니라 연속적인 과정을 통해 단계적으로 응답하게 된다는 의미가 담겨 있다. 물론 그 모든 것은 하나님의 놀라운 섭리 가운데 진행된다.

따라서 하나님의 응답을 가장 먼저 받은 하늘은 땅에 응답하고 그 땅은 또다시 곡식과 포도주와 기름에 응답하게 된다. 또한 그것들이 '이스르엘'에 응답한다고 했다(호1:5, 참조). 이처럼 모든 응답은 하나님으로부터 출발하여 세상 만물에 이르게 된다. 결국 그 응답의 결과는 이스르엘을 통해 이스라엘 백성들에게 임한다.

이 예언의 말씀은 장차 타락한 이 세상에 메시아가 오심으로 말미암아 임하게 될 하나님의 심판에 연관되어 있다. 인간의 몸을 입은 성자 하나님께서 강림하시게 되면 하나님의 자녀들에게는 놀라운 은총이 베풀어지겠지만 나머지 인간들에게는 무서운 형벌이 임한다. 하나님께서는 선지자 호세아의 입술을 통해 신음하는 언약의 백성에게 그에 대한 예언의 메시지를 주시고자 했던 것이다.

5. 이방인들을 위한 하나님의 계획(호2:23)

호세아서 본문 가운데는 장차 이방인들에게 임하게 될 하나님의 놀라운 은총에 관한 예언적 말씀이 기록되어 있다. 그것은 아브라함의 자손이라 일컫는 혈통적 이스라엘 백성에게는 선뜻 받아들여지기 어려운 문제일 수 있었다. 즉 이방인들을 부정한 존재로 인식하던 선민(選民)들에게 이방인들이 유대인들과 아무런 차별 없는 하나님의 백성이 될 수 있다는 것은 자존심이 걸린 문제였기 때문이다.

그럼에도 불구하고 하나님께서는 이스라엘 민족을 특별히 이 땅에 심어 두시게 된 사실을 먼저 언급하며 이방인들에 관한 예언의 말씀을 주셨다. 하나님으로부터 긍휼히 여김을 받지 못하던 이방 백성들에게 큰 은혜가 베풀어지게 되리라는 것이었다. 이는 결국 이스라엘 민족의 존재 이유가 나중에 하나님의 부르심을 입게 될 이방인들을 위한 것으로 해석될 수 있었다.

그러므로 하나님께서는 구약의 율법상 자기 백성이 아니었던 자들을 향하여, '너는 나의 백성이라' (호2:23)고 하겠다는 언급을 하셨다. 그러면 그 이방인들이 하나님을 향해 '주는 나의 하나님' (호2:23)이라 고백하게 된다는 것이었다. 이는 듣는 모든 사람들에게 여간 놀라운 말씀이 아니었다.

당시 극단적 유대인 혈통주의자들은 선지자가 전한 그 예언을 두고 비율법적인 것으로 간주한 자들이 상당수 있었을 것이 틀림없다. 그들은 선지자의 그와 같은 말을 결코 받아들일 수 없다고 강하게 저항했을지도 모른다. 하지만 인간적인 모든 것들은 하나님의 원대한 뜻을 알지 못하며 가로막을 수도 없다.

분명한 점은 오늘날 이방인 태생인 우리는 선지자 호세아가 예언한 대로 하나님의 자녀가 되어 있다는 사실이다. 그것은 전적인 하나님의 은혜와 경륜에 따라 이루어진 일이다. 그러므로 하나님께서는 이방인 출신인 우리를 그의 거룩한 백성으로 삼아주시고 우리는 그를 향해 '주님은 곧 우리 하나님이시라' 는 고백을 하고 있는 것이다.

제4장

하나님의 신실한 약속
(호3:1-5)

1. 하나님의 무한한 사랑(호3:1)

하나님과 그의 자녀들 사이의 언약은 우주 만물과 인간이 창조되기 전에 이미 세워져 있었다. 그것은 전적인 하나님의 뜻에 의한 것으로서 하나님의 창세전 선택과 예정에 연관지어 이해되어야 한다. 본성적으로 신실하신 하나님은 자기 이름을 근거로 맺으신 그 언약을 절대로 파기하거나 어기지 않으신다.

약속에 신실한 여호와 하나님께서는 외부적인 환경에 따라 스스로 맺으신 언약을 변개하시는 분이 아니시다. 즉 자기가 특별히 선택한 인간이라면 경우에 따라 사랑하거나 버리거나 하시지 않으신다. 하나님은 인간들이 많은 공적을 쌓거나 특별히 남보다 훌륭하기 때문에 저들을 사랑하시는 것이 아니다.

이는 인간들의 부모 자식 관계에서도 어느 정도 드러나고 있는 개념이다. 즉 자기 자식이 훌륭하면 사랑하고 그렇지 않으면 관계를 단절하거나 버리지 않는 것과 같다. 만일 자식이 성숙하지 못하여 많은 문제를 일으킨다면 부모는 그 자식에 대한 안타까움으로 인해 더 속 깊은 사랑의 심정을 가지게 될 것이다.

호세아서는 하나님이 곧 자기 자녀들에 대하여 그런 분이라는 사실을 밝히고 있다(호3:1). 하나님께서 직접 그에 연관된 언급을 하셨다. 이스라엘 자손이 다른 이방 신들을 음란하게 섬기고 그 앞에서 잘못된 종교의례에 따라 건포도 과자를 즐길지라도, 여호와 하나님은 혹독한 징계를 통해서라도 저들을 되돌림으로써 그 언약관계를 이어 가신다는 것이다. 즉 언약의 백성으로서 자기를 버리고 세상의 추한 욕망에 이끌려간다고 할지라도 자기에게로 불러 끝까지 사랑하신다는 것이었다.

나아가 호세아는 하나님께서 자기에게, 외간 남자와 음행에 빠진 자기 아내를 데리고 와서 사랑하라고 명하신 사실을 언급했다. 남편을 버리고 가출하여 외간 남자와 더러운 음행에 빠진 아내를 데리고 와서 다시 사랑한다는 것은 여간 고통스런 일이 아닐 수 없다. 그럼에도 불구하고 하나님께서는 그 여인을 용서하고 사랑하라는 명령을 하셨다. 그것은 불가능한 일에 가까운 상황이었지만 순종할 수밖에 없었다.

여기서 우리가 기억해야 할 바는 여호와 하나님은 죄와 허물이 전혀 없는 분이라는 사실이다. 그에 반해 호세아는 인간으로서 허물이 많을 수밖에 없었다. 죄 없는 하나님께서 자기를 버리고 다른 이방신을 따라 배도의 길에 서 있는 자기 백성을 사랑하는 것은, 죄인인 호세아가 자기를 버리고 외간 남자의 품에 안겨 음란한 행위를 한 아내를 사랑하는 것보다 훨씬 더 어려운 일이었다.

우리가 분명히 이해해야 할 점은 하나님과 인간이 가진 사랑의 정도가 근본적으로 차이가 난다는 사실이다. 하나님은 자기를 버린 언약의 자손이 저지른 죄악을 더 이상 문제 삼지 않고 완전히 사랑하신다. 그는 자기 백성의 죄를 말갛게 씻어 도말하신 후 과거의 죄악은 기억조차 하지 않으시는 분이다(사43:25).

그에 반해 호세아가 음란에 빠진 자기 아내를 다시 사랑하는 것은 그렇지 않다. 자기를 버리고 더러운 음행을 저지른 아내에 대한 아픈 감정을 완전히 해결하기란 매우 어렵다. 남편을 배반하고 다른 남자의 품에 안겼던 음란한 아내를 사랑해야 하는 것은 감정적 사랑이라기보다 부부 관계에 따른 의무에 기인한다. 즉 감정적인 사랑이 아니라 하나님께서 요구하시기 때문에 그렇게 해야만 했던 것이다.

선지자 호세아에게 있어서 가장 중요한 것은 자신의 감정이 아니라 하나님의 말씀에 순종하는 삶이었다. 그것은 인간의 이성과 감정을 넘어선 초월적인 의미를 지니고 있었다. 하나님께서는 선지자의 고통을 통해, 거룩한 존재인 자기가 이방신들과 영적인 음행에 빠진 백성에 대한 사랑을 회복하시고자 하는 자신의 숭고한 모습을 보여주시고자 했다.

죄에 빠진 인간들은 그 하나님의 사랑을 온전히 깨달음으로써 자신의 과거를 부끄러워하게 된다. 그것은 전적으로 성령 하나님의 도우심에 따른 것이며 그로 말미암아 여호와 하나님 앞에서 더욱 겸손한 삶을 살아갈 수 있다. 이는 신실한 하나님의 창세전 언약에 기초한 진정한 사랑을 보여주는 것이다.

이에 대해서는 오늘날 우리 역시 주의 깊게 마음속에 새겨야 한다. 신앙이 어린 교인들은 마치 자기의 공적이나 자기가 소유한 남다른 그 무엇으로 인해 하나님으로부터 구원과 더불어 사랑을 받는 것으로 착각하고 있다. 또한 어리석은 자들은 하나님의 구원을 받기 위해 많은 노력을 기울이는가 하면 그의 사랑을 받기 위해 다양한 종교적인 활동을 하는 것을 보게 된다.

그러나 성경은 인간들에게 하나님의 구원과 사랑을 받을 만한 어떤 조건이 있기 때문에 그로부터 인정받는 것이 아니란 사실을 분명히 밝히고 있다. 인간의 구원은 전적으로 창세전부터 있어온 하나님의 신실한 언약에 기초한다. 하나님의 자녀들이 성숙한 성도로서 하나님께 온전히 순종하고자 하는 마음을 가지게 되는 것은 하나님의 놀라운 은혜에 근거한다. 또한 성령의 도우심에 힘입어 온전치 못한 자신의 부끄러운 모습을 깨닫게 된다. 즉 하나님에 대한 순종조차도 인간의 훌륭한 성품이 아니라 더러운 죄인으로서 구원받은 은혜로 말미암아 자연스럽게 따라오는 것이다.

2. 호세아의 인내하는 실천적 사랑(호3:2,3)

선지자 호세아는 하나님 앞에서 은 열다섯 개와 보리 한 호멜 반1)으로 빚을 갚고 음행에 빠져있는 자기 아내를 다시 돈을 주고 사오겠다는 말을 했다. 호세아의 아내 고멜은 이미 외간 남자에게 팔려간 상태에 놓여 있었다. 문제는 고멜을 판 사람이 다른 사람이 아닌 그 여자 자신이었다는 점이다.

하지만 고멜은 일반적으로 몸을 파는 매춘부가 아니라 자기 몸을 영원히 다른 남성에게 팔아 돈을 챙긴 그보다 훨씬 더 악한 여자였다. 그냥 내버려 두어도 마음이 풀리지 않을 그런 형편에서 배신을 당한 남편이 값비싼 돈으로 그 빚을 갚고 음녀인 아내를 되찾아 온다는 것은 도저히 이해할 수 없는 행동이다.

그럼에도 불구하고 하나님의 명령을 들은 호세아는 그에 온전히 순종할 수밖에 없었다. 인간적인 측면에서 본다면 그것은 엄청난 고통이었을 것이 분명하다. 하지만 그는 하나님께서 죄인인 자기를 영원한 멸망으로부터 구원해주신 사랑을 깨달아 알고 있었기 때문에 기꺼이 그에 순종할 수

---

1) 현대 우리의 도량형으로 계산하자면 '은 열 다섯개'는 170그램, '보리 한 호멜 반'은 18말 정도 된다(현대인의 성경 참조). 한 돈은 3.75그램으로서 170그램이라면 약 45돈 가량 된다. 우리는 이 금액이 당시로서는 상당히 큰 액수라는 사실을 감안할 필요가 있다.

있었다.

그리하여 선지자는 음란한 자기 아내를 위하여 상당한 댓가를 지불하고 해방시킨 후 그녀를 향해 이제 오랫동안 자기와 함께 지내기를 요청했다. 다시는 음행을 저지르지 말고 다른 외간 남자를 따라나서지 말라는 것이었다. 아무런 잘못이 없는 남편인 호세아가, 되찾아온 아내 고멜에게 그런 말을 한 것은 음행에 빠진 그를 한 없이 부끄럽게 만들었을 것이 분명하다. 그 여자가 자신의 부끄러움을 진정으로 깨닫게 되었다면 남편의 넓은 마음과 그 사랑으로 인해 그의 모든 말에 온전히 순종할 수밖에 없었을 것이다.

이 말 가운데는 음행에 빠져 있던 하나님의 자녀들이 영원한 구원을 받은 사실과 일치하는 예언적 성격이 들어 있다. 하나님께서는 자신의 가장 귀한 것을 내어주고 세상에 빠져 음행하던 자기 자녀들을 구원해 주셨다. 그는 이방신 사상에 빠져 음행을 즐기던 악한 언약의 자손들을 구원하시기 위해 자신의 가장 사랑하는 독생자 예수 그리스도의 몸을 그 댓가로 지불하셨던 것이다.

그러므로 호세아서에 나타난 이 말씀은 자기 백성을 죄악으로부터 구원하신 하나님의 놀라운 사랑과 예수 그리스도의 십자가 사역에 대한 예언적 성격을 지니고 있는 것이 분명하다. 거룩하신 하나님께서는 자기의 사랑하는 독생자를 죽음에 내어주는 엄청난 댓가를 지불하고 우리를 구원해 주셨다. 언약에 신실하신 하나님께서는 인간들의 우둔한 두뇌로는 결코 이해할 수 없는 그 놀라운 일을 행하셨던 것이다.

우리가 여기서 결코 간과하지 말아야 할 점은 호세아가 음란한 아내 고멜을 값 주고 구출한 것은 고멜을 위해서라기보다 '호세아 자신을 위해서'(호3:2)였다는 사실이다. 이는 하나님께서 독생자 예수 그리스도의 보배로운 피로 값 주고 자기 백성을 사신 것이 그 인간들 자체를 위해서라는 의미에 앞서 창조주이신 '하나님 자신을 위해서'라는 점과 동일한 의미를 지니고 있다. 즉 엄청난 댓가를 지불한 그의 구원 사역은 일차적으로는 구원받게 될 백성들이 아니라 하나님 자신을 위한 것이었다. 물론 그 놀라운 일을 통해 그에게 속한 모든 백성들이 형언할 수 없는 큰 은혜를 입게 되었다.

이는 오늘날 우리 시대 교회가 반드시 기억해야 할 내용이다. 지상 교회는 하나님을 버리고 배도에 빠진 상태에서 예수 그리스도를 통해 구원받은 성도들이 모인 언약 공동체이다. 그에 속한 자들은 하나님께서 독생자 예수 그리스도의 피로 값 주고 사신 백성들이다. 이제 그들은 하나님과 예수 그리스도를 영원한 신랑으로 알고 그의 정결한 신부로서 살아가게 된다. 하나님께서는 항상 자기 백성들에게 신실할 것이므로 그의 백성들 역시 당연히 신실하고 정결한 모습을 유지해야만 한다.

3. 이스라엘 민족과 여호와 하나님의 은총(호3:4,5)

선지자 호세아는 이스라엘 자손들이 오랫동안 왕도 없고 지도자도 없고 제사도 없고 주상 곧 돌기둥도 없고 에봇도 없고 드라빔 곧 수호신과 같은 우상도 없이 지냈다는 사실을 언급하고 있다. 이는 긍부정을 넘어 그들이 정해진 질서가 없는 상태에서 제멋대로 살아간 사실을 드러내 보여준다. 이 말은 문맥상 사사시대에 걸친 다양한 형편들을 총괄적으로 보여주고 있는 것이 분명하다. 그 말씀 가운데는 향방 없이 자기 욕망에 따라 살아간 언약의 백성들에 연관된 나약한 형편이 드러나고 있다.

사사시대에는 모든 백성들을 일괄적으로 통치하는 왕이 없었으며 전체 이스라엘 민족을 대표하는 지도자가 존재하지 않았다. 그런 가운데 하나님에 대한 제사를 소홀히 여기는 자들도 많이 있었다. 그렇다고 해서 그들이 여호와 하나님을 완전히 버리고 이방신들이나 우상만을 적극적으로 섬긴 것도 아니었다.

당시 많은 백성들은 사사시대 당시 가나안 땅을 점령하고 있던 이방 종족들과 대항해 싸워야 했다. 그리고 주변에 자리잡고 있던 여러 왕국의 세력과도 맞서야만 했다. 그들의 주된 관심은 하나님의 진리나 신앙적인 문제가 아니라 이 땅에서 살아가며 행하는 생활과 생존에 연관된 것일 경우가 많았다.

사사시대가 지나간 후 이스라엘 자손들은 여호와 하나님 앞으로 돌아오게 된다. 특히 사사시대 말기에 해당되는 사무엘 시대에는 그에 관한 정황이 두드러졌다. 하지만 백성들이 왜곡된 목적으로 뽑아 세운 사울 왕 시대가 끝나갈 즈음 또다시 혼란이 찾아왔다. 그리하여 백성들이 하나님을 찾는 가운데 하나님께서 다윗을 통치자인 왕으로 세우셨다.

이를 통해 메시아 언약이 진행되어 갔으며 마지막 날에는 은혜를 입은 백성들이 영원한 구원을 받게 되리라는 사실이 드러나게 되었다. 이 말씀은 전체적으로 메시아 예언으로 이해하는 것이 자연스럽다. 여호와 하나님을 찾으면서 동시에 메시아를 예표하는 왕을 구한다는 것은 그의 후손으로 오시게 될 메시아 곧 예수 그리스도와 밀접하게 연관된 궁극적인 구원을 향하고 있기 때문이다.

따라서 마지막 날 곧 메시아의 날이 임하게 되면 여호와 하나님을 경외하는 모든 백성들에게 놀라운 은혜가 임하게 된다. 이는 호세아가 예언하던 시대에 살고 있던 백성들에게 매우 중요한 메시지를 던져 주게 되었다. 뿐만 아니라 구약시대의 모든 백성들이 그 말씀을 통해 메시아에 대한 궁극적인 소망을 가져야만 했다.

제5장

배도에 빠진 백성들에 대한 책망과
하나님의 경고
(호4:1-19)

1. 하나님께 저항하는 이스라엘 자손(호4:1,2)

선지자 호세아는 배도에 빠진 이스라엘 자손들을 향해 하나님으로부터 계시 받은 강력한 경고의 메시지를 전하고 있다. 그것은 하나님의 말씀을 귀담아 들으라는 요청이었다. 하나님의 경고를 무시하고 귀를 막은 채 제멋대로 행하는 것은 죽음을 자초하는 행위에 지나지 않는다. 그럼에도 불구하고 배도에 빠진 자들은 하나님의 뜻이 아니라 자신의 욕망을 추구하기에 급급했다.

호세아는 여호와 하나님의 분노와 더불어 그가 원하시는 바에 관한 언급을 했다. 하나님께서 그 땅에 거주하는 주민들과 논쟁하고 계신다는 것이었다. 하나님과 인간 사이에 논쟁이 벌어진다는 것은 결코 있을 수 없는 일이다. 하지만 선지자는 인간들의 눈에 보이지 않게 그와 같은 진풍경이 벌어지고 있다고 했다. 물론 죄에 빠진 인간들은 하나님으로 말미암는 그 일을 피할 수 없는 존재이다.

논쟁을 한다는 것은 자기가 옳다는 점을 굽힐 마음이 전혀 없다는 사실을 말해준다. 그것은 정말 옳기 때문에 그런 식으로 고집을 피우는 것이 아니라 죄에 빠진 인간들의 잘못된 인식 때문에 그렇다. 그에 반해 의로운 존재이신 여호와 하나님께서는 결코 잘못되거나 틀릴 수 없는 분이다.

그러므로 하나님과 인간 사이에 논쟁이 벌어진다는 것은 인간의 죄악을 그대로 드러내게 될 따름이다. 죄로 물든 인간들은 자기가 죄인이라는 사실 자체를 모르고 있다. 설령 그들이 죄를 인정한다고 할지라도 그 죄는 인간들 사이에서 발생하는 윤리적인 죄일 뿐 하나님 앞에서 드러나는 근원적인 사악한 죄를 말하지 않는다.

따라서 선지자는 그 땅에는 진실도 없고 인애도 없다는 사실을 언급했다. 악한 인간들은 자신의 왜곡된 판단에 따라 거짓을 진실이라 주장하면서 주관적이고 이기적인 생각을 인애라고 내세우기를 좋아한다. 또한 그들에게는 여호와 하나님을 아는 지식이 전혀 없다. 언약의 백성들 가운데 뒤섞여 살아가면서 스스로 하나님을 안다고 여길지라도 그들은 참 하나님을 알지 못한다.

그 대신 그들 가운데는 저주와 속임과 살인과 도둑질과 간음이 가득하다. 뿐만 아니라 그들은 포악하여 남의 피를 흘리는 행위를 되풀이 했다. 그러면서도 그들은 다양한 변명들을 쏟아놓기에 열중한다. 타락한 세상에 가득한 사탄의 논리에 익숙해 있으면서 자기가 마치 하나님으로부터 복을 받은 양 주장하기를 예사로 하는 것이다. 형식상 언약의 무리에 속해 있으면서도 하나님을 멀리하는 자들은 그 배도행위로 인해 하나님의 무서운 심판을 재촉하게 될 따름이다.

2. 위기에 처한 백성(호4:3-5)

여호와 하나님의 말씀을 귀담아 듣지 않고 그에게 강력하게 저항하는 자들은 무서운 저주를 받게 된다. 따라서 그들이 살아가는 땅은 그로 인해 고통과 괴로움에 빠질 수밖에 없다. 그런 상황 가운데서도 사악한 인간들은 형식적인 쾌락과 즐거움을 추구하며 그것들을 어느 정도 성취했다고 여기면 끝없는 자만에 빠지게 된다. 하지만 그 실상은 죄로 물든 타락한 감정에 기인한 거짓 기쁨에 지나지 않는다.

그 모든 것은 하나님의 엄중한 심판에 밀접하게 연관되어 있다. 그 심판으로 말미암아 인간들뿐 아니라 들짐승과 공중에 나는 새들이 다 쇠잔하게 되며 바다의 물고기들도 사라지게 된다. 자연을 비롯한 우주만물이 심판의 대상이 되는 것이다. 이와 같은 상황에 다다르게 되면 사람들이 더욱 더 이기적으로 변해가며 민심이 흉흉해져 갈 수밖에 없다.

그러므로 여호와 하나님을 진심으로 섬기는 성도들은 정신을 차려 그에 대응해야 한다. 누구든지 자기의 욕망으로 인해 다른 사람들과 다투는 일을 행하지 말아야 한다. 그리고 개인의 경험에 따른 이성을 근거로 이웃을 책망해서도 안 된다. 특히 하나님을 섬기는 제사장들에 대해서는 더욱 그렇다.

그에 지나치면 어리석은 백성들이 감히 하나님의 제사장을 상대로 다투는 사람처럼 된다(호4:4). 이 말 가운데는 악한 자들이 하나님을 섬기는 일에 있어서 자기가 마치 제사장들보다 더 잘 섬기는 것인 양 여긴다는 의미가 포함되어 있다. 그와 같은 태도는 하나님과 사람들 앞에 오만하기 그지없는 것이라 하지 않을 수 없다.

그런 자들은 종교적인 자신의 행위를 드러내면서 잘난 체를 하지만 하나님의 무서운 심판을 피할 수 없다. 그들은 모든 것이 환하게 드러나는 한낮에 많은 사람들이 보는 앞에서 한순간에 쓰러지게 된다. 한편 저들의 거짓 행태를 지지해 주는 거짓 선지자들은 한밤중 아무도 알지 못하는 사이에 쓰러져 넘어지게 된다.

그러므로 하나님께서는 배도에 빠진 언약의 자손들을 향해 '내가 네 어머니를 멸하리라' (호4:5)고 말씀하셨다. 이는 악한 배도자들로 가득 찬 이스라엘 민족의 모든 악행을 그냥 넘기지 않고 반드시 심판하시리라는 사실을 말해준다. 즉 이 말씀은 언약의 자손들을 위해 선포되는 강력한 경고의 의미를 지니고 있었다.

3. 오만한 백성에게 임하는 하나님의 무서운 징벌(호4:6-10)

언약의 왕국에 속해 있으면서도 하나님과 그의 뜻에 관한 올바른 지식이 없거나 소홀히 여기는 자들이 많았다. 그들은 배도에 빠져 자신의 종교적인 경험이나 이성적 판단을 중시했다. 그렇게 살아가는 것이 자기를 위한 인간다운 삶이라 착각했던 것이다. 하지만 그것은 하나님을 욕되게 하는 것 이상이 아니었다.

하나님께서는 그런 자들을 향해 저들이 여호와 하나님과 그로 말미암은 모든 지식을 버린 사실을 지적하셨다. 따라서 이제 하나님도 저들을 버리시겠노라고 선언하셨다. 이는 하나님과 그 백성 사이의 단절을 의미하며 그로 인해 이스라엘 백성이 더 이상 자기를 위한 제사장이 되지 못하리라는 사실에 연관되어 있다.

하나님의 진노는 언약에 속한 백성이 자신의 율법을 잊어버리고 그 본질을 버렸기 때문에 임하게 되었다. 그것은 하나님을 멸시하는 것과 마찬가지였다. 따라서 하나님께서는 저들의 자녀들을 더 이상 기억하지 않겠노라고 말씀하셨다. 이는 저들의 자녀가 많아지면 그들조차 하나님의 은혜를 기억하지 않았기 때문이다. 그들은 번성하면 할수록 하나님을 향해 더욱 적극적으로 저항하며 범죄를 저질렀다. 따라서 하나님께서는 저들의 영화를 변하여 욕이 되게 하시리라고 말씀하셨다.

배도에 빠진 악한 자들은 겉보기에 하나님을 진정으로 경외하며 섬기는 성도들보다 더 그럴듯한 신앙생활을 하는 것처럼 비쳐졌다. 그들은 언약의 백성들 가운데서 속죄제물을 먹으면서 자신의 신앙에 대한 헛된 자랑을 하기를 쉬지 않았다. 하지만 그 악한 자들은 하나님을 떠난 채 저들의 마음을 죄악에 두고 세상의 욕망을 채워나가기를 좋아했다.

그 결과 이스라엘 자손들 가운데는 하나님을 섬기는 제사장들도 타락하고 그들을 추종하는 백성들도 배도의 길에 들어서게 된다. 하나님께서는 그와 같은 자들을 결코 그대로 내버려 두시지 않는다. 반드시 저들의 사악한 행실대로 심판하실 것이며 저들이 저지른 죄악대로 되갚아주시게 된다.

그러므로 그들의 삶은 결국 황폐하게 될 수밖에 없다. 그들이 아무리 풍요로운 가운데 넘치게 먹는다고 해도 배부르지 않을 것이며 음란한 행위를 지속한다고 할지라도 자손의 수가 늘어나지 않는다. 그 모든 헛된 것들은 배도에 빠진 인간들이 여호와 하나님을 버리고 그의 율법을 따르지 않은 결과로 인한 것이다.

4. 음행에 빠진 백성들과 하나님의 뜻(호4:11-14)

하나님의 백성은 항상 삶의 중심 가치를 하나님과 그의 말씀에 두어야 한다. 모든 기쁨과 감사의 제목은 그로 말미암기 때문이다. 하나님께서는 친히 계시된 말씀을 통해 자신의 거룩한 뜻을 보여주시며 그 백성들을 영원한 안식으로 인도하신다.

하지만 어리석고 미련한 자들은 그로부터 멀리 떨어져 살아가기를 좋아한다. 그들은 더러운 욕망에 따라 음행을 즐기고 취향에 따라 오래된 포도주와 새 포도주를 즐긴다. 그렇게 되면 타락한 세상에 마음을 빼앗기게 되며 인생의 의미를 거기에 두고 살아가고자 하게 된다.

그런 자들은 하나님의 율법으로부터 마음과 귀를 막고 있기 때문에 여호와 하나님을 바라볼 수 없다. 그 대신 욕망을 채우기 위해 우상화된 나무를 향해 자신의 형편을 묻고 생명 없는 나무가 저들에게 헛된 답을 제시한다. 그것은 욕망에 연관된 음란한 마음에 이끌려 살아계신 하나님을 버리고 영적 간음을 범하게 되는 것과 같다.

그러나 배도에 빠진 인간들은 자신의 악행에 대한 기본적인 인식조차 없다. 따라서 그들은 여호와의 이름을 부르면서도 산꼭대기에 올라가 스스로 고안하여 만들어낸 우상 앞에서 제사를 드리고 낮은 산들 위에서 분향하기를 즐겨한다. 산에 있는 커다란 참나무와 버드나무와 상수리나무는 우상을 섬기기에 좋은 조건을 갖추고 있다. 그 나무들은 그늘로 인해 그 아래서 분향하며 우상숭배행위를 하기에 적절한 곳이기 때문이다.

그러므로 저들의 딸들은 그 아래서 음행하며 저들의 며느리들은 거기서 간음을 행하게 된다. 그들은 종교적인 목적을 위해서라면 무엇이라도 행할 자들이다. 하지만 하나님께서는 단순히 음행과 간음에 빠진 저들의 딸과 며느리들만 벌하지는 않으리라고 말씀하셨다. 이는 저들에게 죄를 묻지 않겠다는 것이 아니라 온 집안에 대하여 더욱 심한 징계를 내리시리라는 의미를 지니고 있다.

그들에게 속한 남자들도 창기와 함께 음란한 행위를 하며 저들과 함께 우상에게 희생을 드리기를 좋아한다. 이스라엘 민족 가운데서 음란한 여성들에 대한 심판은 지극히 당연함에도 불구하고 저들을 벌하지 않겠다고 하신 것은 더 이상 연민의 정이 남아있지 않아 완전히 포기한다는 의미를 지니고 있다. 따라서 그 말씀 자체로서 이스라엘 민족에 대한 무서운 저주에 해당된다. 그러므로 하나님께서 말씀하시는 바 그 진정한 의미를 깨닫지 못하는 자들은 영원히 멸망당하게 되리라고 하셨다.

5. 하나님의 요구와 경고(호4:15-19)

하나님께서는 또한 북 이스라엘 왕국을 향해 말씀하셨다. 북 왕국에서는 음행을 저지를지라도 남 유다 왕국은 그와 같은 죄를 범하지 못하게 하신다는 것이었다. 그러면서 저들에게 북 이스라엘 백성들이 더러운 우상을 만들어 섬기던 길갈(Gilgal)로 가지 말고 '우상의 집' 인 벧아웬(Beth-Aven)으로 올라가지도 말며 살아계신 여호와 하나님을 두고 맹세하지 말라는 요구를 했다.

배도에 빠진 여로보암의 길을 따라가던 북 왕국은 마치 암소처럼 완강하여 고집스럽게 죄악을 행하고 있었다. 그러므로 여호와 하나님께서는 그들을 보호하지 않으리라고 말씀하셨다. 즉 하나님은 넓은 들에서 온순한 어린 양을 먹이시는 분이시지만 암소처럼 고집 센 북 왕국에 속한 자들에게는 그렇게 하시지 않는다는 것이었다.

하나님께서는 에브라임이 더러운 우상과 연합하여 그와 일체가 되어 있으므로 그냥 내버려 두라고 말씀하셨다. 그들은 먹고 마시며 더러운 음란을 저지르면서 부끄러운 일을 행하기를 좋아하는 자들이었다. 하지만 그들은 결코 하나님의 무서운 심판을 피할 수 없다. 따라서 거센 바람이 그 날개로 저들을 에워싸고 영원히 휩쓸어 가버리게 된다. 따라서 그들이 우상에게 바친 제물로 말미암아 영화를 얻는 것이 아니라 도리어 끔찍한 수치를 당하게 된다는 것이었다.

제6장

이스라엘에 대한 심판
(호5:1-15)

1. 하나님의 심판 경고(호5:1-3)

하나님께서는 이스라엘 민족의 제사장들과 모든 왕족들과 지파 지도자들을 향해 말씀하셨다. 자신이 선포하는 말에 귀를 기울여 듣고 분명히 깨달으라는 것이었다. 그 내용은 장차 저들에게 무서운 심판이 임하게 되리라는 예언에 연관되어 있었다. 그들이 여호와 하나님으로부터 심판을 받게 되는 까닭은 하나님의 뜻을 멸시하고 그가 기뻐하시는 사역을 훼방하는 행위를 했기 때문이었다.

이를 두고 하나님께서는 그들이 미스바(Mizpah)에 대하여 올무가 되고 다볼산(Mt. Tabor) 위에 친 그물이 되었다는 말로 표현했다. 미스바는 사사시대 말기 온 백성이 타락했을 때 사무엘을 통해 영적 각성운동이 일어났던 곳이다. 그리고 다볼산은 헤르몬산(Mt. Hermon)과 더불어 하나님의 이름을 즐거워하는 자들에 연관되어 묘사되는 곳이었다(시89:12).

선지자 호세아가 예언할 당시 배도에 빠진 기득권층 지도자들은 백성들이 하나님 앞에서 올바른 삶을 살아가는 것을 도와주기는커녕 도리어 훼방하는 행위를 했다. 영적 각성과 더불어 하나님의 이름을 기뻐하며 찬양해야 할 언약의 자손들 앞에 올무와 그물을 쳐 두고 그렇게 하지 못하도록 종용했던 것이다. 그와 같은 양상은 하나님에 대한 저항행위로서 그를 멸시하는 태도로 말미암은 것이었다.

그러므로 하나님께서는 저들을 패역자라로 간주하셨다. 그들은 이기적인 욕망을 추구할 목적으로 이웃을 해치며 살육하는 죄에 빠져 있는 자들이었다. 악한 배도자들은 항상 하나님의 이름을 들먹이면서 이 세상에서의 일시적인 번영을 누리기 위해 무지한 백성들의 생명을 노략질하기를 서슴지 않았다. 그와 같은 사악한 행태는 하나님의 엄중한 심판과 징벌을 피하지 못한다. 하지만 악한 배도자들은 그에 대하여 둔감하기도 했거니와 의도적으로 그 사실을 애써 외면하기도 했다.

또한 기득권층에 의해 억눌려 살아가는 불쌍한 백성들은 대개 하나님께서 말씀하시는 그 뜻을 제대로 인식하지 못했다. 그들은 사악한 지도자들에 의해 철저히 기만당하면서도 그것이 마치 하나님을 위한 충성인양 여기는 종교적인 착각에 빠져 있었다. 하지만 인간들은 어떤 경우에도 전지전능하신 하나님을 속이거나 기만하지 못한다.

따라서 하나님께서는 북쪽 지역의 에브라임에 속한 자들의 마음을 속속들이 알고 있다는 사실을 말씀하셨다. 그리고 이스라엘은 자기 앞에서 아무것도 숨기지 못한다는 사실을 강조하셨다. 그러면서 에브라임이 거룩한 하나님을 버리고 이방신 사상과 우상들을 가지고 들어와 더러운 간음을 행한 사실을 언급하셨다. 이는 이스라엘 민족과 저들이 살아가는 땅이 음행으로 인해 더러워졌다는 점을 강조함과 동시에 그런 상태로는 거룩하신 하나님과 교제할 수 없음을 선포하셨던 것이다.

2. 하나님으로부터 단절된 자들(호5:4-7)

배도에 빠져 사악한 기득권층 지도자들의 뒤틀린 삶과 저들의 악한 행위가 언약의 자손들로 하여금 여호와 하나님께로 돌아가지 못하도록 가로막았다. 그런 것들로 인해 백성들은 하나님을 찾지 못하게 되고 그것이 타락한 세상의 욕망의 늪에 빠져 허덕이도록 만든다. 이는 결국 저들 속에 이방신 사상에 연관된 음란한 마음이 자리잡아 하나님을 무시하는 지경으로 끌고 간다는 것을 말해주고 있다.

그와 같은 사악한 태도는 인간들로 하여금 하나님 앞에서 한없이 교만하게 만든다. 따라서 이스라엘의 교만은 저들의 얼굴에 그대로 드러나게 된다. 그 더러운 죄악으로 말미암아 북쪽 지역에 살고 있던 이스라엘과 에브라임은 결국 패망하게 될 것이며 남쪽 유다도 저들과 함께 넘어질 수밖에 없게 된다.

그런 지경에 이르게 되면 설령 그들이 여호와 하나님 앞에 제사를 지내기 위해 많은 양 떼와 소 떼를 끌고 여호와를 찾아 간다고 해도 그를 만나지 못한다. 하나님께서는 이미 배도에 빠진 자들을 완전히 떠나버리셨기 때문이다. 그럼에도 불구하고 그들은 실상을 깨닫지 못한 채 여호와 하나님 앞에서 신앙의 정조를 지키지 않고 이방신들을 찾아다니며 더러운 종교적 간음을 행하고 있었다.

그리하여 진리를 버린 배도자들은 하나님과 아무런 상관이 없는 사생아들을 낳게 되었다. 이는 하나님의 언약에 속한 자들로서 이방신들의 종교 사상에 젖은 자손들을 양산하게 된다는 의미를 지지고 있다. 따라서 이방 종교에서 중요한 권위를 지니고 있던 '새 달'(the new moon)이 그들을 삼켜 버리게 될 것이며 그 백성들이 받게 될 소중한 상속마저도 끊어 버린다. 그와 같은 사악한 행위는 하나님에 대한 모독일 뿐 아니라 그를 극도로 욕되게 하는 악행이 되기 때문이다.

3. 여호와 하나님의 '진노의 날'에 대한 경고(호5:8-12)

호세아서 본문에 언급된 기브아(Gibeah)는 이스라엘 왕국 초기의 정치적 중심지 역할을 하던 지역이었다. 또한 라마(Ramah)는 사사시대 말기 사무엘이 제단을 쌓고 이스라엘의 사사로 활동하던 중심지역이기도 하다. 그는 매년 약속의 땅 여러 지역을 순회한 후 그곳으로 돌아왔다(삼상7:15-17). 또한 호세아는 우상숭배의 중심지가 되어버린 벧엘을 벧아웬(Beth-aven)으로 불렀다(호4:15;10:5).

하나님께서는 그 여러 지역들을 언급하시면서, 기브아에서 나팔을 불고 라마에서 호각을 불며 벧아웬에서 '베냐민아 네 뒤를 쫓는다'고 외치라고 했다. 이는 하나님께서 배도에 빠진 악한 자들을 벌하시는 그 날이 이르면 에브라임이 황폐하게 되리라는 사실에 대한 경고였다. 그와 같은 위기의 상황에서는 아무도 그 자리를 피하지 못한다. 선지자는 이 예언의 말씀을 통해 이스라엘 왕국의 중요한 지역들에서 동시적으로 하나님의 심판이 선포된다는 사실을 알려준다. 또한 그것은 이스라엘 지파 가운데서 반드시 하나님의 무서운 징계가 임하리라는 점을 확인하는 의미를 지니고 있다.

한편 선지자 호세아는 남쪽 유다 왕국이 통치하는 지역의 지도자들도 개인적인 목적을 추구하면서 남몰래 지계표 곧 경계표지를 옮기는 자와 같다는 사실을 언급했다. 그것은 자신의 욕망으로 인해 하나님과 이웃을 속이며 기만하고자 하는 악한 행위에 지나지 않는다. 따라서 선지자는 하나님을 경외하는 자세를 버리고 정직한 삶을 포기한 자들 위에 하나님의 무서운 진노가 폭포같이 쏟아지게 되리라는 사실을 전했다.

북쪽 지역 에브라임 지파 사람들은 하나님의 말씀에 순종하기보다 사람들의 명령을 따르며 자신의 욕망을 채우기를 좋아했다. 그것은 그들이 타락한 세상을 만족스럽게 누리고자 하여 사람들의 눈치를 보기에 급급하다는 의미를 지니고 있다. 그 사람들은 그렇게 하는 것이 세상에서의 성공적인 삶을 위해 유익이 되리라는 판단을 하고 있었다. 하지만 저들이 취하게 되는 만족은 잠시 지나가는 것일 뿐 아무런 보장성이 없다. 머잖아 그로 말미암아 하나님으로부터 심한 고통을 동반하는 심판이 따를 것이었기 때문이다.

그러므로 에브라임은 장차 하나님으로 말미암아 무서운 징벌을 받게 된다. 하나님께서 에브라임을 좀먹은 나무같이 만들고 유다 가문은 속이 썩은 뼈같이 만들어버리신다고 말씀하셨던 것이다. 이는 저들이 하나님의 징계로 인해 한없이 나약하고 보잘것없는 허망한 존재가 되어버린다는 사실을 말해주고 있다. 즉 하나님께서는 배도에 빠져 영적인 음란 행위를 일삼는 자들로 하여금 이 세상에서 평안하게 잘 살게 해주시는 분이 아니라 도리어 그와 정 반대되는 무서운 형벌을 내리신다는 사실을 보여준다.

4. 자기의 고통을 엉뚱한 곳에서 해결하려는 어리석은 자들
(호5:13-15)

하나님의 무서운 재앙이 에브라임 위에 임했다. 그러자 백성들은 자신이 치유되기 어려운 중병에 걸린 사실과 큰 상처를 입고 있다는 사실을 깨닫게 되었다. 여기서 언급된 중병이란 일반적인 질병에 연관될 수도 있으나 북 이스라엘 왕국이 회생하기 힘든 처지에 놓이게 될 상황을 말해주고 있다. 하지만 그들은 그것이 하나님으로 말미암은 징계라는 사실을 인식하지 못했다. 즉 그 고통의 근원을 모르고 있었던 것이다.

그들은 오로지 견디기 어려운 고통을 겪으면서 빨리 그로부터 헤어나기를 원했을 따름이다. 그러나 하나님에 대한 올바른 지식이 없거나 잘못된 인식을 하고 있던 자들은 엉뚱한 방법으로 그 위기를 타개하고자 했다. 그 어리석은 자들은 하나님 앞에서 회개함으로써 자신을 되돌아 본 것이 아니라 도리어 하나님의 진노를 부추기는 잘못된 방법으로 문제를 해결하고

자 했던 것이다.

그리하여 에브라임은 자기보다 강력한 세력을 지닌 나라인 앗수르 지역으로 사신을 보냈다. 그들은 '야렙 왕'(King Jareb) 곧 전쟁에 능한 호전적인 이방 통치자에게 도움을 요청하기에 이르렀다. 전체적인 상황을 보건데 앞에서 언급한 것처럼 저들이 당하는 고통은 육체적 질병을 말하는 것이 아닌 것으로 보인다.

우리는 여기서 이스라엘이 직면한 질병과 고통은 일반 상태적인 형편 즉 경제적인 어려움과 같은 것이 아니라는 점을 알 수 있다. 그것은 오히려 국제 관계 가운데서 발생한 일종의 세력 다툼에 연관된 것이었음이 분명하다. 하지만 언약의 자손들은 아무리 힘든 경우에 처한다고 할지라도 하나님 이외에 다른 것에 의지해서는 안 된다.

그러므로 이방 왕국의 통치자가 아무리 강력한 세력을 소유하고 있을지라도 그를 끌어들여 언약의 백성들이 겪는 질병과 고통을 치유하려고 하지 말아야 한다. 그 고통은 여호와 하나님으로부터 임한 심판이기 때문이다. 분명한 사실은 이방의 통치자에게는 이스라엘의 질병을 치유할 만한 능력이 없다는 점이다. 하나님께서 내리시는 심판과 징계를 인간이 가로막는 것은 더욱 큰 하나님의 진노를 유발하게 될 따름이다. 이방 지역의 통치자가 이스라엘의 상처를 치유할 수 없으며 그 근본적인 문제를 해결해내지 못하는 것이다.

그에 반해 여호와 하나님은 전능하신 분으로서 에브라임에게 사나운 사자와 같고 유다 족속에게는 강인한 젊은 사자와도 같다. 그래서 그가 저들을 곧바로 잡아가게 될 것이라는 언급을 했다. 그처럼 하나님께서 에브라임과 유다의 모든 백성을 움켜잡고 멀리 다른 곳으로 옮겨 가실지라도 그의 손에서 저들을 건져낼 자는 아무도 없다.

그렇지만 하나님의 선택을 받은 언약의 백성들에 대해서는 여전히 하나님으로 말미암는 기회가 남아 있다. 그것은 그들이 자신의 죄를 진심으로 뉘우치고 하나님의 얼굴을 간절히 구할 때 그가 저들에게 긍휼을 베푸시게 된다는 의미를 지니고 있다. 그들이 간절한 마음으로 여호와 하나님을 찾는다면 하나님께서 그 백성들을 저들이 원래 거하던 곳으로 인도해 주시리라는 것이었다.

하나님께서는 또한 그들이 심한 고통을 당하며 아무런 소망이 없을 때 비로소 자기를 간절히 찾게 되리라는 말씀을 하셨다. 이런 관점에서 볼 때 하나님으로부터 임하는 무서운 고통은 때로 그의 백성들에게 특별히 베풀어지는 놀라운 축복이 될 수 있다. 이는 하나님을 멀리 떠나 있으면서 세상의 욕망에 따라 풍요로운 삶을 누린다면 그것이 도리어 저주가 될 수 있는 것과 동일한 원리이다.

제7장

은혜를 베푸시는 하나님과 행악하는 백성들
(호6:1-11)

1. 예수 그리스도의 십자가 사역에 연관된 메시아 예언(호6:1-3)

하나님의 무서운 징계 아래 놓여있던 언약의 자손들은 고통스런 형편에 처한 자신의 모습을 보게 되었다. 스스로는 영원한 생명을 취하지 못하고 결국 사망에 이를 수밖에 없다는 사실을 알게 된 것이었다. 이는 저들을 위한 유일한 생명의 길은 여호와 하나님 한 분밖에 없다는 점을 깨닫게 되었음을 의미하고 있다.

그러므로 선지자 호세아는 백성들을 향해, '오라 우리가 여호와께로 돌아가자'(호6:1)고 간절히 요청했다. 그렇게 하면 여호와께서 이스라엘 백성을 찢으셨지만 그가 도로 낫게 해 주시리라는 것이었다. 즉 그가 저들을 치셨으나 다시금 싸매 주실 것이라고 했던 것이다. 이는 그 모든 것이 하나님께 달려 있다는 사실을 말해주고 있다.

선지자는 또한 본문 가운데서 매우 중요한 절차에 연관된 언급을 하고 있다. 하나님은 한꺼번에 모든 것을 다 해결해 주시지 않는다는 것이었다. 그는 삼일에 걸쳐 자기 백성을 위한 치유사역과 더불어 참 생명을 회복시켜 주신다고 했다. 첫째 날은 찢으신 상처를 싸매 주시며, 둘째 날은 자기 백성들에게 생명을 공급해 주신다. 그리고 셋째 날은 자기 백성을 죽음에서 일으키신다.

이는 하나님의 백성에 대한 치유와 구원 사역은 임기응변적으로 이루어지는 것이 아니란 점을 보여주고 있다. 그 모든 것은 하나님께서 미리 작정하신 계획과 절차에 따라 진행된다. 이 말씀은 장차 있게 될 예수 그리스도의 십자가 사역과 사흘 만에 부활하신 구원 사역에 연관된 예언적 의미를 지니는 것으로 이해할 수 있다.

첫째 날 하나님께서 자기 백성들의 상처를 싸매 주시는 것은 예수 그리스도가 친히 심한 고난을 감내하시고 십자가 위에서 모든 상처를 떠맡으심으로 자기 자녀들의 상처를 싸매주신 사실에 연관된다. 그가 직접 죄인들을 위하여 모진 고통을 받으심으로써 그 사역을 감당하셨던 것이다. 그 모든 것은 하나님의 아들 예수 그리스도께서 자기 자녀들이 받아야 할 형벌을 대신 감당하게 된 사실을 말해준다.

그리고 둘째 날 하나님께서 자기 백성을 살려 주신다는 것은 무덤에 갇히신 예수 그리스도의 죽음으로 인해 저들에게 참 생명이 공급된다는 사실을 말해준다. 즉 예수 그리스도의 죽음이 자기 자녀를 위한 소중한 생명의 근거가 되었다. 이는 죽음과 무관한 하나님의 아들의 일시적 죽음과 그의 자녀들에게 마땅히 공급되어야 할 생명이 맞 바뀌게 된 것을 의미한다.

또한 셋째 날 자기 백성을 일으킨다는 것은 부활에 연관되어 있다. 예수 그리스도께서 십자가에 달리신 후 사흘 만에 다시 살아나심으로써 그에게 속한 모든 백성도 함께 부활하게 되었다. 즉 참 생명을 공급받은 백성들이 생명 자체이신 그리스도와 더불어 사망을 짓밟고 일어나게 된 것이다. 선지자 이사야와 사도 바울이 갈라디아 교회에 편지를 쓰면서 언급했듯이 성경은 그에 대한 전반적인 증거를 하고 있다.

"그가 찔림은 우리의 허물 때문이요 그가 상함은 우리의 죄악 때문이라 그가 징계를 받으므로 우리는 평화를 누리고 그가 채찍에 맞으므로 우리는 나음을 받았도다"(사53:5); "내가 그리스도와 함께 십자가에 못 박혔나니 그 런즉 이제는 내가 사는 것이 아니요 오직 내 안에 그리스도께서 사시는 것이 라"(갈2:20)

이 말씀은 앞에서 언급한 내용과 더불어 호세아를 통해 선언된 메시아 예언의 성취라고 볼 수 있다. 그러므로 호세아는 언약의 백성들을 향해 '여호와를 알자 힘써 여호와를 알자'(호6:3)고 요구했다. 그것은 하나님 자 신과 그의 모든 섭리 및 사역에 대한 올바른 깨달음에 연관되어 있다. 즉 이는 단순한 지식이 아니라 그의 사역에 대한 본질적인 지식을 포함하고 있다. 이 말씀은 곧 하나님의 자녀들에게 있어서 여호와 하나님과 그의 사 랑이 전부라는 의미를 지니고 있는 것이다.

선지자는 또한 장차 하나님 곧 예수 그리스도의 나타나심은 어김없이 동이 트는 것과 같이 반드시 이루어지게 된다는 사실을 언급했다. 그리고 땅을 촉촉이 적시는 단비와 같이 위로부터 내려오게 될 것이라고 했다. 이 처럼 하나님으로 말미암는 그 놀라운 사역이 언약의 자손들 위에 임하게 된다는 것이었다.

2. 하나님의 진노를 통한 깨달음 요구(호6:4,5)

하나님께서는 북쪽 지역의 에브라임과 남쪽 지역에 있는 유다를 향해 자신의 답답한 마음을 그대로 드러내셨다. 여전히 사랑하는 마음으로 저 들을 기억하고 계신 하나님을 멀리 떠난 인간들이 한심하고 안타까웠기 때문이다. 하나님을 온전히 믿고 순종한다면 모든 것이 형통하게 될 터인 데 그 소중한 삶을 완전히 버렸던 것이다.

그러므로 '에브라임아 내가 네게 어떻게 하랴, 유다야 내가 네게 어떻게 하랴'(호6:4)고 말씀하셨다. 하나님에 대한 저들의 주관적인 판단과 왜곡된 사랑은 마치 아침 안개나 금방 사라지게 될 이슬과 같다는 것이었다. 이는 저들에게서 발생하는 하나님에 대한 이기적인 사랑은 아무런 의미가 없을 뿐더러 도리어 하나님을 진노케 할 따름이라는 사실을 말해주고 있다.

따라서 하나님께서는 배도에 빠진 자들을 향해 크게 진노하셨다. 즉 하나님께서 자기가 보낸 선지자들을 통해 저들을 치시겠다고 한 것이다. 그리고 하나님의 입에서 뿜어져 나오는 말씀으로 저들을 죽이게 될 사실을 언급하셨다. 또한 하나님의 심판은 마치 섬광처럼 갑자기 강력하게 임하게 된다는 점을 말씀하셨다. 이는 하나님은 악한 인간들이 피할 수 없는 절대자로서 두려운 대상이라는 사실을 말해주고 있다.

3. 하나님께서 원하시는 것(호6:6-10)

어리석은 인간들은 하나님께서 자신이 행하는 모든 종교 행위를 기뻐하실 것으로 착각한다. 나아가 자기가 가진 모든 것을 하나님께 바치면 하나님이 기뻐하고 좋아하실 것처럼 여긴다. 그러다보니 자신의 욕심을 채우기 위해 하나님 앞에 많은 제물을 갖다 바치며 하나님을 구슬리고자 하는 것이다.

그러나 하나님은 결코 그런 분이 아니다. 인간들이 가진 것들 가운데 하나님의 진정한 기쁨의 대상이 될 만한 것은 아무것도 없다. 유형적인 재물이든 무형적인 재능이든 하나님 앞에서는 오염되지 않은 것이 없기 때문이다. 거룩하신 하나님은 죄로 말미암아 더럽혀진 그 어떤 것도 원하시지 않는다. 하나님이 원하시는 진정한 기쁨의 대상은 오직 메시아 곧 예수 그리스도 한 분밖에 없다.

그러므로 하나님께서는 자기는 인애를 원하고 제사를 원치 않으신다는 말씀을 하셨다. 그는 동물을 태워 제단 위에 바치는 번제보다 하나님을 진정으로 아는 것을 원하신다고 했다. 이는 하나님과 그의 사역에 연관된 매우 중요한 관계적 의미를 지니고 있다. 즉 구약시대 언약의 백성들이 제사장들을 통해 바친 모든 예물은 장차 완벽한 제물이 되어 하나님께 바쳐질 어린 양 예수 그리스도에 대한 예표적인 기능을 했던 것이다.

그러나 어리석은 인간들은 제사에 열중하면서도 하나님의 언약은 마음 속에 두지 않았다. 그들은 하나님께서 장차 이 땅에 보내실 예수 그리스도에 대해서는 아무런 관심이 없었다. 그들의 관심은 오직 현실적 욕망에 치중해 있었다. 이는 모든 인간들의 조상이자 첫 사람인 아담과 그의 아들 가인이 하나님을 버리고 사탄의 편에 선 것과 동일한 성격을 지니고 있다.

따라서 그런 자들은 여호와 하나님으로부터 임하는 진정한 언약을 삶의 중심에 둔 것이 아니라 자신의 이기적인 욕망에 모든 초점을 맞춘 채 살아 가기를 좋아했다. 그것은 하나님을 온전히 섬기는 것이 아니라 도리어 번 제단 앞에서 하나님을 반역하는 것과 같았다. 하나님께서 율법에 따른 적 합한 제물을 통해 제사를 받으시는 것은 그것 자체 때문이 아니라 그 가운 데 드러나는 메시아에 연관된 언약 때문이었다.

그럼에도 불구하고 어리석은 자들에게는 그에 대한 깨달음이 전혀 없었 다. 길르앗(Gilead)은 이기적인 욕망을 채우기 위해 악을 행하는 자의 고을 이 되어 피로 물든 끔찍한 발자국으로 가득 찼다. 이는 자신의 목적을 달 성하기 위해 다른 사람의 생명을 가볍게 여겼기 때문에 발생한 문제였다. 그들은 하나님의 이름을 빗대어 모든 종교 행위를 했지만 실상은 하나님 을 빙자해 자기 욕망을 채우기에 급급했던 것이다.

선지자 호세아는 당시 배도한 백성들 가운데서 기득권을 가지고 종교지 도자 행세를 하던 제사장들이 마치 강도 떼와 같다고 했다. 강도 떼가 으 슥한 골목길에 몰래 숨어 공격 대상을 기다리듯이 제사장들의 무리가 세 겜(Shechem)에서 남몰래 영적인 살인을 자행하며 사악한 분위기를 주도했 다는 것이다. 하지만 어리석은 자들의 눈에는 저들의 악행이 제대로 드러 나지 않았다.

그러므로 선지자는 여기서 언약을 소유한 이스라엘 백성 가운데 가증한 일이 발생한 것을 보았다는 사실을 언급했다. 에브라임은 종교적인 음행을 저지르고 이스라엘은 그로 인해 더렵혀졌다는 것이었다. 악한 배도자들은 그와 같은 행동을 하면서도 본성을 숨긴 채 어리석은 백성을 기만하기에 급급했다.

이 말씀은 장차 메시아가 오실 때 발생하게 될 사실에 연관된 예언으로 받아들일 수 있다. 예수님 당시 기득권층인 제사장들을 비롯하여 서기관들, 바리새인들, 사두개인들 등 산헤드린 공회원들은 예루살렘 성전을 강도의 소굴로 만들어 놓고 있었다. 그들이 행하는 모든 종교적인 열성은 하나님 보시기에 가증한 것들에 지나지 않았다.

> "저희에게 이르시되 기록된바 내 집은 기도하는 집이라 일컬음을 받으리라 하였거늘 너희는 강도의 굴혈을 만드는도다 하시니라"(마21:13)

이 말씀은 호세아 선지자가 본문에서 언급한 것과 조화되는 의미를 지니고 있다. 따라서 그가 제사장 무리를 '강도 떼'로 묘사한 것은 메시아 시대에 대한 예언과 연관되는 것으로 볼 수 있다. 구약시대나 예수님 당시나 세상을 탐하는 기득권층 종교 지도자들은 항상 언약의 백성들을 자기를 위한 도구로 여겼다. 그런 자들은 입술로는 백성을 향해 하나님을 섬기라고 요구하면서 실제로는 자기의 욕망을 채우기 위해 모든 수단을 사용하게 된다.

한편 신약교회 시대의 타락한 기독교 가운데도 그에 연관된 일들이 끊임없이 발생했다. 배도에 빠진 기득권층 종교 지도자들은 어리석은 교인들을 자기의 종교적 목적을 위한 도구로 삼기를 서슴지 않는다. 그들은 하나님의 이름을 핑계 삼아 어리석은 교인들을 기만하며 저들의 것을 착취하는 것을 보통으로 여겼다. 그와 같은 사악한 행위는 하나님의 이름을 앞세운 가증한 배도행위에 지나지 않았다.

4. 하나님의 영원한 계획(호6:11)

하나님께서는 분문 가운데서 유다를 향해 말씀하셨다. 이는 남쪽 유다 지역에 주어진 예언의 말씀이다. 장차 자기 백성이 이방인들에 의해 포로로 사로잡혀 가게 되리라는 것이었다. 선지자가 선포한 예언의 말씀을 들은 백성들은 하나님을 버린 배도에 빠져 있었음에도 불구하고 도리어 그에 분노했을 것이 틀림없다.

그들은 하나님으로부터 선택받은 언약의 자손들이 부정한 이방인들에 의해 사로 잡혀 가는 일은 결코 발생하지 않을 것이라 생각했기 때문이다. 신앙적인 착각에 빠진 자들에게는 그와 같은 일이 발생한다고 언급한 것 자체가 하나님과 이스라엘 백성에 대한 모독이라고 여겼던 것이다. 그들은 하나님께서 이루어가시는 구원에 연관된 놀라운 섭리와 경륜을 알지 못하고 있었다.

하지만 하나님께서는 인간들이 전혀 알지 못하는 상태에서 저들에 대한 놀라운 섭리적 계획을 세워두고 계셨다. 그 백성이 이방의 포로로 사로잡혀 간다고 할지라도 하나님께서 저들로 하여금 그 포로 생활에서 돌아오게 하여 본토를 회복하도록 해주신다는 것이었다. 여기에는 장차 이스라엘 역사 가운데 발생할 이스라엘 왕국과 민족의 패망에 관한 예언적 의미가 포함되어 있다. 즉 북 이스라엘 왕국의 패망과 남 유다 왕국의 고통과 회복에 관한 예언이 그 가운데 들어 있는 것이다.

하나님께서는 그중에 언약의 백성들에게 허락된 중요한 역할이 있으리라는 사실을 언급하셨다. 그것은 메시아를 잉태할 민족으로서 감당하게 될 특별한 기능과 이방 백성들에게 전파된 복음이 언약의 백성들 가운데 성숙하게 될 것에 대한 예언이기도 하다. 거기에는 창세전부터 작정된 하나님의 놀라운 계획과 경륜이 들어있었던 것이다.

제8장

혼합주의에 빠진 배도자들
(호7:1-16)

1. 어리석은 배도자들(호7:1-3)

선지자 호세아는 본문 가운데서 이스라엘이 지금 중병에 걸린 상태에 놓여있다는 사실에 관한 진단 기록을 남기고 있다. 그 병은 너무 위중해서 스스로 몸을 잘 관리하여 호전시킬 수 있는 정도가 아니었다. 또한 아무리 훌륭한 의사와 좋은 약이 있다고 할지라도 그 병을 완전히 치료할 수 없었다. 그것은 오직 여호와 하나님의 은혜의 손길로 말미암아 치유될 수 있을 따름이다.

사랑의 하나님께서는 몹쓸 질병에 걸린 이스라엘 민족을 치료해 주시겠다는 말씀을 하셨다. 그가 저들의 병든 몸 상태를 면밀히 살펴보니 성한 곳이 없다고 하셨다. 그들에게는 추악한 죄악으로 가득 차 있어서 그냥 가만히 두어도 바깥으로 넘쳐날 지경이라는 것이었다. 즉 그 백성들이 가진 중한 질병은 한두 가지가 아니었던 것이다.

배도에 빠진 백성들은 그동안 아무런 거리낌 없이 거짓을 행했으며 아무도 몰래 남의 영역 안으로 침범해 들어가 도둑질을 했다. 뿐만 아니라 밖에서는 그 악한 자들이 떼를 지어 노골적으로 남의 것을 약탈하기도 했다. 하지만 어리석은 자들은 그에 대한 아무런 깨달음 없이 속거나 기만당하는 경우가 태반이었다.

그들에게 존재하는 가장 심각한 문제는 전지전능하신 하나님께서 저들의 모든 죄악을 훤히 들여다보고 계시며 그 모든 것들을 낱낱이 기억하고 계신다는 사실을 전혀 인식하지 못하고 있었다는 점이다. 따라서 그들은 그와 같은 상황에 대하여 뉘우쳐 돌이키고자 하지 않을 뿐더러 기본적인 반성의 기미조차 보이지 않았다.

하지만 하나님께서는 저들의 모든 악행을 하나도 빠짐없이 다 알고 계셨다. 그 배도자들은 자기가 저지른 죄악된 행위들에 의해 완전히 둘러싸인 형국이 되었다. 그리고 저들의 모든 죄악은 하나님 앞에서 그대로 드러나 있게 된다.

그럼에도 불구하고 그들은 오히려 자기가 저지른 더러운 행위를 통해 탈취한 것들로써 왕을 즐겁게 하고자 했다. 그것은 자신의 악행을 감추고 왕으로부터 부당한 보호를 받고자 하는 술수 때문이었다. 또한 끊임없이 거짓말을 되풀이하면서 감언이설을 섞어 지도자를 속여 가며 저를 기쁘게 해주기 위해 애썼다. 진실이 아닌 간교한 말로써 아첨하는 가운데 더욱 큰 욕망을 채워나가기를 원했던 것이다.

그들은 그렇게 하는 것이 마치 인간의 지혜인 양 착각하고 있었다. 그와 같은 행동을 되풀이함으로써 자기의 삶이 형통해지는 것으로 여겼기 때문이다. 하지만 그것은 하나님의 율법을 멸시한 배도 행위로써 무서운 질병이 되어 자신의 인생을 망치도록 하는 위태로운 행동에 지나지 않는다.

우리가 또한 여기서 그와 더불어 분명히 기억해야 할 바는 이스라엘이 하나님 앞에서 회개하고 반성했기 때문에 하나님께서 저들을 치료해 주시고자 한 것이 아니었다는 사실이다. 그것은 전적으로 하나님의 언약과 그의 사랑에 기인하는 것이었다. 그럼에도 불구하고 배도에 빠진 어리석은 자들은 치료의 손길을 펼치시고자 하는 하나님의 사랑에 대한 인식이 전혀 없었던 것이다.

2. 사악한 왕들의 오만한 태도(호7:4-7)

사악한 배도자들의 악행과 저들의 아첨하는 거짓된 말에 길들여진 자들은 저주의 자리로 나아가는 것과 다를 바 없다. 그들은 여호와 하나님을 배신하고 이방신들과 그 사상을 따라 가는 영적인 음란 행위를 지속하는 자들이기 때문이다. 간음을 통해 추한 만족을 얻고자 하는 자들은 잠시 누리는 즐거움 대신 엄청난 고통을 맛볼 수밖에 없게 된다.

선지자는 그런 자들을 두고 더러운 음란을 되풀이하여 행하는 자들로써 그 모습이 마치 빵을 굽는 자에 의해 달궈지는 화덕과도 같다고 했다. 즉 그들의 마음 가운데는 화덕에서 계속 치솟는 불길처럼 그 정욕이 속으로부터 계속해서 불일듯이 일어나게 된다. 이는 배도자들이 이방신들과 그 거짓 종교사상을 마음속에 담아둔 채 끊임없이 하나님을 배도하는 행위를 지속하고 있음을 말해주고 있다.

왕이 베푸는 축제의 날이 되면 술에 취한 음흉한 지도자들에게서 마음속에 감추어져 있던 질병이 겉으로 드러나게 된다. 이는 음모를 꾸미는 자들이 술자리에서 왕에게 반기를 들고자 하는 기미가 보이는 것을 의미하고 있다. 그 반란 세력의 잠잠한 움직임을 감지하고 주눅이 든 왕은 그 오만한 자들과 더불어 악수를 청하며 적절한 타협을 시도하고자 한다. 하지만 마음속으로 왕에 대항하는 음모를 꾸미는 자들의 마음은 뜨거운 화덕과 같아서 그 분노가 밤새도록 쌓여 있다가 아침이 되면 타오르는 불길처럼 분출하게 된다.

그 날은 마치 뜨거운 화덕과 같이 그 열기가 달아올라서 악한 반역자들은 관료들을 비롯한 그 지도자들을 무참하게 살해한다. 그리고 왕을 비롯한 왕족들을 사정없이 죽여 버린다. 그럼에도 불구하고 그 위태로운 사태가 진정될 기미는 전혀 보이지 않는다. 이와 같은 사건들은 북 이스라엘 왕국에서 끊임없이 되풀이하여 발생했던 일이었다.

하나님을 믿는 백성이라면 그와 같은 심각한 위기에 처할 때 여호와 하나님께 매달려 부르짖는 것이 당연하다. 하지만 백성들 가운데 하나님을 진정으로 찾는 자가 아무도 없었다. 하나님께서는 그 절체절명의 순간에도 자기에게 부르짖는 자가 하나도 없음으로 인해 탄식하셨다. 배도에 빠진 인간들은 하나님께서 그 위기 상황을 해결해 주시리라는 믿음 자체가 없었던 것이다.

3. 종교 혼합주의와 배도(호7:8-10)

하나님께서는 이스라엘 민족이 이제 그 본연의 정체성을 상실한 무익한 존재가 되어버렸음을 말씀하고 계신다. 그러므로 북 이스라엘 왕국의 에브라임 족속이 이방 민족과 뒤섞여 종교적 혼합주의에 빠진 사실이 언급되었다. 그들은 배도에 빠져 있으면서 하나님께로 되돌아올 생각을 전혀 하지 않고 있었다. 따라서 그런 자들은 마치 불판 위에서 제 때 뒤집지 않아 바닥은 타고 윗부분은 설익은 빵처럼 아무런 쓸모없는 존재에 지나지 않게 되었다고 했다.

어리석은 자들은 이방 종교에 익숙해진 기득권자들이 자신의 힘을 빼앗고 모든 것을 삼켜버리고 있는 상황인데도 불구하고 그 처참한 형편을 깨닫지 못했다. 또한 모든 사람들의 눈에 백발이 무성하여 경험이 많아 보이는 자들도 그에 대한 사정을 알 수 없었다. 이는 그들이 자신이 처한 위기를 전혀 인식하지 못하고 있다는 사실을 말해주고 있다.

그와 같은 무지하고 오만한 태도가 결국 저들로 하여금 한없이 교만하게 만들었다. 하나님의 심판과 저주가 바로 눈앞에 놓여있었지만 그들은 여전히 사악한 범행을 저지르면서 하나님 보시기에 겸손한 마음을 가지기는커녕 부끄러워하는 마음조차도 가지지 않았다. 그들은 도리어 그것을 자랑스럽게 여기며 사람들 앞에서 뻔뻔한 자세로 살아갔던 것이다.

그런 오만한 사고를 가지고 있는 한 인간들은 결코 하나님을 찾지 않는다. 이스라엘 백성은 그와 같은 더러운 죄악에 빠져있으면서 스스로 그에 만족스러워 했을 따름이다. 하나님께서는 언약의 백성이라 칭하면서 자신의 사랑을 전혀 깨닫지 못한 채 자기에게로 돌아오기를 거부하며 도움을 구하지 않는 자들에 대하여 탄식하는 마음을 가지셨던 것이다.

4. 이방인들을 향하여 부르짖는 이스라엘의 종교 혼합주의자들
(호7:11-14)

하나님을 떠난 이스라엘 백성들은 어리석기 그지없었다. 이스라엘 왕국의 에브라임 지파에 속한 자들은 마치 어리석은 비둘기 같이 극히 미련한 판단을 하고 행동했다. 비둘기가 왜 어리석고 미련한 동물인가? 일반적으로는 비둘기를 순결한 동물로 이해하고 있다. 그럼에도 불구하고 비둘기를 미련한 동물로 언급하고 있는 것은 아마도 비둘기가 귀소본능(歸巢本能)이 강한 것을 두고 하는 말일 것이다.

이스라엘 왕국의 백성들은 하나님의 언약에 따라 살아가야 할 존재들이다. 하지만 배도에 빠진 자들은 그런 삶을 버리고 죄인의 본성으로 되돌아가 더러운 욕망을 추구하기에 급급했다. 그들은 하나님의 율법을 버리고 세속적인 것들을 추구하며 살아가기를 좋아했다. 그들은 심각한 위기에 처할 때도 여호와 하나님을 찾지 않고 애굽이나 앗수르 등 세상에서 세력을 가진 나라들을 향해 도움을 요청했다.

그와 같은 행동은 하나님을 멸시하는 배도행위에 지나지 않았다. 그것은 더러운 영적인 간음행위였기 때문이다. 그런 사악한 태도는 하나님의 질투를 유발하게 되어 무서운 심판을 자초할 수밖에 없었다. 즉 이스라엘 자손들이 도움을 요청하기 위해 애굽이나 앗수르를 향해 나아갈 때 그들 위에 그물을 쳐서 마치 공중의 새를 막아 떨어뜨리듯이 그 길을 막으시겠다는 것이었다.

그렇게 하여 하나님께서 선지자들을 통해 예언한 대로 저들을 엄히 징계하시겠노라고 말씀하셨다. 하나님께서는 그와 더불어 저들을 향해 무서운 저주를 선포하셨다. 이는 그들이 율법을 떠나 여호와 하나님에 대하여 범죄하고 그릇된 배도의 길로 행했기 때문이었다. 그것은 극한 위기를 피하고자 하는 저들의 소원과 달리 오히려 자신의 패망을 재촉하는 어리석은 행동에 지나지 않았다.

하나님께서는 그 백성을 위기로부터 구원해 주시고자 했으나 그들은 도리어 하나님께 대항하여 거짓말하기를 되풀이했다. 배도에 빠진 자들은 진심으로 여호와 하나님의 이름을 부르지 않은 채 입술로만 하나님의 이름을 떠올렸을 따름이다. 그들은 마치 자신의 힘든 형편으로 인해 억울하다는 듯이 울부짖었으며 곡식과 새 포도주를 얻기 위해서 서로 모여 환경을 탓하며 하나님을 거역하는 행동을 취했다.

그 백성들은 고통을 겪으면서도 여전히 하나님의 뜻을 외면한 채 그의 율법에 순종하고자 하는 마음을 가지지 않았다. 즉 그들은 여전히 하나님을 거역하며 자구책을 강구하느라 여념이 없었다. 그와 같은 오만한 태도는 오히려 하나님을 더욱 욕되게 하며 그를 크게 진노케 할 따름이었다.

우리는 여기서 중요한 교훈을 얻을 수 있어야 한다. 거듭난 하나님의 자녀들은 타락한 이 세상에서 살아가지만 영원한 천상에 소망을 두고 오직 하나님의 영광을 위해 살아가야 할 존재들이다. 이 진리를 버리고 세상의 욕망을 추구하거나 그에 따라가는 행위는 하나님을 진노케 하는 것이란 사실을 결코 잊어서는 안 된다.

5. 배도에 빠진 어리석은 능력자들(호7:15-16)

하나님께서는 언약의 백성들의 팔을 단련시킴으로써 강하게 해주신 사실을 언급하셨다. 하나님께서 저들로 하여금 강력한 힘을 가지게 하신 까닭은 그들 자신의 세력 확장을 위해서가 아니라 그 백성을 하나님 자신을 위하여 영원한 구원사역에 참여시키기 위함이었다. 따라서 언약의 백성들이라면 마땅히 하나님의 뜻에 순종하며 그로부터 공급받은 모든 것을 그의 거룩한 목적을 위해 사용해야만 했다.

그럼에도 불구하고 배도에 빠진 자들은 하나님의 계획과 그가 베푸신 은혜를 기억하기는커녕 오히려 그에게 저항하며 악을 도모하기에 급급했다. 하나님께서는 당연히 그와 같은 태도를 지닌 자들을 엄히 징계하시고 무서운 심판을 내리시게 된다. 그렇게 되면 그 백성들은 모든 것을 상실한 채 심한 고통에 빠질 수밖에 없다.

그런데 문제는 하나님의 징계로 말미암아 큰 고통을 당한 백성들이 여호와 하나님께로 돌아가기를 거부하고 더러운 이방신에게로 돌아갔다는 사실이다. 그들은 허망한 것에 정신이 팔려 마치 굽은 활이나 느슨하게 풀린 활처럼 아무런 쓸모가 없는 존재가 되어 버렸다. 그들 위에 군림하고 있던 교만한 지도자들은 무책임하게 혀를 놀려 하나님에 대하여 오만하게 말함으로써 무서운 심판을 받아 칼에 엎드러져 죽게 된다.

그와 같은 일들이 발생하게 되면 그들이 애굽 땅에 살아가는 자들의 조소거리가 될 수밖에 없다. 이방인들의 세력을 빌려 저들로부터 지원을 받으려 했던 그 대상국으로부터 조롱을 당한다는 것은 그들과의 관계가 파괴됨을 의미한다. 즉 하나님을 떠나 이방 왕국과 외교 관계를 맺어 지원을 받고자 한 어리석은 계획조차도 산산조각 나버리게 된다는 것이었다.

제9장

어리석은 배도자들에 대한 하나님의 심판
(호8:1-14)

1. 이방 세력에 의해 닥칠 위기상황(호8:1-3)

하나님께서는 호세아에게 나팔을 불어 경고의 메시지를 전할 준비를 갖추도록 명령을 내리셨다. 이제 곧 외부 세력의 침략으로 인한 심각한 갈등 상황이 전개된다는 것이다. 이방의 대적자들이 하나님의 성전을 공격하게 되는데 이는 언약의 자손들이 하나님을 버리고 배도에 빠졌기 때문이었다.

예언의 말씀처럼 곧 때가 이르면 원수들이 완전군장을 하고 손에 무기를 든 채 예루살렘을 향해 들이닥치게 된다. 하나님과 그의 백성이 저들의 주된 침략대상이다. 하지만 그들의 군대는 눈에 보이지 않는 하나님께 직접 저항할 수 없으므로 그의 성전을 공격하게 된다. 그들은 여호와 하나님의 거룩한 집을 덮침으로써 감히 하나님께 덤벼들게 되는 것이다.

그 원수들은 하나님의 언약을 무시하며 마치 독수리 떼처럼 맹렬한 기세로 성전을 공격하여 무너뜨리고자 한다. 이스라엘 자손이 그와 같은 궁지에 몰리게 된 것은 그들이 하나님의 율법을 멸시하고 자신의 욕망을 추구하기에 급급했기 때문이다. 물론 백성들 가운데는 아무것도 모르는 상태에서 사악한 지도자들의 기만에 빠져 배도의 길에 들어선 자들도 상당수 있었을 것이 분명하다.

그렇지만 하나님께서는 결코 배도의 자리에 앉아 자신을 멸시하는 자들을 가만히 두고 보시지 않는다. 무서운 심판을 통해 반드시 저들을 엄벌에 처하신다. 그와 같은 심각한 상황이 이르게 되면 약삭빠른 배도자들은 하나님 앞에서 잘못을 뉘우치는 듯한 형식적인 반응을 보인다. 그들은 "나의 하나님이여 우리 이스라엘이 주를 아나이다"(호8:2)고 애처로운 부르짖음을 내뱉게 되는 것이다.

하지만 그와 같은 반응은 극한 위기를 피해보고자 하는 저들의 진정성 없는 일시적 반응에 지나지 않는다. 그들이 진심으로 뉘우쳐 회개하고 여호와 하나님께로 돌아온 것이 아니기 때문이다. 그러므로 하나님께서는 언약의 백성이라 주장하면서 배도에 빠진 이스라엘이 이미 참된 선을 버렸다고 말씀하셨다(호8:3). 따라서 저들을 멸망시키는 이방 왕국의 세력이 그들의 뒤를 추격하게 되리라고 하셨던 것이다.

2. 배도에 빠진 우상숭배자들(호8:4-6)

이스라엘 자손들은 역사 가운데서 저들의 새로운 왕을 지속적으로 세웠다. 북 이스라엘 왕국의 경우에는 끊임없는 반란으로 인해 왕조 자체가 바뀌기를 되풀이했다. 또한 모세가 기록한 율법을 떠난 권력자들이 임의로 세운 거짓 제사장들과 거짓 관료들과 거짓 선지자들의 만행이 온 땅에 가득했다.

그것은 하나님의 영원한 사역에 참여하고자 하는 선한 의도와는 무관하게 자신의 권력을 유지하기 위한 방편이 되었을 따름이다. 그들은 권력을 장악해야만 자기 목적에 따라 백성들을 효율적으로 다스릴 수 있다고 생각했다. 또한 그렇게 함으로써 이방의 침략을 방어해 낼 수 있는 강력한 힘을 가질 수 있을 것으로 믿었다. 그와 같은 환경 조성이 저들의 권력유지를 위해 필수적이라 여겼던 것이다.

그러나 하나님께서는 선지자의 입술을 통해 그 왕들과 지도자들은 자기가 세우지 않았다는 사실을 밝히셨다. 백성들 가운데 왕과 지도자들이 끊임없이 등장했으나 그들은 하나님과 아무런 상관이 없는 자들이라는 것이다. 그들에게는 왕을 세우면서 하나님께 간구하거나 그의 뜻을 알고자 하는 마음이 전혀 없었다.

또한 타락한 그 왕국의 백성들은 금과 은으로 자기를 위한 우상을 만들어 섬기기를 좋아했다. 그것은 살아계신 하나님의 자리를 더러운 우상 덩어리로 대체한 것을 의미한다. 그와 같은 배도 행위는 하나님에 대한 참람한 모독행위가 아닐 수 없었다. 어리석은 자들은 그런 끔찍한 악행을 되풀이 하면서도 그 실상을 전혀 인식하지 못한 채 우상을 향해 빌며 그것들을 섬겼다.

특히 북 이스라엘 왕국에 속한 백성들은 금송아지를 만들어 섬기기를 좋아했다.2) 악한 지도자들은 다양한 우상들을 만들어 두고 그것이 하나님의 현현(顯現)이라 주장하며 백성들에게 선전했다. 어리석은 백성들은 저들의 감언이설(甘言利說)에 속아 넘어가 거리낌 없이 그 우상숭배에 참여하게 되었다.

하지만 우상들의 역할은 결코 오래 지속될 수 없었다. 생명이 없는 그 더러운 물건들은 결국 하나님의 심판에 의해 완전히 파괴될 날이 이르게

---

2) 구약성경에서 금송아지는 매우 특별한 우상으로 간주된다. 이스라엘 백성들이 출애굽한 후 시내광야에서 금송아지를 만들어 섬겼다(출32:4). 그들은 애굽에서 보고 들은 바 금송아지를 만들어 가시적인 하나님의 현현으로 받아들이려 했던 것이다. 그리고 북 이스라엘 왕국에서는 여로보암 이후 단과 벧엘에 금송아지를 만들어 두고 섬겼다(왕상12:28,29; 왕하10:29).

될 것이기 때문이다. 이는 여호와 하나님을 버린 채 우상 숭배에 빠진 배도자들의 말로가 처참하게 된다는 사실을 말해주고 있는 것과 같다.

그와 더불어 여호와 하나님께서는 그 우상으로 말미암아 자신의 맹렬한 진노가 배도의 무리를 향해 불타오르게 된다는 사실을 말씀하셨다. 그로 인해 저들의 모든 사악한 죄들이 만천하에 그대로 드러나게 될 것이라고 하셨다. 어느 누구도 그 사악한 행위를 두고 죄가 없다는 말을 하지 못한다는 것이다.

그 더러운 우상 덩어리는 사악한 이스라엘 백성들 가운데 존재하는 음란한 종교사상으로 인해 기술자들의 손으로 정교하게 제작된 것에 지나지 않는다. 그것은 결코 참된 신이 될 수 없다. 그럼에도 불구하고 사마리아 즉 단과 벧엘의 신전 안에는 금송아지 형상이 세워졌으며(왕상12:28,29), 그것은 장차 하나님에 의해 산산조각이 날 수밖에 없다.

이에 대해서는 오늘날 지상 교회의 교사와 지도자로 세워진 직분자인 목사와 연관지어 생각해 볼 수 있다. 목사는 원래 계시된 말씀을 중심에 둔 교회 가운데 하나님의 뜻에 따라 공적으로 세워져야 할 직분자이다. 그러나 하나님의 뜻과 상관없이 인간들의 종교적인 취향에 따라 세운 목사라면 하나님과 무관한 직업 종교인에 지나지 않는다.

그런 자들이 결국 하나님의 말씀을 떠나 지상 교회 안에 배도에 빠진 세속적 사상을 퍼뜨리게 될 것이며 다양한 형태의 유무형의 더러운 우상들을 양산하게 된다. 그와 같은 양상은 여호와 하나님을 모독하는 악행에 지나지 않는다. 하나님께서는 장차 때가 이르면 그 모든 것을 심판하여 산산조각 내버리시게 된다.

3. 하나님의 심판 계획(호8:7-10)

하나님께서는 언약의 자손이라 일컬어지던 이스라엘 백성이 스스로 맹렬한 심판을 자초하고 있다는 사실을 언급하셨다. 그들이 조그마한 바람을 심게 되면 나중 그것이 맹렬한 위력을 지닌 태풍과 같은 거센 바람을 몰고 온다는 것이다. 그 광풍은 저들의 모든 것들을 한꺼번에 휩쓸어가 버리게 된다.

또한 저들이 애써 농사를 지으면서 부지런히 곡물과 식물을 심겠지만 튼실한 줄기를 내지 못한다고 말씀하셨다. 설령 줄기가 어느 정도 자라나는 것처럼 보일지라도 이삭과 열매를 맺지 못한다. 만일 그로부터 어떤 결실을 얻게 된다고 해도 이방인들이 쳐들어와 그 모든 것들을 집어삼켜버리고 만다.

호세아 선지자를 통한 예언은 그 의미상 모든 상황이 이미 종료된 것으로 묘사되고 있다. 배도에 빠진 이스라엘 민족은 벌써 이방 왕국에 의해 삼켜진 바 되었다는 것이다. 따라서 이제 그 백성은 이방 나라 가운데 내팽개쳐진 처지에 놓여 있으면서 마치 깨어진 질그릇처럼 아무런 쓸모없는 존재가 되어버렸다는 것이다.

본문 가운데는 이미 내버려진 상태에 놓인 백성이 홀로 방황하는 들나귀처럼 된다는 언급을 하고 있다. 그들이 앗수르 땅으로 가서 이방 군대의 지원을 받고자 한다는 것이다(호8:9). 그들은 이방인들에게 상당한 댓가를 쳐주고 자기를 위한 대비책을 강구하고자 하는 것이다.

심각한 위기에 처한 배도자들은 충분한 댓가를 지불하고 이방인들의 세력을 동원하여 자기의 어려운 상태를 다시금 일으켜 세워 보려고 안간힘을 쓴다. 하지만 그렇게 한다고 해도 결국 허사가 되고 만다. 하나님께서 저들을 한자리로 불러 모아 엄중한 심판을 내리실 것이기 때문이다. 배도에 빠진 그 백성은 앗수르 제국의 도움을 구해보지만 도리어 그 통치자의 억압으로 인해 패망하게 되리라는 것이었다.

4. 범죄의 온상이 되는 제단(호8:11-14)

일반적인 관점에서 볼 때 중요한 집단 범죄는 대개 개인적인 사소한 것으로부터 시작하여 큰 문제로 비화되지 않는다. 그것은 오히려 조직화되고 권위가 있어 보이는 영역에서 출발하여 심각한 파장을 일으킨다. 결국 조직화된 악행이 일반 백성들에게 스며들어가게 될 것이기 때문이다.

예루살렘 성전을 버린 이스라엘 백성들은 스스로 자기를 위한 종교적인 제단을 많이 만들어 세웠다. 그렇게 하는 이유는 자기가 원하는 신을 대상화하여 적극적으로 섬기기 위해서이며 그것을 통해 복을 받아 개인이 원하는 대로 살아가고자 하는 욕망 때문이다. 배도에 빠진 어리석은 자들은 그것이 오히려 하나님을 크게 진노케 하는 행위로서 무서운 심판을 자초하는 것이란 사실을 모르고 있다.

그러므로 호세아는 에브라임은 죄를 없애기 위해 제단을 많이 만들었지만, 실상은 악한 죄를 양산하는 방편으로서 더러운 제단이 되었다는 사실을 말하고 있다(호8:11). 이는 사실 오늘날 우리에게도 매우 중요한 의미를 던져주고 있다. 우리는, 인간들이 하나님을 기쁘게 한다고 여기며 행하는 일들 가운데는 그것이 도리어 하나님을 욕되게 하며 하나님의 진노를 불러일으키는 경우가 많다는 사실을 깨달아야 한다.

하나님의 말씀을 떠나 감성적인 신앙을 가지게 되면 자신의 주관적인 종교성에 빠져 실상은 하나님을 욕보이면서도 그것을 자랑스럽게 여기며 즐거워하게 되는 오류에 빠질 우려가 있다. 심하게는 하나님을 상대로 사악한 모독 행위를 저지르면서도 나중 그로 말미암아 칭찬과 상급을 받으려는 어처구니없는 기대를 하기도 한다. 성숙한 신앙이란 계시된 말씀을 통해 하나님의 뜻을 더욱 선명하게 알아가는 것이다.

하나님께서는 호세아서 본문 가운데서 언약의 자손들을 위해 수많은 율법 조항들을 허락하신 사실을 언급하셨다. 이는 하나님께 속한 백성은 이 땅에서 자기 마음대로 살아가는 존재가 아니라 오직 하나님의 뜻에 따라 살아야 한다는 사실을 말해주고 있다. 하나님을 진정으로 경외하는 백성이라면 마땅히 그에 대한 깨달음을 가져야만 한다.

그러나 어리석은 인간들은 그것을 도리어 이상하게 여기게 된다. 그런 자들은 자기가 원하는 대로 인생을 살아가면 될 것을 왜 굳이 하나님의 뜻대로 살아야 하는지 그 의미를 알지 못하기 때문이다. 따라서 그들은 하나님으로부터 계시된 율법을 멸시하거나 생소하게 여길 수밖에 없다.

그러므로 인간이 하나님의 율법을 떠나 동물의 고기를 제물로 바치고 즐거운 마음으로 그것을 먹는다고 할지라도 하나님께서는 결코 그것을 기쁘게 받으시지 않는다. 그들은 하나님의 이름을 이용했을 뿐 실상은 자기를 위한 종교행위를 되풀이했을 따름이다. 하나님의 법에 온전히 순종하지 않는 제사와 제물은 오히려 더러운 죄가 될 따름이다. 따라서 하나님께서는 저들의 사악한 죄를 엄벌하시게 된다.

성경에 기록된 율법을 멸시하는 자들은 그 법이 없었던 애굽으로 되돌아가는 것과 같다. 그것은 스스로 현재의 참된 복을 버리고 과거의 저주를 선택하는 것과 마찬가지다. 이는 오늘날 우리 역시 동일한 교훈 가운데 살아가고 있다. 성경은, 하나님의 자녀들은 죄에 물든 옛사람이 죽고 새사람으로 거듭 태어난 사실에 관한 말씀을 하고 있다. 세상에 대해서는 죽고 하나님을 향해서 다시 살아났다는 것이다.

> "그의 죽으심은 죄에 대하여 단번에 죽으심이요 그의 살으심은 하나님께 대하여 살으심이니 이와 같이 너희도 너희 자신을 죄에 대하여는 죽은 자요 그리스도 예수 안에서 하나님을 대하여는 산 자로 여길찌어다"(롬6:10,11); "그런즉 누구든지 그리스도 안에 있으면 새로운 피조물이라 이전 것은 지나갔으니 보라 새것이 되었도다"(고후5:17)

하나님의 복음을 알고 진리를 깨닫게 됨으로써 죄에 대하여 죽고 하나님 안에서 다시 살아난 새로운 피조물이 된 성도가 다시금 더러운 세상으로 돌아가 옛사람처럼 살아간다는 것은 있을 수 없는 일이다. 만일 그렇게 하는 자가 있다면 그것은 하나님의 복음을 버리고 저주를 향해 과거로 되돌아가는 것과 마찬가지다. 따라서 하나님의 자녀들에게는 절대로 그와 같은 일이 발생하지 말아야 한다.

그리고 호세아 선지자는 이스라엘 백성이 자기를 지으신 여호와 하나님을 잊어버린 사실을 지적하고 있다. 그와 더불어 북 이스라엘 왕국에 속한 자들이 저들의 취향과 목적에 따라 왕이 거하는 궁궐들을 건축하여 그것을 중심으로 나라를 세워나가고자 했음을 언급했다. 여호와 하나님을 의지하지 않는 자들의 태도는 배도행위에 지나지 않았다.

또한 남쪽 유다 왕국에 대해서는 여기저기 견고한 성읍들을 많이 쌓은 사실을 지적했다. 이는 그들이 여호와 하나님을 의지하지 않고 자기의 군사력으로 공세를 취하며 외침을 막으려 한 사실과 연관되어 있다. 하지만 그것은 하나님을 전적으로 의지하고자 하는 마음을 포기했음을 의미한다. 따라서 하나님께서는 그 성읍들 위에 뜨거운 불을 보내 그 모든 것들을 불살라 버리겠노라고 말씀하셨다.

오늘날 우리 역시 이점에 대하여 올바른 교훈을 받을 수 있어야 한다. 세상에서 권세를 자랑하기 위해 화려한 왕궁을 건축하고 자신의 힘을 과시하기 위해 성읍을 쌓는 이스라엘 왕국의 태도를 따라가서는 안 된다. 인간들의 그와 같은 행위가 세상에서의 승리를 보장하는 것이 아니라 오직 하나님의 능력에 온전히 의존할 때 하나님께서 자기 자녀들에게 그 승리를 안겨주시게 된다는 사실을 기억해야만 하는 것이다.

제10장

이스라엘의 죄와 하나님의 심판
(호9:1-17)

1. 음란에 빠진 이스라엘 백성(호9:1-3)

당시 이스라엘 백성은 영적인 면뿐 아니라 육체적인 면에 이르기까지 총체적으로 음행에 빠져 있었다. 물론 모든 사람들이 예외 없이 음란한 행위를 한 것으로 말할 수는 없다. 하지만 당시 사회적인 분위기는 전반적으로 성적인 음행을 용인하는 추세가 되어 있었다. 즉 본인이 그와 같은 악행을 직접 저지르지 않는다고 할지라도 다른 사람들의 음행에 대해서 지극히 관용한 태도를 보였던 것이다.

이에 대해서는 오늘날 우리 시대를 생각해 보면 쉽게 이해할 수 있다. 현대 세계는 전반적으로 음행에 취해 있다고 해도 과언이 아니다. 일반사회뿐 아니라 소위 기독교인들 역시 별반 다르지 않다. 교인들조차 사람들이 혼인이나 부부관계를 벗어나 간음을 저지른다고 해도 대수롭지 않게 여기는 실정이기 때문이다.

심지어는 현대 기독교인들 가운데서 동성애나 동성결혼이 무서운 죄악임에도 불구하고 그에 관대한 모습을 보이는 자들이 대세를 이루고 있다. 따라서 그와 같은 죄를 비판하는 자들은 옹졸하고 편협한 사람으로 낙인찍히는가 하면 그들을 옹호하여 감싸면 관대한 기독교인이 된다. 성경에 언급된 거룩하신 하나님의 엄하고 두려운 뜻보다 인간들이 살아가는 현실 사회를 중심에 두고 생각하기 때문에 그와 같은 분위기가 조성되는 것이다.

호세아 당시 이스라엘 사회도 전반적으로 그와 같은 분위기였다. 그러므로 선지자는 이스라엘 자손들을 향해 하나님의 율법과 무관한 이방 사람들처럼 무분별하게 기뻐 뛰놀지 말라는 경고를 하고 있다. 그들은 더러운 음행을 저지르면서도 자기만의 왜곡된 즐거움에 취하기를 좋아한다. 이는 과거 인간 역사 가운데 존재하지 않았으나 우리 시대에 발생한 해괴한 '퀴어 축제'(Queer Festival) 같은 것이 바로 그와 같은 경우에 속한다.

선지자 호세아는 하나님을 떠나 배도에 빠진 이스라엘 자손을 향해 저들이 곡식을 털고 포도열매를 다듬는 타작마당에서 더러운 음행을 저지르고 그에 따른 값을 받기를 좋아한다는 사실을 언급하고 있다. 우리는 여기서 영적인 의미와 더불어 매우 중요한 점을 생각해 보아야 한다. 자기의 몸을 성적으로 제공하는 곳이 타작마당이라는 것은 오늘 우리 표현으로 하면 농사를 지어 결실을 거두는 중에 현찰이 많고 포도주 맛에 취해 있기 때문이라는 사실에 연관되어 있다.

배도에 빠져 타락한 인간들은 살아계신 하나님께서 저들의 농사가 잘 되게 하여 결실을 맺게 해주신 것을 인정하지 않고 자기 수중에 들어오는 많은 돈과 포도주에 취한 것에 대한 즐거움만 가득했다. 그러니 악한 자들은 눈앞에 현금이 많고 포도주에 취해 있을 때 그것으로 음행을 저지르고, 창녀처럼 자기 몸을 성적으로 제공하는 자들은 그로 인해 돈을 벌 수 있는 기회가 되는 것으로 판단하게 되었던 것이다.

문제는 그와 같은 분위기가 이스라엘 민족 전체에 드러나고 있었다는 사실이다. 설령 자기는 직접 그와 같은 범죄를 저지르지 않는다고 해도 얼마든지 그럴 수 있다는 듯이 부패한 사회적 분위기에 휩쓸려 가게 된다. 하지만 그와 같은 행위는 사회적 인식과 달리 여호와 하나님께 저항하는 죄악일 뿐 아니라 그의 무서운 진노를 불러일으키는 원인 제공행위에 지나지 않는다.

그러므로 선지자는 저들을 향해 강한 어조로 외치고 있다. 풍요로운 타작마당이나 거기 설치된 포도주의 술틀이 결코 저들의 만족스런 삶을 보장하지 못한다고 했다. 머잖아 곡식과 포도주가 다 떨어지게 될 날이 임하게 될 것이기 때문이다. 그와 같이 여호와 하나님을 떠나 배도하게 되면 그가 저들에게 무서운 형벌을 내리시리라는 것이었다.

하나님의 심판이 임하게 되면 그들은 더 이상 그 땅에서 살아갈 수 없게 된다. 북쪽 이스라엘 왕국 지역에서 배도에 빠진 자들은 과거 애굽에서 노예생활을 하던 때와 같은 상황으로 되돌아갈 수밖에 없는 형편에 처한다. 그렇게 되면 이방왕국인 앗수르 땅에 사로잡혀가서 이방인들의 부정한 것들을 먹게 된다는 것이었다. 이는 장차 일어나게 될 하나님의 무서운 심판에 연관된 예언의 말씀이다.

2. 배도자들의 헛된 제사(호9:4,5)

어리석은 자들 가운데는 끊임없이 악행을 저지르면서 동시에 여호와 하나님 앞에서 나름대로의 경배를 드리고자 하는 자들이 많다. 그런 자들은 그와 같은 행위를 통해 자신의 죄를 경감시키고자 하는 마음을 가지고 있다. 하지만 그러한 태도는 진정한 신앙이 아니라 도리어 하나님을 기만하려는 또 다른 사악한 행위에 지나지 않는다.

그러므로 선지자 호세아는 타락한 이스라엘 백성을 향해 저들은 여호와 하나님께 포도주로 전제를 부어드리지 못할 것이며 설령 그렇게 한다고 해도 그것이 하나님께 기쁨이 되지 않는다는 사실을 말했다. 그들은 동일한 포도주를 가지고 어떤 때는 자기의 더러운 욕망을 채우기 위해 악용하고 또 다른 어떤 때는 그것이 마치 거룩한 것인 양 하나님께 바치려는 이중적인 태도를 취하고 있었다.

따라서 그런 자들이 제단에 바치는 제물은 마치 초상집에서 애곡하는 자들의 음식과 같아서 그것을 먹는 자는 다 더러워질 따름이다. 그 음식은 자기만 먹을 수 있을 뿐 거룩한 성전에서 하나님께 바칠 수 있는 제물은 될 수 없다. 자기의 종교성을 통해 그렇게 행하는 제사는 도리어 하나님을 욕되게 하는 것에 지나지 않기 때문이다.

선지자는 이와 더불어 저들을 향해 이스라엘 민족의 명절과 절기 때 하나님을 위해 할 수 있는 일이 무엇이겠느냐며 반문하고 있다. 이 말 가운데는 죄악으로 가득 찬 저들이 명절과 절기를 지키며 나름대로 종교적인 행위를 하겠지만 그것은 아무런 의미 없는 허사에 지나지 않는다는 뜻이 내포되어 있다. 이에 대해서는 오늘날 우리에게도 그대로 적용된다. 하나님을 경외하는 성도로서 경건한 삶을 살아가지 않은 채 실행하는 모든 종교행위는 도리어 하나님을 기만하는 악행에 지나지 않기 때문이다.

3. 부패한 자들에게 임하는 형벌의 날(호9:6-9)

하나님께서는 배도에 빠진 악한 자들을 반드시 징벌하시리라는 사실을 밝혔다. 겉보기에 그 위기를 피하는 지혜를 가진 것처럼 보일지라도 실상은 전혀 그렇지 않다는 것이다. 그 백성이 심각한 재난을 피하여 애굽 땅으로 도망가면 그 이방인들이 우선은 피난민을 받아들이는 것처럼 행세하지만 결국 그들은 애굽 땅의 멤피스(Memphis) 지역에 묻혀 장사되는 신세가 될 수밖에 없다는 것이다.

그들이 언약의 땅에서 가지고 간 귀중한 금은보화는 잡초 속에 파묻혀 버려 아무런 쓸데없는 것이 되고 만다. 또한 그들이 난민이 되어 살아가던 곳은 가시덤불로 뒤덮인 황량한 땅으로 변하게 된다. 이는 배도에 빠져 재난을 당할 때 멀리 이방지역으로 도망간다고 해도 저들에게 새로운 좋은 환경이 제공되지 않는다는 점을 말해준다.

그러므로 이스라엘 백성은 하나님의 형벌의 날 곧 보응의 날이 이르게 된 사실을 깨달아야만 했다. 그럼에도 그들은 그에 관한 실상을 전혀 감지하지 못하고 있었다. 배도자들은 오히려 근거 없는 적개심으로 가득 차 하나님의 뜻을 받아들일 자세를 버리고 있었다. 그들은 하나님께서 보내신 선지자들을 미련한 자로 매도하며 성령의 감동을 받아 예언하는 그들을 오히려 미친 사람 취급을 했다. 배도에 빠진 자들이 그와 같은 미련한 판단을 하고 행동하는 근저에는 저들의 큰 죄악과 원한이 존재하고 있다.

선지자 호세아는 하나님께서 자기를 불러 에브라임 곧 북 왕국의 선지자로 임명하셔서 저들을 지키는 파수꾼이 되게 하셨음을 언급했다. 하지만 배도에 빠진 백성들은 자기를 넘어지게 할 목적으로 가는 길목마다 덫을 놓아두었음을 말했다. 나아가 그들은 거룩한 성전에서조차 적개심을 가지고 하나님의 예언을 전하는 선지자에게 원한을 품고 있었다.

그러므로 선지자는 그들이 '기브아의 시대'와 같이 매우 부패한 상황에 처해 있다는 사실을 언급했다(삿19-21, 참조). 기브아 시대의 부패는 베냐민 지파가 거의 전멸에 이를 만큼 그 정도가 극에 달해 있었다. 배도에 빠진 그들은 잠시 동안 승리를 거두는 것 같아 보였지만 하나님께서 저들에게 무서운 형벌을 내리셨다.

이처럼 호세아 선지자가 예언할 당시 이스라엘 백성은 성한 데가 없을 만큼 철저히 부패해 있었다. 그리하여 하나님께서는 반드시 저들의 죄를 묻고 벌하시리라고 하셨다. 그에 대한 깨달음이 전혀 없는 자들은 겉보기에 대단한 성공을 거둔 것같이 보였으나 실상은 저들 앞에 하나님께서 보내시는 무서운 심판이 기다리고 있었던 것이다.

4. 배도자들이 받게 될 저주(호9:10-13)

하나님께서는 이스라엘 백성을 향해 저들의 배도 행위를 지적함과 동시에 강한 경고의 메시지를 주셨다. 그가 오래 전 이스라엘 백성을 만났을 때는 광야에서 열린 포도송이 같았으며 저들의 조상은 마치 무화과나무의 첫 열매 같았다는 사실을 언급하셨다. 이는 그들이 얼마나 소중한 존재였는가 하는 점을 말해주고 있다.

또한 그들이 하나님의 은혜를 저버리고 배도에 빠져 바알브올에 가서 가증한 우상에게 몸을 바치고 결국 그것을 위한 음란한 사랑에 빠지게 됨으로써 그 우상처럼 가증한 존재가 되어버렸다는 사실을 언급했다. 그것은 자기를 위해 그 백성을 불러내신 하나님의 진노를 자아낼 수밖에 없었다. 그 결과 그들은 무서운 심판을 자초하게 되었다.

북 이스라엘 왕국의 에브라임 지파가 일시적으로 소유한 모든 영광은 하나님의 엄격한 심판으로 말미암아 마치 날아가는 새처럼 일순간에 다 없어져 버리게 된다. 그리하여 더 이상 부인들이 임신하거나 해산하는 일이 사라지게 된다. 즉 이스라엘 민족을 이어가는 상속이 끊어지게 되는 것이다.

하나님께서는 혹 그들이 자식을 낳아 기른다고 할지라도 자기가 저를 없애버리겠다고 하셨다. 나아가 그들 가운데 자식을 하나도 남겨 두지 않으리라는 사실을 말씀하셨다. 이처럼 여호와 하나님이 언약의 백성으로서 배도에 빠진 자들을 버리는 순간 저들에게는 끔찍한 재앙이 임하게 된다는 것이었다.

그러면서 선지자 호세아는 자기가 보기에 에브라임은 현실적으로 기름지고 아름다운 지역인 두로에 심긴 나무와도 같았다는 점을 언급했다. 그러나 하나님을 배반하고 더러운 우상을 따라가게 된 그들의 상황은 장차 완전히 달라질 수밖에 없었다. 그들은 마치 자기 자식을 사냥꾼 앞에 내세워 방패막이로 만든 미련한 자들처럼 되리라고 했다. 나아가 언약의 백성들을 미워하는 이방 세력인 살인하는 자들에게 자기 자식들을 끌어내 죽음에 내어주는 끔찍한 상황에 직면하게 되리라고 말했다.

5. 하나님의 징계와 이스라엘의 패망에 대한 예언(호9:14-17)

선지자 호세아는 그런 상황에서 하나님께 간절히 기도했다. 그런데 그는 이스라엘 백성들을 위하여 복을 빈 것이 아니라 도리어 저주를 빌었다. 배도자들에게 무엇을 주시려면 아이 배지 못하는 태와 젖을 낼 수 없는 유방을 주시라는 것이었다. 이는 선지자가 인간의 편이 아니라 하나님의 편에서 기도하고 있는 모습을 보여주고 있다.

하나님께서는 그들의 모든 악이 길갈(Gilgal)에 있으므로 거기서 저들을 저주하신 사실을 말씀하셨다. 길갈에는 하나님을 분노케 하는 우상을 섬기는 신당이 있었다(호4:15;12:11;암5:5, 참조). 악한 자들이 그곳에서 거짓 신과 우상에게 경배하며 배도행위를 되풀이 했던 것이다. 그곳은 과거 이스라엘 백성이 출애굽한 후 시내광야에서 나와 가나안 땅으로 들어올 때 '애굽의 수치'를 굴러버린 언약의 지역이었다(수5:9). 그런데 당시는 백성들이 도리어 그 수치를 받아들여 우상의 중심지로 바꾸어 버렸던 것이다.

하나님께서는 저들의 음란한 종교적 악행으로 인해 자기의 거룩한 집에서 쫓아내 버리고 다시는 저들을 사랑하지 않겠노라고 언급하셨다. 그 패역한 지도자들은 한결같이 자기를 반역하고 더러운 우상 숭배에 빠진 자들이라는 것이었다. 하나님은 이제 저들과 맺은 모든 관계를 끊어버리시겠다고 말씀하셨던 것이다.

또한 에브라임은 하나님으로부터 징계를 당해 그 뿌리가 말라서 열매를 맺지 못하게 되는 것처럼, 비록 아기를 낳을지라도 그 사랑하는 태의 열매를 죽게 할 것이라고 말씀하셨다. 선지자는 그 백성들이 하나님의 말씀을 거역하고 귀담아 듣지 않기 때문에 그들을 버리실 것이며 그들은 결국 이방의 여러 나라들 가운데 끌려가 유리하는 자가 되리라고 했다. 이는 이스라엘 왕국의 패망에 연관된 예언으로 이해해야 한다.

제11장

하나님의 심판과 선지자의 경고
(호10:1-15)

1. 세속적인 번영과 신앙의 관계(호10:1)

어리석은 사람들은 하나님께서 이 세상에 살아가는 자기 자녀들에게 세상의 복을 많이 부어주신다고 생각하는 경향이 있다. 만일 그런 논리라면 성경에 나타난 믿음의 선배들과 역사 가운데 살았던 신앙인들 가운데 복을 받지 못한 사람들이 엄청나게 많다면 어떻게 이해해야 할 것인가? 비율로 따져 본다면 건강 문제, 경제적인 문제, 가정 문제 등에 있어서 복을 받은 사람들보다 그렇지 못한 이들이 훨씬 더 많다.

물론 우리는 이 세상에서 전개되는 성도들의 삶에 연관된 형편 자체를 어떤 면에서는 가치중립적인 것으로 이해한다. 그와 같은 자세가 성경에 비추어볼 때 가장 원만한 입장이라 여겨지기 때문이다. 즉 세상에는 가난하고 힘든 생활환경 가운데 살아가는 성도들이 있는가 하면 부유하고 풍요로운 삶을 살아가는 성도들도 있다. 하지만 그들 가운데 어느 쪽이 하나님 보시기에 더 낫다거나 복된 자라 단정적으로 말하기 어렵다.

우리에게 중요한 것은 하나님의 말씀을 통한 세상의 모든 환경에 대한 올바른 해석이다. 가난하고 힘든 삶을 살아가면서도 천상의 복락을 기억하며 영적으로 풍요로운 삶을 살아가는 성도들이 많다. 한편 세상에서 부유한 삶을 살아가면서, 어려운 이웃을 기억하는 가운데 이 땅에서의 소유가 궁극적인 목적이 될 수 없음을 깨닫고 하나님을 진정으로 의지하는 성숙한 성도들도 많이 있다.

중요한 점은 영원한 천상에 소망을 두고 세상의 일반적인 현상에 궁극적인 가치를 두지 않는 승화된 삶이다. 우리가 분명히 깨달아야 할 사실은 신앙이 어린 교인들에게는 그 부유함이 도리어 참된 신앙을 깨닫고 유지하는 데 방해가 될 수 있다는 점이다. 그와 같은 환경조건이 잘못된 신앙활동을 하는 데 더욱 힘을 실어줄 것이기 때문이다.

선지자 호세아는 이스라엘 백성을 향하여 그에 관한 언급을 했다. 이스라엘을 무성하게 열매를 맺는 포도나무로 비유하며 저들의 풍요로운 환경을 묘사하고 있다. 그런데 그 풍요로움이 결코 좋은 것이 아니란 사실을 지적하고 있다. 그것이 도리어 심각한 문제를 일으킬 수 있다는 것이다. 즉 배도에 빠진 자들은 외형적으로 번성하면 할수록 더욱 심한 범죄를 행하게 되기 때문이다.

선지자는 이스라엘 백성들이 많은 열매를 얻어 부가 넘치게 되자 여호와 하나님을 버리고 이방신을 섬기는 일에 더욱 열중하게 된 사실을 언급했다. 그들은 큰 돈을 들여 혼합적인 거짓 신들을 섬기는 화려한 산당을 만들었다. 그리고 온갖 정성을 들여 돌기둥으로 세운 우상을 아름답게 장식하는 일에 몰두했다. 그들은 이처럼 하나님을 모독하는 행위를 하면서도 그에 대한 인식을 전혀 하지 못하고 있었던 것이다.

2. 두 마음을 품은 자들이 받게 될 징벌(호10:2-4)

배도에 빠진 이스라엘 자손들은 두 마음을 품은 채 온갖 눈치를 다 보는 가운데 살아가고 있었다. 그들은 여호와 하나님뿐 아니라 이방신들도 마음에 둔 이중적인 태도를 지니고 종교생활을 했다. 아마도 그런 자들은 여호와 하나님을 욕되게 하면서도 그를 완전히 버렸다고 생각하지는 않았을 것이다. 그들은 도리어 자기의 목적에 따라 양쪽을 다 섬기는 것이 지혜로운 것인 양 여겼을지도 모른다.

하지만 그와 같은 행위은 하나님을 멸시하고 모독하는 것에 지나지 않았으며 그의 무서운 진노를 유발하는 것과 마찬가지다. 따라서 하나님께서는 저들의 죄를 반드시 벌하시리라는 말씀을 하셨다. 하나님께서 그들이 만든 사악한 제단을 쳐서 허물어버리실 것이며 거기 있는 모든 우상들을 파괴하시겠노라고 하신 것이다.

백성들이 그와 같은 위기의 상황에 바짝 직면하게 되면 비로소 자신의 모습을 돌아보고 후회하게 된다. 저들이 그동안 여호와 하나님을 두려워하지 않았으므로 자신을 올바른 길로 인도하는 왕이 존재하지 않으며 이제 설령 왕이 있다고 할지라도 자기에게 무슨 유익이 있겠느냐며 탄식하게 된다는 것이었다. 이는 그들이 하나님의 무서운 징계를 눈앞에 두고 우왕좌왕하는 모습을 보이며 당황스러워 하는 모습을 보여주고 있다.

하지만 그런 중에도 그들은 추한 옛 습성을 버리지 못하고 헛된 말을 주절거리며 거짓 맹세로 언약을 세우기를 주저하지 않는다. 이는 저들의 탄식이 하나님 앞에서 행하는 진정한 회개가 아니라 일시적인 푸념에 지나지 않는다는 사실을 말해주고 있다. 따라서 그 백성들 가운데 불의가 마치 밭이랑에 돋아나는 독초처럼 퍼지게 되고 그들이 하나님의 심판의 대상이 된다는 것이었다.

이에 대해서는 신약시대에 살아가고 있는 오늘날 우리도 주의 깊게 생각해 보아야 한다. 하나님의 은혜로 예수 그리스도를 통해 천상의 복음을 소유하게 된 성도들은 타락한 이 세상에 대해서는 죽었으므로 그에 궁극적인 소망을 두지 않는 자들이다. 그러므로 예수님께서는 그에 연관된 분명한 교훈을 주셨다. 또한 야고보 선생은 그의 서신에서 두 마음을 품지 말라고 요구하고 있다.

> "한 사람이 두 주인을 섬기지 못할 것이니 혹 이를 미워하며 저를 사랑하거나 혹 이를 중히 여기며 저를 경히 여김이라 너희가 하나님과 재물을 겸하여 섬기지 못하느니라"(마6:24); "하나님을 가까이 하라 그리하면 너희를 가까이 하시리라 죄인들아 손을 깨끗이 하라 두 마음을 품은 자들아 마음을 성결케 하라"(약4:8)

이 말씀은 여호와 하나님을 진정으로 경외하는 모든 성도들이 항상 마음속에 새겨두고 실천해야 할 교훈이다. 성숙한 성도들은 거룩한 하나님과 타락한 세상을 동시에 섬기지 못한다. 즉 하나님의 의와 세상의 제물을 함께 추구하지 말아야 하는 것이다.

따라서 참된 성도들은 올바른 신앙 자세를 가져야만 세상을 능히 이겨나갈 수 있다. 누구든지 하나님과 세상에 대하여 두 마음을 품는 자가 있다면 그는 영적 간음을 행하는 자라 하지 않을 수 없다. 따라서 두 주인을 섬기는 이중적인 태도는 하나님의 무서운 진노를 유발하게 된다는 사실을 기억하고 있어야만 한다.

3. '벧엘' 과 '벧아웬'(호10:5-8)

선지자는 사마리아에 살고 있는 북 이스라엘 왕국 주민들이 벧아웬에 세워진 송아지 형상의 우상으로 인해 심한 두려움에 빠지게 되리라고 했다. 그곳은 원래 '하나님의 집' 으로 일컬어지는 '벧엘' 이었으나 지금은 '더러운 우상의 집' 인 '벧아웬' 으로 변해버렸다. 하나님의 집이라 일컬어지던 곳이 우상의 집으로 변한 그곳에서 우상을 섬기던 제사장들 곧 그마

림들(Chemarim)3)도 자신의 뜻대로 되지 않아 비통에 빠지게 된다. 이는 그곳에서 무서운 심판이 임하는 것과 더불어 하나님의 영광이 떠나버렸기 때문이다.

패망에 빠지게 된 사마리아인들은 그 송아지 형상을 앗수르 제국의 '야렙'(Jareb) 왕 곧 전쟁에 능한 왕4)에게 예물로 갖다 바치게 될 것이라 했다. 또한 우상숭배의 중심지가 된 에브라임은 장차 큰 수치를 당하게 된다. 다윗 왕조인 유다 왕국에 저항하여 반란을 일으켜 권력을 장악한 여로보암의 이스라엘 왕국이 그로 말미암아 도리어 부끄러움에 처하게 되리라는 것이었다.

결국 사마리아 지역을 통치하던 이스라엘 왕국의 통치자는 마치 물위의 거품처럼 허망하게 되어 망할 것이며 이스라엘의 더러운 죄악의 중심지인 아웬의 산당 곧 벧아웬은 완전히 파괴된다. 그리하여 혼합주의를 받아들여 우상을 섬기던 그 제단에는 가시와 엉겅퀴로 뒤덮인다. 그때 그곳 사람들은 부끄러움으로 말미암아 크고 작은 산들을 향해 자기를 가려주고 덮어 숨겨달라고 외치게 된다. 이는 그들이 모든 것을 잃어버리고 처참한 상황에 이르게 되리라는 사실을 말해주고 있다.

4. 징계 아래 놓인 이스라엘(호10:9-11)

선지자 호세아는 과거 베냐민 지파의 범죄(삿19-21장)로 인해 모든 이스라

---

3) 그마림(Chemarim)은 원래 바알을 섬기는 제사장을 일컫는다(습1:4). 때로는 왕실이나 국가의 지원을 받으며 이방 신을 섬기는 제사장을 가리키기도 했다. 예루살렘 주변 산당에서 이방 우상을 섬긴 제사장(왕하23:5)이나 호세아서 본문에 기록 것처럼 사마리아에서 벧아웬 송아지 우상을 섬긴 제사장들도 그렇게 불렸다. 그들은 혼합주의 종교사상을 가진 제사장들이었다.

4) 다수의 학자들은 본문에 언급된 전쟁에 능한 앗수르의 야렙(Jareb) 왕을 디글랏 빌레셀 3세로 추정하기도 한다. 호세아서 5:13, 참조.

엘이 엄청난 고통을 당하게 되었던 '기브아 시대'로부터 지금까지 그 더러운 배도 행위를 멈추지 않고 있다는 사실을 언급했다. 그들은 그때부터 율법을 떠나 하나님께 강하게 저항했다는 것이다. 따라서 죄에 빠진 그 자손들에 대한 전쟁이 또다시 기브아에서 일어날 것이라고 언급했다. 그것은 이스라엘에게 내려지는 무서운 징계를 예고하고 있다.

하나님께서는 자기가 원하는 때가 이르게 되면 반드시 그들을 심판하시리라는 말씀을 하셨다. 그것은 두 가지 죄 곧 모세의 율법을 무시한 것과 예루살렘 성전을 멸시한 것에 연관되어 있다. 그들은 단과 벧엘에 이방 신당을 건축하고 여호와 하나님을 향하여 범죄했기 때문에 장차 이방의 만국 군대가 모여 저들을 치게 되리라는 것이었다. 이는 부정한 여러 이방 종족들이 연합군을 형성하여 그를 공격하게 될 것에 대한 예언이다.

또한 선지자 호세아는 에브라임이 마치 길들인 암소와 같아서 과거에 곡식 밟기를 잘했다는 언급을 했다. 하지만 이제 하나님께서 저의 그 아름다운 목에 멍에를 메우고 더욱 고된 일을 시키게 되면 에브라임은 수레를 끌고 유다는 쟁기질을 하여 밭을 갈게 하고 야곱은 써레질을 하여 흙덩이를 깨뜨리게 하리라고 하셨다. 이 말은 조만간 이방인들의 압제로 인한 심한 노역과 더불어 고통의 날이 임하게 될 것에 대한 예언이다. 당시 저들이 누리던 모든 풍요로운 상황은 전부 지나가버리게 된다는 것이었다.

5. 하나님의 권면 (호10:12-15)

하나님께서는 배도에 빠진 이스라엘 백성들을 권면하셨다. 이제 언약의 자손들을 위하여 공의를 심고 인애를 거두라는 것이었다. 그리하여 저들의 묵은 땅을 기경하라고 요구하셨다. 위기에 처한 그 때가 곧 여호와 하나님을 간절히 찾을 기회가 될 것이므로 저희가 하나님의 말씀에 순종하면 그렇게 해 주시리라는 것이었다.

> "너희가 자기를 위하여 공의를 심고 인애를 거두라 너희 묵은 땅을 기경하라 지금이 곧 여호와를 찾을 때니 마침내 여호와께서 오사 공의를 비처럼 너희에게 내리시리라"(호10:12)

이 말씀은 이스라엘 백성을 위한 하나님의 사랑과 은혜의 약속이었다. 그동안 이스라엘 자손은 마치 죄악을 밭 갈듯이 하여 끊임없이 죄를 양산하는 행위를 지속했다. 그들은 거기서 나온 더러운 거짓 열매들을 먹으면서 그것으로 배불리며 추한 즐거움에 취해 살아왔다. 그들은 또한 여호와 하나님의 능력 대신에 자신의 힘과 전쟁에 나갈 만한 많은 병력을 의지하고 있었다.

하나님 앞에서 더러운 죄를 뉘우침으로써 속히 돌이키지 않으면 조만간 이스라엘 백성을 공격하는 전쟁의 함성이 크게 울려퍼지게 되리라는 경고를 했다. 그렇게 되면 이스라엘의 중요한 전략 지역인 요단강 동편 벧아벨이 앗수르 왕 살만(Shalman)에 의해 침략을 받아 파괴되었던 끔찍한 '전쟁의 날' 처럼 되리라는 것이었다. 그때 저들이 애써 견고하게 건축한 모든 요새들이 일시에 파괴될 것이며, 사랑하는 자식들과 함께 그 어미들이 잔인하게 죽임을 당하게 되리라고 했다.

하나님께서는 우상의 본거지가 되어버린 벧엘에 그와 같은 무서운 심판을 내리겠다고 하셨다. 또한 피흘리는 전쟁이 시작되면 곧바로 저들의 왕이 적군의 손에 사로잡혀 처참한 죽임을 당하게 되리라고 말씀하셨다. 이는 배도에 빠진 이스라엘 자손이 이방 왕국의 원수들에 의해 멸망당할 날이 가까이 이르렀음에 대한 하나님의 예언이다. 그럼에도 불구하고 어리석은 백성은 그에 대한 의미를 그대로 받아들이기를 거부하고 있었다.

제12장

신실하신 사랑의 하나님
(호11:1-12)

1. 하나님의 사랑과 백성들의 배도(호11:1,2)

여호와 하나님은 본성적으로 언약에 신실하신 분이다. 그는 자기 이름으로 한 약속을 절대로 어기시지 않는다. 그에 반해 범죄하여 타락한 인간들은 전혀 그렇지 않다. 본성적으로 부패한 존재로서 그 속에는 더러운 악이 가득 차 있을 따름이다. 물론 그 악이란 일반 도덕과 윤리적인 관점에서 일컫는 것이 아니라 본질에 연관된 의미를 지니고 있다.

타락한 인간이 전적으로 악한 존재라는 중요한 증거 가운데 하나는 자기가 원천적으로 악한 죄인이라는 사실 자체를 모르고 살아간다는 사실이다. 하나님의 특별한 은총이 베풀어지지 않는 한 인간들은 그에 대한 진정한 깨달음을 가질 수 없다. 오직 그 은혜를 통해 하나님의 절대 거룩성과 인간의 절대 죄악성을 알게 된다.

하나님께서는 선지자 호세아를 통해 자기가 어떤 존재인가 하는 점을 밝히고 계신다. 그는 이스라엘 민족이 아직 어릴 때 저를 극진히 사랑하여 애굽에서 불러내신 사실을 언급하셨다. 하나님께서는 본문 가운데서 자기와 그 백성 사이의 특별한 관계를 말씀하시면서 이스라엘을 '아들'로 묘사하셨다. 즉 하나님께서 사랑하는 자기 아들을 애굽의 멍에로부터 구출해 내셨다는 것이다.

그럼에도 불구하고 어리석은 백성들은 자기 아버지인 하나님의 사랑을 제대로 깨닫지 못했다. 그들은 틈만 나면 배도에 빠져 하나님을 떠나 제멋대로 살아가며 행하기를 좋아했다. 죄의 본성을 가진 인간들은 자기의 판단과 행위가 진정한 삶을 제공하는지 죽음에 이르게 하는 병인지 제대로 된 인식조차 하지 못했다.

하나님께서는 그럴 때마다 언약의 백성들에게 여러 선지자들을 보내 자신의 뜻을 밝히셨다. 영이신 하나님께서 인간들이 알아들을 수 있도록 인격적인 언어로 계시하셨던 것이다. 따라서 하나님의 계시를 받은 선지자들은 문자나 언어, 때로는 자신의 행위를 통해 하나님의 예언을 전달했다. 그것은 하나님의 특별한 사랑에 기인하는 것이었다.

그럼에도 불구하고 미련한 인간들은 하나님의 뜻을 완전히 외면했다. 선지자들이 저들을 부르면 부를수록 오히려 그들은 점점 더 멀어져 갔다. 이는 저들의 욕망과 선지자가 전하는 교훈이 서로 달랐기 때문이다. 그들은 자신의 욕망을 추구하는 삶을 방해하는 듯한 선지자들을 결코 반기지 않았던 것이다.

결국 그 백성은 배도에 빠져 이방인들이 섬기는 바알 신에게 제물을 바치고 아로새긴 우상 앞에서 분향하는 행위를 지속했다. 그들 중 상당수는 자기가 이방의 우상 신을 섬기면서도 우상을 경배한다는 생각을 하지 않았을 수도 있다. 그들은 오히려 눈에 보이는 우상을 두고 가시적인 하나님을 섬긴다는 착각을 했을 것이다. 즉 그들은 스스로 여호와 하나님을 섬긴다고 여겼지만 실제로는 바알을 비롯한 이방신들의 종교 사상을 가져와 혼합주의적 배도에 빠져 있었던 것이다.

2. 하나님의 인내와 극진한 사랑(호11:3,4)

하나님께서는 자기를 버리고 이방신들과 영적인 간음에 빠진 자들을 즉시 버리지 않고 인내하는 가운데 오래 기다리셨다. 그는 자신을 멸시하면서도 아무 것도 알지 못하는 에브라임에게 어릴 때부터 걸음마를 가르치고 자기 팔로 감싸 안아주었음을 말씀하셨다. 그들은 하나님의 인도와 보호하심이 아니었으면 결코 생존할 수 없는 자들이었다.

그럼에도 불구하고 그들은 자기 앞에 전개되는 모든 실상에 대해 전혀 인식하지 못하고 있었다. 하나님께서 저들의 병든 상태를 치유하고 계시는 줄 몰랐던 것이다. 가나안 땅 북쪽 지역에 속한 이스라엘 백성들은 진리로부터 멀리 떠나 있으면서 엄청난 질병을 앓고 있었지만 그 심각성에 대한 깨달음이 없었다.

그들의 위태로운 상황을 지켜보고 계시는 하나님께서는 오랫동안 인내하시면서 '인정의 끈'과 '사랑의 끈'으로 저들을 이끌어내 주셨다(호11:4). 하나님께서는 그 굳건한 끈으로 저들의 목에 매인 멍에를 벗기는 자가 되어 저들을 악한 세력으로부터 해방시키셨다. 그리고 그들 앞에 먹을 음식을 두어 생명을 영위할 수 있도록 했다.

이처럼 언약의 자손들은 엄청난 배도에 빠져 있었으나 하나님께서는 저들에게 무한한 사랑을 베풀어 주셨다. 하지만 타락한 인간들은 하나님의 은혜를 전혀 헤아리지 못하고 있었다. 우리는 저들에게 전개된 모든 상황이 옛날에 있었던 단순한 이야기에 그치는 것이 아니라 오늘날 우리 시대에도 여전히 중요한 교훈을 주고 있음을 기억해야 한다.

3. 어리석은 자들의 착각(호11:5-7)

언약의 백성으로서 여호와 하나님의 은혜를 입은 자들 가운데는 그 중요한 본질을 놓치고 살아가는 경우가 많았다. 하나님의 자녀로서 율법에 순종하며 살아가는 것이 세상적으로 볼 때 별 재미가 없었기 때문이다. 그런 자들은 큰 변화가 없어 보이는 하나님 안에서의 밋밋한 삶보다 세상에서 주도적인 인생을 살아가기 원했다.

그러다보니 어리석은 인간들은 역으로 세상의 속되고 더러운 것들을 언약의 영역 안으로 끌고 들어와 역동적인 환경을 만들기 위해 부단한 노력을 기울인다. 그래야만 그로부터 어떤 종교적인 재미가 발생하기 때문이다. 하지만 그것은 하나님을 버리고 개인의 신앙적인 욕망을 추구하는 행위에 지나지 않는다.

호세아 선지자가 예언할 당시 북 이스라엘 왕국의 형편이 그러했다. 백성들은 하나님과 맺어진 소중한 언약을 버리고 이방 지역인 애굽으로 돌아가 살기를 원했다. 이는 그들이 죄악이 넘치는 재미나는 세상으로 되돌아가 인생을 누리기를 원했던 사실을 보여준다.

특히 북 이스라엘 왕국에 속한 사람들이 그런 사고에 빠지게 되었던 것은 반란 왕국을 세운 여로보암의 영향이 컸을 것이 틀림없다. 그는 솔로몬 왕이 통치하던 시기 애굽 땅에 피신해 있는 동안 애굽의 문물을 많이 경험했었다. 그는 저들의 정치, 군사, 경제, 사회적인 면뿐 아니라 종교적인 면에서도 많은 영향을 받았을 것이다.

따라서 여로보암은 이스라엘 백성 가운데 애굽의 것들을 도입해 적용하려 했을 것이 분명하다. 그에 물든 자들은 이제 애굽으로 돌아가기를 원했으며 여호와 하나님께로 돌아오기를 거부했다. 그것은 거룩하신 하나님을 멸시하는 태도이자 그의 이름을 모독하는 행위가 아닐 수 없었다. 그와 같은 배도의 상황이 하나님의 무서운 진노를 불러일으키는 것은 지극히 당연한 일이었다.

그러므로 하나님께서는 장차 이방 지역의 앗수르 왕이 이스라엘 민족을 통치하는 자리에 앉게 되리라는 사실을 예언하셨다. 즉 머잖아 칼과 병기를 손에 든 앗수르 군대가 이스라엘의 성읍들을 침략할 것이며, 그들의 문 빗장은 깨어져 나가 견고해 보이던 성문이 열리게 된다는 것이었다. 그 이방 군대는 이스라엘 왕국을 일시에 정복할 수 있는 계책을 가진 막강한 세력을 가지고 있었다.

그와 같은 상황이 발생하게 되면 하나님의 자녀로 일컬어지던 언약의 백성이 선지자들을 통해 계시된 말씀을 외면하다가 결국 낯선 이방 지역으로 끌려가게 된다. 비록 많은 선지자들이 그들을 불러 천상에 계시는 하나님께로 돌아오라고 권면할지라도 그 요청을 따르는 자들이 없다. 이와 같은 상황은 이스라엘의 패망과 직접 연관되어 있었지만 배도에 빠진 자들은 그에 대한 말씀을 철저히 무시하게 된다.

4. 자기 백성을 위한 하나님의 극진하신 사랑(호11:8-11)

하나님의 사랑은 끝이 없고 무한하다. 그 큰 사랑은 타락한 인간들에게는 아예 존재하지 않을 뿐더러 죄에 빠진 인간으로서는 그것을 가늠하기조차 어렵다. 하나님께서 베푸시는 그 놀라운 사랑은 창세전에 거룩한 이름으로 약속하신 그의 신실하신 성품에 근거하고 있다. 그 언약은 어떤 경우에도 바뀌지 않는다.

그러므로 하나님께서는 에브라임과 이스라엘 백성들을 향해 그의 놀라운 사랑을 드러내 보여주셨다. 즉 자기는 결코 그 언약의 자손들을 포기하거나 버리지 않으신다는 사실을 언급하셨다. 하나님은 그 백성을 과거에 무서운 불 심판에 의해 멸망당한 아드마(Admah)나 스보임(Zeboim)처럼 만들지 않으리라고 말씀하셨던 것이다.5)

---

5) 아드마(Admah)와 스보임(Zeboim)은 싯딤 골짜기의 소돔, 고모라, 소알과 함께 부유한 성읍이었으나 사악한 범죄로 인해 하나님으로부터 무서운 불 심판을 받게 되었다(창14:2,8; 신29:23 등 참조).

하나님께서는 이와 더불어 배도에 빠진 언약의 자손들에 대한 자신의 마음을 돌이키게 되리라는 사실을 언급하셨다. 그리하여 저들을 위한 그의 궁휼이 불붙듯 한다고 하셨다. 이는 이스라엘 백성으로 하여금 하나님의 진정한 사랑을 깨닫게 하려는 깊은 뜻을 보여주고 있다.

하나님께서는 이제 다시는 저들 위에 맹렬한 진노를 퍼붓지 않을 것이며 에브라임을 멸하지 않으시리라고 하셨다. 하나님은 죄에 물든 인간의 성품과는 근본적으로 다른 전지전능한 하나님이시기 때문에 가능한 일이었다. 그는 언약의 백성들 가운데 존재하는 거룩한 분이기 때문에 자기 자녀들에게 진노를 완전히 거두어들이려 한다는 것이다.

그렇게 되면 백성들이 돌이켜 사자처럼 맹렬한 소리를 내시는 여호와 하나님을 따르게 된다. 하나님이 큰 소리를 내시면 언약의 자손들이 서쪽에서 떨며 오되 애굽에서부터 새 같이 날아올 것이며, 앗수르에서부터 비둘기 같이 떨며 오리라고 했다. 그들이 돌아오면 하나님께서 저들이 거할 만한 집을 예비하시고 그곳에 머물게 해주리라고 하셨다.

하나님께서는 그와 더불어 선지자를 통해 예언된 모든 내용이 반드시 이루어지리라고 말씀하셨다. 이는 당대에 연관된 언급을 하는 동시에 장차 이룩될 모든 구원 사역에 연관된 의미로 받아들여야 한다. 즉 이 말씀은 예수 그리스도께서 이 땅에 오시면 성취될 예언으로 이해할 수 있는 것이다.

5. 하나님의 탄식 (호11:12)

하나님께서는 자신의 진실한 사랑에도 불구하고 배도의 길을 멈추지 않는 언약의 자손들을 바라보며 탄식하셨다. 인격적 존재란 상대의 마음을 올바르게 읽어야 한다는 의미를 지니고 있다. 하물며 자기 백성을 사랑하시는 하나님의 뜻을 멸시하고 우상숭배에 빠져 있다는 것은 말이 되지 않는다.

선지자 호세아는 에브라임이 온갖 거짓으로 자기 주변을 에워싸고 있으며 이스라엘 족속은 온갖 음모와 속임수로 자신을 옥죄고 있음을 언급하고 있다. 그리고 유다 족속도 거룩하신 하나님을 거역하고 있다는 점을 말하고 있다. 그들은 언약의 백성이라 주장하면서 실제로는 여호와 하나님을 버리고 이방으로부터 유입된 우상숭배 행위에 여념이 없었던 것이다.

이는 마치 선지자 호세아와 그의 부정한 아내 고멜의 관계처럼 전개되고 있는 하나님과 언약의 자손들의 상황과도 같다. 호세아는 외간 남자와 더러운 음란에 빠져있는 자기 아내를 향해 이제 집으로 돌아오라는 말을 되풀이했다. 하지만 사악한 간음을 행하는 고멜은 자기의 쾌락에 빠져 남편을 철저히 외면하고 있었다. 호세아는 그 상황 가운데서 깊은 탄식을 하지 않을 수 없었던 것이다.

제13장

범죄에 빠진 이스라엘과 언약을 통한 교훈
(호12:1-14)

1. 배도자들의 영적인 음행(호12:1,2)

배도행위에는 소극적인 배도와 적극적인 배도가 있다. 전자보다 후자가 훨씬 더 무서운 것은 두말할 나위 없다. 소극적인 배도란 하나님의 말씀에 온전히 순종하지 않고 수동적으로 불순종을 되풀이하는 의미를 지니고 있다. 그것 역시 추악한 범죄인 것은 틀림없지만 이웃을 직접 죄악으로 끌어들이는 행위가 동반되지는 않는다. 물론 그것은 서서히 이웃에게 감염시키는 무서운 파급력을 지니고 있기는 하다.

그에 반해 능동적이며 적극적인 배도 행위는 주변의 사람들을 그 사악한 길로 끌어들이는 특성을 지니고 있다. 그런 배도자들은 사악한 것 위에 보기좋은 종교적인 포장을 하여 어리석은 사람들의 눈에 그럴듯하게 비쳐진다. 그렇게 되면 신앙이 어린 사람들은 그것이 대단한 신앙인 양 착각하며 그에 빠져들게 된다.

이스라엘 왕국에 속한 에브라임은 배도의 길에 들어서 있으면서 외적으로 열정적인 모습을 보였다. 선지자는 그들의 행동이 눈에 보이지 않는 바람을 쫓으면서 동풍을 따라가는 것과 마찬가지라고 했다. 이는 저들의 부지런한 움직임과 활동이 아무런 쓸데없는 허망한 것에 지나지 않는다는 사실을 말해주고 있다.

그 사람들은 자기의 욕망을 채우기 위해 아무렇지 않은 듯이 거짓말을 일삼으며 포악한 행동을 대수롭지 않게 행하고 있었다. 저들의 눈에는 주변의 모든 인간들이 자신을 위한 먹잇감으로 비쳐졌던 것이다. 하나님의 율법을 기억하지 않은 채 그렇게 살아가는 것이 마치 풍요로움을 확보하는 방편이라도 되는 양 여기는 삶의 태도가 그런 행태를 유발시키게 되었다.

그 배도자들의 모습이 겉보기에 화려한 것으로 비쳐질 수 있었다. 멀리 떨어진 막강한 세력을 지닌 앗수르 제국과 중요한 계약을 체결하고, 감람유와 같은 기름을 애굽에 선물로 바치며 국제 질서 가운데 참여하는 활동이 그럴듯하게 보일 것이었기 때문이다. 따라서 그런 자들의 행동은 국가와 사회 혹은 세계를 위해 크게 기여하는 것처럼 보여 사람들의 인정을 받거나 부러움의 대상이 될 수 있었다.

그러나 비록 그와 같은 행동이 어리석은 자들의 눈에는 좋아보였을지 모르지만 하나님 앞에서는 그렇지 않았다. 그것은 오히려 하나님의 분노를 일으키는 빌미를 제공할 따름이었다. 언약에 속한 백성으로서 여호와를 온전히 의지하는 대신 세속 왕국의 눈치를 보며 그 세력에 의존한다는 태도는 살아계신 하나님을 멸시하는 것과 다르지 않았기 때문이다. 따라서 선지자는 그로 인해 하나님께서 유다를 강하게 책망하실 것이며 이스라엘을 그 소행대로 심판하여 벌하실 것이라고 예언했다.

이에 대해서는 오늘날 우리 역시 주의 깊게 이해하여 받아들여야 한다. 호세아 당시의 하나님과 오늘날 우리 시대의 하나님은 동일한 분이시기 때문이다. 현대 교회와 성도들은 그 어떤 경우라 할지라도 세상의 것들에 의존해서는 안 된다. 성숙한 성도들은 오직 여호와 하나님 한 분만을 의지해야 하는 것이다. 따라서 우리는 세상의 것에 궁극적인 가치를 부여하고 그에 의존하는 것이 하나님의 무서운 진노를 유발하는 요인이 된다는 사실을 항상 기억하고 있어야만 한다.

2. 언약의 조상 야곱(호12:3-6)

선지자 호세아는 본문 가운데서 야곱에 관한 언급을 하고 있다. 이를 통해 배도에 빠진 백성으로 하여금 저들의 조상 야곱을 기억하도록 하기 위해서였다. 그의 행적 가운데 한 부분을 간단하게 들여다보기만 해도 언약의 자손들이 소유해야 할 삶의 분명한 정체성을 깨닫게 될 것이었기 때문이다.

이삭의 아들 야곱은 태중에서부터 하나님 앞에서 특별한 인물로 지목되었다. 그는 에서(Esau)와 함께 모친 리브가의 태중에 쌍둥이 형제로 잉태되었다. 그 둘은 태중에서부터 서로 다투며 싸우는 원수 관계에 놓여 있었다. 일반적인 관점에서 본다면 도저히 이해하기 어렵지만 성경이 그렇게 증언하고 있다. 호세아서 본문에서 야곱이 태중에서 그의 형 에서의 발꿈치를 잡았다는 것은 그와 싸워서 지지 않으려는 모습을 보여주고 있다.

그리고 성경은 야곱이 장성해서 하나님과 겨루었다는 점을 언급하며 그가 천사와 겨루어 이겼다는 사실을 기록하고 있다(호12:3,4). 이 말은 단순한 상징적인 의미가 아니라 실제로 인간의 모습으로 나타난 천사와 겨루어 이겼음을 말해준다. 그런데 그 천사는 곧 하나님이었음을 성경이 증거하고 있다. 이는 나중 하나님의 아들 곧 성자 하나님께서 완벽한 인간으로 오시게 될 예수 그리스도에 대한 예표적 성격을 지니고 있다.

여기서 우리가 반드시 기억해야 할 바는 야곱이 하나님과 겨루었다는 것은 단순한 힘겨루기가 아니었다는 사실이다. 어떻게 나약한 인간이 감히 전지전능하신 하나님과 겨루어 이길 수 있다는 말인가? 그 말은 야곱이 죽을 힘을 다해 하나님께 매달렸다는 의미를 지니고 있다. 물론 그것은 형식상 씨름이나 레슬링 같이 보일 수 있었다. 성경은 그 겨룸의 결과 야곱이 하나님을 이긴 것으로 묘사하고 있다.

그런데 호세아는 야곱이 하나님과 겨루어 이겼음에도 불구하고 울면서 간절한 마음으로 그에게 축복을 구한 사실을 기록하고 있다(호12:4). 일반적인 경우라면 승리했으면 울기는커녕 기고만장하여 으스대야 할 것 아닌가? 이는 그가 천사와 겨루었던 까닭은 단순한 의미를 넘어 그의 축복을 받아야 했기 때문이다. 야곱은 천사와 겨루어 이겼을 때 자신의 능력만으로 그렇게 된 것이 아니었음을 잘 알고 있었다. 그것은 불쌍한 인간 야곱을 위해 하나님께서 져주심으로써 그에게 놀라운 은혜를 베푸셨던 것이다.

선지자 호세아는 그와 같은 하나님께서 벧엘에서 야곱을 만나 직접 말씀하신 사실을 언급했다. 그런데 그 가운데는 그가 야곱 개인뿐만 아니라 '우리에게' 말씀하셨음을 기록하고 있다(호12:4). 여기서 '우리' 라고 하는 복수 단어는 실상 단수로 '그' 에게 라고 말하는 것이 자연스럽게 보일 수 있다. 그럼에도 불구하고 선지자가 굳이 '우리' 라고 표현한 것은 모든 언약의 자손들이 그에게 속해 있었다는 사실을 말해주고 있다.

이처럼 당시 야곱은 모든 참 언약의 백성들을 위한 대표적인 성격을 지니고 있었다. 벧엘에 나타나신 여호와 하나님께서는 야곱을 만났을 때 자기가 전능하신 만군의 하나님 여호와라는 사실을 언급하셨다. 그리고 여호와의 이름은 '우리' 가 반드시 기억하고 있어야 할 경배의 대상이라는 점을 밝히고 있다.

그러므로 선지자 호세아는 배도에 빠진 이스라엘 백성을 향해 이제 그 하나님께로 되돌아오라는 간청을 했다. 언약의 자손이라면 마땅히 하나님 앞에서 사랑과 공의를 지켜 실천해야 한다는 것이었다. 그리하여 저들에

게 항상 여호와 하나님만을 바라보고 오직 그에게 소망을 두고 살아가도
록 요구했다.

3. 거짓 저울을 쓰는 에브라임에 대한 책망 (호 12:7-10)

선지자 호세아는 북 이스라엘 왕국의 에브라임이 자신의 이윤만을 추구
하며 돈을 벌고자 하는 천박한 장사치가 되어버렸다고 말했다. 문제는 하
나님의 율법에 온전히 순종하며 하나님의 거룩한 뜻을 중심에 두고 살아
가야 할 백성이 타락한 세상의 풍요로움에 모든 관심을 집중하고 있다는
점이다. 이는 그들의 삶의 모든 관심과 목적이 본질에서 완전히 벗어났다
는 사실을 말해주고 있다.

또한 돈벌이를 위한 상술에만 능하게 된 그들은 손에 거짓 저울을 들고
고객을 속이는 행위를 예사로 여긴다고 했다. 그와 같은 습성이 몸에 배게
되면 그런 악행이 점차 자연스럽게 되어간다. 그렇게 되면 그것이 올바르
고 정당한 행동인지 나쁜 행동인지 구별하기조차 어려울 만큼 둔감해질
수밖에 없다.

그러므로 배도에 빠진 에브라임 사람들은 자기가 부유하게 된 것을 두
고 자랑으로 여겼다. 많은 재물을 취한 것은 자기가 수고한 결과라는 것이
다. 따라서 어느 누구도 자기를 향해 불의한 방법으로 재물을 모았다고 비
난할 자가 없다고 자신했다. 하나님을 떠나 세상의 욕망을 추구한 것에 대
한 불감증뿐 아니라 자기의 모든 행동이 떳떳하다는 태도를 보이고 있었
던 것이다.

하지만 하나님의 불꽃같은 눈을 속일 인간은 어디에도 존재하지 않는
다. 하나님께서는 저들을 향해 자기는 처음부터 여호와 하나님으로서 이
스라엘 자손을 애굽 땅에서 인도해내신 존재라는 사실을 언급하셨다. 또
한 시내광야에 머물며 많은 어려움을 겪는 동안에도 항상 저들과 함께 계

셨다는 말씀을 하셨다.

그런데 이제 배도에 빠진 이스라엘 자손이 돌이키지 않는다면 다시금 과거 황량한 광야의 장막에서 기거했듯이 그렇게 하겠다는 말씀을 하셨다. 이는 그들이 자랑으로 여기는 모든 풍요로운 것들을 이방인들에게 빼앗기고 아무것도 없던 과거의 열악했던 시절로 돌려보내겠다는 의미를 지니고 있다. 나아가 또다시 애굽에서 노예 생활을 했던 것과 같이 이방 왕국의 노예로 만드시겠다고 했다. 그렇게 되면 그들의 여유로운 삶은 해마다 초막절 절기를 통해 기억하듯이 바로 그런 나그네 삶에 처하게 하신다는 것이었다.

하나님께서는 그동안 여러 선지자들을 통해 이스라엘 백성들을 향해 지속적으로 예언의 메시지를 주셨음을 말씀하셨다. 그것을 위해 다양한 환상들을 보여주기도 했으며 많은 비유들을 통해 설명하기도 한 사실을 언급하셨다. 하지만 배도에 빠진 자들은 스스로 귀를 막은 채 하나님께서 보내신 선지자들의 말을 듣지 않았다.

4. 야곱과 모세를 통한 교훈(호12:11-14)

호세아서 본문에는 길르앗(Gilead)에 관한 내용이 기록되어 있다. 그 지역은 요단강 동북쪽에 위치해 있는 초목이 풍부한 산악지대이다. 그곳은 암몬과 모압 등 이방인들의 땅과 인접해 있어서 우상숭배 사상의 유혹이 특히 심했다. 또한 그 지역은 전략적 위치로 보나 자연 환경 조건으로 보나 주변의 많은 나라들이 탐낼 만한 곳이었다.

그러다보니 길르앗 사람들에게는 혼합주의적 정서가 강하게 나타나게 되었다. 따라서 선지자는 길르앗이 불의하지 않느냐며 질타했다. 그 지역 주민들 가운데는 하나님 앞에서 진실하지 않고 불의한 자들이 넘쳐난다는 것이었다. 이는 그들이 하나님의 율법에 온전히 순종하지 않는다는 사실을 말해주고 있다.

따라서 길갈(Gilgal)에서는 사악한 배도 행위가 예사로 이루어졌다. 그곳에 살고 있는 주민들은 모세의 율법을 버리고 이방신 사상을 수용했다. 그들은 수송아지를 잡아 제사를 지냈지만 그것은 도리어 하나님을 욕되게 하는 사악한 행위에 지나지 않았다. 또한 그들이 만든 제단은 들녘의 돌무더기처럼 많았으나 그 모든 곳은 우상숭배지가 되었을 따름이다.

선지자는 여기서 이스라엘 민족의 조상인 야곱이 형 에서의 공격을 피해 아람 곧 밧단 아람으로 도망친 사실을 언급하고 있다. 그리고 이스라엘이라는 이름을 얻게 된 야곱이 그곳에서 처와 첩을 얻기 위해 오랜 기간 동안 사람을 섬기며 양치기 노릇을 하기도 했다. 하지만 그의 삶에 연관된 모든 과정에는 눈에 보이지 않는 하나님의 손길이 떠나지 않았다. 이는 하나님과 언약 가운데 존재하는 자기 자녀와의 관계를 말해주고 있다.

또한 선지자는 여호와 하나님께서 모세를 한 선지자로 세워 이스라엘 민족을 애굽으로부터 인도해 내신 사실을 언급했다. 그리하여 온 이스라엘 백성이 그의 보호를 받게 되었다고 했다. 즉 많은 이스라엘 자손이 한 사람 모세를 보호한 것이 아니라 오히려 한 사람 모세가 모든 이스라엘 백성을 보호했다는 것이다.

이는 메시아 예언과 밀접하게 연관되는 것으로서 나중에 오실 한 사람 예수 그리스도께서 홀로 자기에게 속한 모든 백성을 인도하신다는 의미를 내포하고 있다. 즉 하나님의 자녀들이 한 사람 예수님을 보호하는 것이 아니라 그가 창세전에 예정된 자기 자녀들을 안전하게 보호해주시는 것이다. 이는 하나님의 절대주권과 연관되는 말씀이다.

이에 대해서는 오늘날 우리 가운데도 그와 동일한 신앙원리가 존재하고 있다. 지상 교회에 속한 모든 성도들이 힘을 다해 예수님을 지켜 보호하는 것이 아니라 예수님께서 홀로 자기 자녀들을 보호하고 계시는 것이다. 만일 이것이 거꾸로 되어 인간들이 예수님을 보호한다는 생각을 가지게 되면 하나님의 능력이 아니라 인간의 능력을 신뢰하는 심각한 오류에 빠지게 된다.

선지자 호세아는 북 이스라엘 왕국에 속한 에브라임이 여호와 하나님을 심하게 격노케 한 사실을 드러내 보여주고 있다. 하나님께서는 그로 말미암아 저들을 엄히 심판하여 벌하시리라고 했다. 즉 하나님께서 저들로 말미암아 받으신 모든 수모를 저들에게 되돌려 주신다는 것이었다. 하지만 배도에 빠진 백성들은 그 무서운 경고를 듣고도 그 말씀을 마음속에 받아들여 뉘우쳐 돌이킬 생각을 하지 않았다.

제14장

이스라엘 왕국에 대한 여호와의 분노
(호13:1-16)

1. 바알로 말미암아 범죄한 에브라임(호13:1-3)

북이스라엘 왕국 가운데 에브라임은 당시 막강한 세력을 지니고 있었다. 어느 지파 사람들도 그 지파 사람들에게 도전할 수 없었다. 따라서 에브라임이 무슨 말을 하면 모든 백성들이 떨며 아무도 그에 대꾸하지 못했다. 그러다보니 안하무인(眼下無人)격이 되어 하나님과 사람들 앞에서 점점 더 심한 악행을 저질렀다.

하지만 그들 역시 인간이 가진 힘의 한계를 느낄 수밖에 없었다. 따라서 자기가 원하는 신과 우상들을 만들어 두고 그것을 믿으면서 눈에 보이지 않는 영적인 힘을 통해 어떤 도움을 받고자 했다. 그리하여 이방인들의 바알과 아세라 신을 끌어들여 섬기며 추악한 범죄를 더해갔다.

그런 자들은 여호와 하나님과 그의 율법을 멸시한 채 이방신들과 저들의 우상을 섬기는 정도가 점점 더 심해져 간다. 그들은 정교한 기술을 가진 세공업자들을 동원하여 은으로써 자기를 위한 그럴듯한 우상을 만들면서 만족스러워 한다. 그리하여 배도에 빠진 어리석은 백성들은 그 가증한 우상을 앞에 두고 자랑스럽게 여겼다. 그리고 우상 숭배행위를 하면서 감격스러워하기까지 했다.

뿐만 아니라 지도자격인 배도자들은 어리석은 백성들로 하여금 그 송아지 형상을 향해 제사를 지내도록 끊임없이 미혹했다. 나아가 그 우상 덩어리에 사랑의 입맞춤을 하라는 요구까지 서슴지 않았다. 그것은 언약의 자손들 가운데서는 결코 행해지지 말아야 할 가증한 배도행위가 아닐 수 없었다.

그 사악하고 허망한 종교 행위를 하는 자들은 자신의 목적을 추구하고자 하는 욕망으로 인해 그 실상을 전혀 인식하지 못했다. 그와 같은 악행을 저지르는 자들은 우선은 그럴듯해 보일지라도 마치 아침 안개와도 같으며 잠시 있다가 금방 사라지게 되는 이슬과도 같다. 그리고 타작마당 여기저기에 널려 있는 쭉정이들이 심한 바람이 불면 멀리 날려가게 되는 것과 마찬가지다. 또한 굴뚝에서 나오는 연기가 쉬 사라지는 것과도 같다.

이처럼 여호와 하나님과 그의 율법을 버리고 배도에 빠진 악한 자들의 종교생활과 그들이 이룬 모든 것들은 오래가지 않아 허망하게 사라져버리고 만다. 이는 저들의 추악한 종교성과 그로 말미암은 행위가 하나님의 진노를 크게 불러일으킬 것이기 때문이다. 이에 대한 올바른 이해가 없는 자들은 순간적인 욕망과 그로 말미암은 헛된 만족에 사로잡혀 본질적인 신앙을 오해하게 되는 것이다.

2. 언약의 하나님(호13:4-6)

언약의 범주 안에 살아가면서 참된 진리를 떠나 여호와 하나님을 배신한 자들은 그가 베푸신 놀라운 은혜를 알지 못한다. 그들은 자기를 위하여 일해 오신 하나님에 대한 깨달음이 전혀 없다. 그렇게 되면 결국 자기의 욕심을 채우기 위해 인생을 살아가면서 다양한 우상들을 만들어 섬기게 된다.

하나님께서는 선지자 호세아를 통해 자기가 어떤 존재인가 하는 점을 이스라엘 백성들에게 전하고자 하셨다. 여호와 하나님은 오래전 이스라엘 자손이 애굽에서 고된 노예생활을 하고 있을 때부터 저들을 지켜 보호해 주셨다. 그는 이스라엘 백성을 애굽의 모진 압제와 그로 인한 고통으로부터 구출해 주시고 저들을 원수들의 강압적인 세력으로부터 지켜주시는 분이었던 것이다.

그러므로 이스라엘 자손은 여호와 하나님 이외에 다른 어떤 신도 존재하지 않는다는 사실을 알고 있어야 했다. 세상에서 신들로 알려진 모든 것들은 사탄의 지배아래 있는 더러운 귀신들이거나 아예 존재하지 않는 허망한 것들에 지나지 않는다. 따라서 어리석은 자들이 신이라고 믿으면서 섬기는 대상들과 그와 연관된 모든 행위는 사악한 것들일 수밖에 없다.

언약의 민족 가운데 역사하시는 여호와는 자기 백성들을 위하여 끊임없이 일하시는 유일한 하나님이시다. 이 세상에는 그 외에 어떤 구원자도 존재하지 않는다. 하나님께서는 오래 전 아무 것도 없는 삭막한 광야에서 저들을 안전하게 먹이시고 지켜 보호해 주셨다. 그것은 전적인 하나님의 은혜로서 모든 언약의 자손들은 그에 대한 분명한 깨달음을 소유하고 있어야 한다. 그래야만 비로소 그로부터 주어진 율법을 소중하게 여기며 그에게 진정으로 감사할 수 있게 되는 것이다.

그런데 그들은 하나님께서 제공하시는 풍부한 음식으로 인해 배가 부르게 되자 하나님을 잊어버리고 세상으로부터 더욱 큰 욕망을 추구하고자 했다. 먹을 것이 많아지게 됨으로써 저들의 마음이 심하게 교만해져서 그로 말미암아 하나님을 멀리하게 되었기 때문이다. 급기야 그들은 감히 하나님을 멸시하는 자리에 앉게 되었다. 즉 성경을 통해 계시된 여호와 하나님이 아닌 다른 이방인들의 신적 존재를 하나님으로 부르며 섬기기를 즐겨했던 것이다.

3. 배도자들에 대한 심판 선언(호13:7-9)

배도에 빠진 자들 앞에서는 하나님이 마치 무서운 사자와 같은 존재였다. 그리고 길가에서 먹잇감을 기다리는 날랜 표범과 같았다. 나아가 새끼 잃은 곰같이 사나운 모습으로 그들을 대했다. 이는 배도하여 범죄한 자들 가운데 하나님 앞에서 살아남을 자가 아무도 없다는 사실을 의미한다.

이는 암사자가 짐승을 발견하면 그 자리에서 먹잇감의 염통 꺼풀을 찢는 것처럼 하나님께서는 무서운 기세로 집어삼킬 듯이 사악한 백성들을 대하시게 된다는 사실을 말해준다. 또한 그 남은 악한 자들에 대해서는 마치 들짐승들이 눈에 보이는 모든 것들을 물어 찢듯이 죽여 버리신다. 그처럼 하나님을 배신한 이스라엘 백성은 하나님으로 말미암아 완전히 패망하게 된다는 점을 말해주고 있다.

그러므로 하나님께서는 그와 같은 배도행위를 하는 이스라엘 백성이 이미 패망한 것과 마찬가지라는 사실을 언급하셨다. 이는 그들이 자기를 도와주는 하나님을 버리고 오히려 그에게 맞서 대적했기 때문에 그렇게 될 수밖에 없었다. 이스라엘 왕국에 속한 백성들은 하나님의 말씀을 듣지 않고 소극적으로 불순종한 것이 아니라 적극적으로 하나님을 대적하는 자리에 앉아 있었던 것이다.

4. 자기 세계를 구축하고자 하는 자들과 구원의 하나님(호13:10-14)

하나님께서는 오래 전 이스라엘 자손들이 자기에게 요구하며 행했던 한 일에 관한 말씀을 하셨다. 그들은 하나님을 향해 저들에게 왕과 재판관을 비롯한 지도자를 주시도록 간청했었다. 그들은 주변의 이방 왕국들을 보며 저들과 동일한 체제와 제도를 채택하고자 했던 것이다. 백성들의 그와 같은 생각은 여호와 하나님을 유일하고 절대적인 왕으로 두기를 거부하는 것과 마찬가지였다.

우리가 알고 있듯이 하나님께서는 오래전부터 자신의 특별한 왕국을 세우기 위해 작정하고 계셨다. 그것은 메시아 왕국 곧 하나님 나라를 위한 특별한 그림자 왕국이었다. 하나님께서는 구속사 가운데서 이미 지속적으로 그 일을 실행해 오고 계신 터였다. 그러나 하나님의 뜻을 멀리하던 이스라엘 백성은 자기들이 원하는 욕망의 나라를 세우고자 했다.

사사시대 말기 그 백성들은 사무엘을 찾아가 이스라엘 민족 가운데 왕을 세워줄 것을 요구했다. 그들은 잘못된 목적을 가지고 있었지만 하나님께서 그 요구를 들어주셨다. 하지만 하나님께서는 그것을 기쁜 마음으로 허용하신 것이 아니었다. 그로 말미암아 백성들이 원하는 바에 따라 사울 왕이 세워지게 되었다.

물론 하나님께서는 후일 특별한 섭리와 경륜 가운데 이새의 아들 다윗을 왕으로 세워 언약의 나라를 건국하셨다. 그에 앞서 이스라엘 백성으로 인해 왕위에 올랐던 사울은 언약 가운데 세워진 온전한 통치자로 볼 수 없다. 하지만 배도에 빠진 백성들은 다윗 왕조에서도 언약의 왕국으로서 이스라엘이 아니라 자기들이 추구하고자 하는 욕망의 왕국으로 만들어가고자 애썼다. 그와 같은 저들의 모든 행위는 언약에 속한 백성들을 형통하게 이끌었던 것이 아니라 도리어 고통으로 몰고 갔을 따름이었다.

그러므로 이제 여호와 하나님께서는 이스라엘 백성을 향해 '너를 구원할 너희 왕이 어디 있으며 너희를 위한 재판장들이 어디 있느냐?'(호13:10)고 질책하셨다. 그리고는 분노하신 하나님께서 저들에게 왕을 허락하셨으나 자기를 진노케 한 백성들로 인해 그것들을 폐하셨다고 했다. 이는 고통당하는 백성들을 위하여 왕이나 지도자들이 진정으로 취할 수 있는 궁극적인 일은 아무 것도 없다는 사실을 말해준다.

하나님께서는 또한 에브라임의 불의가 높이 쌓이게 되었으며 그 죄가 창고에 가득 저장되어 있다는 말씀을 하셨다. 따라서 그들에게 해산하는 임산부가 겪는 것과 같은 심한 고통이 임하게 된다. 하지만 그 백성은 마치 해산할 때가 꽉 차도 태를 열고 나올 줄 모르는 아기와도 같다고 했다. 당연히 갖추고 있어야 할 가장 기본적인 힘조차도 저들에게 없다는 것이다. 이는 여호와 하나님을 진노케 한 그 백성에게는 아무런 능력이 남아 있지 않다는 사실을 말해주고 있다.

그와 같은 상황에서 하나님께서는 언약의 백성들을 스올의 권세로부터 건져내며 사망으로부터 구해내리라는 메시지를 주셨다. '사망아, 네가 뿌린 재앙이 어디 있으며 스올아 너로부터 온 멸망이 어디 있느냐 이제는 내가 너를 심판하고 그 백성을 무덤에서 구원해 낼 것이라' (호13:14)6)고 말씀하셨던 것이다. 우리는 이 말씀을 매우 주의 깊게 생각하지 않으면 안 된다. 이는 결국 저들을 심한 고통과 파멸로부터 구해내실 것에 관한 예언이었기 때문이다.

5. 심판 예언(호13:15,16)

선지자는 여기서 에브라임이 비록 어느 정도 결실을 맺는 것처럼 보인다고 할지라도 저들에게 세찬 동풍이 불어 닥치리라는 사실을 언급하고 있다. 그것은 사막에서 일어나는 여호와의 바람이라는 것이었다. 이는 여러 사람들 가운데서 예측할 수 있는 범주를 벗어나 전혀 예기치 못한 상태에서 그 일이 발생한다는 것을 의미하고 있다.

---

6) 극 소수이기는 하지만 어떤 번역은 그 내용상 나더러 그들의 몸값을 갚아주고 그들을 스올의 세력에서 **빼내란 말이냐? 나더러 그들의 몸값을 치르고 그들을 죽음에서 살려내란 말이냐?** 라고 번역하기도 한다(한국 표준새번역, 해당본문 각주 참조).

그 바람은 이스라엘 왕국 백성들에게 엄청난 타격을 입힐 수밖에 없다. 그렇게 되면 저들의 생존에 대한 근원이 마르고 저들에게 공급되던 샘물이 완전히 고갈되어 버리게 된다. 또한 그들이 창고 깊숙이 보관하여 쌓아 두었던 모든 보배들은 외부의 강력한 군대 세력에 의해 남김없이 약탈당하게 된다.

이와 같은 끔찍한 일이 발생하는 것은 사마리아가 여호와 하나님을 배신했기 때문이다. 따라서 그 백성은 천상으로부터 임하는 무서운 형벌을 받을 수밖에 없다. 또한 그로 말미암아 많은 백성들이 칼에 엎드러져 죽게 된다. 뿐만 아니라 어린 아기들은 땅바닥에 팽개쳐져 잔인한 죽임을 당하게 되며 아이 밴 여인들은 배가 갈라져 죽는 처참한 경우를 겪게 된다.

하나님께서 선지자 호세아를 통해 이 예언의 말씀을 주실 때 그 백성들은 장차 일어나게 될 그 사실을 받아들이지 않았다. 당시 이스라엘 왕국에 속한 백성들은 언약의 조상인 야곱의 열 지파가 이방인들에 의해 완전히 패망하리라고는 상상조차 할 수 없었다. 오히려 애굽에서 저들의 조상을 구원해주신 여호와 하나님께서 자기를 지켜주실 것으로 여기고 있었다. 그들은 하나님의 율법을 버리고 변형된 신앙에 빠져 있으면서도 그와 같이 생각하는 것이 곧 믿음인 양 착각하고 있었던 것이다.

제15장

하나님의 용서와 회복에 관한 약속

(호14:1-9)

1. "여호와께 돌아오라" (호14:1-3)

선지자 호세아는 파멸의 길에서 헤매는 이스라엘 백성을 향해 여호와 하나님께 돌아오라는 호소하고 있다. 어리석은 자들은 하나님 앞에서 불의한 행동을 저지르면서도 그 실상을 전혀 깨닫지 못한다. 그런 자들 가운데는 오히려 자기가 하나님을 위해 정성을 다하는 삶을 살아가는 양 착각하는 경우도 있다.

이에 대해서는 오늘날 우리 역시 마찬가지다. 신앙이 어린 자들은 자신의 신앙을 스스로 판정내리고자 한다. 자신의 생각과 종교적인 활동을 개인적 관점에서 평가하면서 신앙의 정도를 가늠하게 되는 것이다. 나아가 그에 익숙한 자들은 주관적인 잣대를 무분별하게 아무에게나 적용하는 것을 예사로 여긴다. 그런 경우는 비단 자기 자신의 신앙뿐 아니라 타인의 신앙에 대해서도 동일한 잣대를 적용하는 것이 일반적이다.

선지자는 배도에 빠진 이스라엘 백성들에게 당시 저들이 엎드러져 심한 고통을 당하고 있는 까닭은 하나님의 율법을 멸시한 불의한 행위 때문이라는 사실을 선언했다. 종교적 열성으로 최선의 노력을 기울인다고 여기는 그 행위들이 도리어 하나님을 심하게 욕되게 한 것에 지나지 않았다. 그에 대한 온전한 깨달음이 결여된 상태에서는 율법을 떠난 불의한 요소들이 도처에 깔려 있을 수밖에 없다.

그러므로 선지자는 하나님으로부터 계시된 '말씀'을 가지고 여호와께로 돌아오라고 촉구했다(호14:2). 그냥 돌아오는 것이 아니라 하나님의 말씀에 따라 그에 온전히 순종하라는 것이었다. 그래야만 그 말씀이 저들의 신앙을 가늠하는 잣대가 될 수 있었기 때문이다. 선지자는 그와 더불어 저들이 하나님께 마땅히 아뢰어야 할 내용이 있다는 사실을 언급하고 있다.

그것은 먼저 하나님께서 저들 가운데 존재하는 모든 불의를 제거해 달라는 당부를 하는 것이었다. 그리고 자신이 드리는 선한 것을 받아달라고 간구해야 했다. 그 선한 것이란 수송아지를 비롯한 동물의 고기나 피의 제물이 아니라 입술로부터 맺히게 되는 열매이다. 그것은 하나님 앞에서 이루어지는 진정한 회개와 고백에 연관되어 있다. 그것은 물론 감사와 찬송을 동반하게 된다.

우리가 여기서 분명히 깨달아야 할 점은 하나님 앞에 바치는 제물보다 입술의 열매가 훨씬 더 중요하다는 사실이다. 그 입술의 열매란 성도의 심령에서 우러나오는 신앙의 표현을 의미한다. 이는 어느 시대를 막론하고 동일하게 적용되어야 한다. 신앙이 어린 교인들은 하나님 앞에 많은 것을 갖다 바치는 행위로써 하나님을 기쁘게 할 수 있는 것처럼 착각하고 있다. 하지만 중요한 것은 하나님께 바치는 제물의 종류나 양이 아니라 그것을 바치는 성도의 온전한 마음이다.

우리가 또한 각별히 주의를 기울여야 할 점은 그 온전한 마음이란 일반적인 관점에서 말하는 순수한 마음을 일컫는 것이 아니란 사실이다. 깨끗하게 번 돈으로 마련한 예물을 정성껏 바친다고 해서 하나님께서 기뻐하시는 것이 아니다. 정말 아무런 사심 없는 진심어린 마음으로 하나님께 값비싼 예물을 드린다고 해도 그것 자체가 하나님의 기쁨의 대상이 되지 않는 것이다. 이는 하나님께서 진정으로 기뻐하시는 제사는 예수 그리스도로 말미암아 거듭난 성도로서 성령의 이끌림 가운데 존재하는 진정한 고백이 동반된 삶이라는 사실을 의미하고 있다.

배도의 길에서 돌이켜 하나님께로 돌아온 성도라면 지나간 잘못에 대한 부끄러움과 더불어 하나님 앞에서 진정한 회개를 해야만 한다. 오만한 마음으로 하나님을 멸시하며 하나님 이외에 다른 것들을 의지했던 사실에 대한 철저한 뉘우침이 있어야 하는 것이다. 그래야만 올바르게 정립된 자신의 신앙을 명확하게 드러낼 수 있을 것이기 때문이다.

그러므로 하나님의 뜻을 깨닫게 된 언약의 자손들은 과거에 앗수르의 세력을 지원받아 위기로부터 구출 받고자 했던 잘못된 태도를 버리게 된다. 따라서 그들은 이제 다양한 무기와 날렵한 말들을 동원하여 강력한 전력을 구축함으로써 자신을 지켜내고자 하지 않을 것이라고 굳게 다짐했다. 그리고 정교한 기술자들이 그럴듯하게 제작한 우상을 숭배하며 그것을 자신의 신이라고 부르던 과거의 부끄러운 행위를 다시는 되풀이하지 않겠노라고 했다.

언약의 백성들은 그와 같은 고백과 더불어 비로소 자신의 지나간 모습을 되돌아보며 하나님 앞에서 올바른 삶을 살아갈 수 있게 되었다. 또한 과거 저들의 삶은 이 세상에서 부모를 잃고 아무도 돌봐줄 자가 없는 상황에 처한 고아와 같았다는 사실을 언급했다. 그런데 이제 하나님으로 말미암아 긍휼을 입게 된 새로운 환경에 대한 고백을 동반하게 되었다.

2. 언약의 자손들에게 허락된 소망(호14:4-7)

호세아서 본문 가운데는 과거 오랜 세월 동안 배도의 길에 머물고 있었으나 진정으로 회개하고 돌이킨 백성들에게 이제 하나님의 진노가 누그러진 사실이 기록되어 있다. 따라서 반역과 배신으로 인해 얼룩진 저들의 아픈 심령이 치유 받게 된다고 했다. 하나님께서는 자신이 그렇게 하신 까닭이 언약의 자손들을 기쁘게 여겨 다시금 사랑하시기 위해서라는 사실을 밝히셨다. 이로써 하나님의 무서운 진노가 저들로부터 떠나게 된 사실이 선포되었던 것이다.

또한 하나님께서는 이제 저들을 아름다운 모습으로 가꿔주시리라는 약속의 말씀을 하셨다. 그 언약의 백성이 마치 백합화 같이 아름답게 피어날 것이며 품위 있는 레바논 백향목처럼 땅 속 깊이 뿌리를 내려 무성하게 성장하리라는 것이었다. 그것을 위해 하나님께서 친히 저들을 위한 이슬이 되어 충분한 수분을 공급하시리라고 하셨다.

그리하여 저들의 나무 가지들이 멀리 뻗어나가게 될 것이며 감람나무 같이 아름다운 모습을 띠게 되리라고 말씀하셨다. 또한 레바논의 백향목처럼 아름다운 향을 품을 것이라고 하셨다. 이는 이스라엘이 다시금 그 아름답고 풍요로운 자태를 만방에 드러내게 될 것에 대한 하나님의 예언이다.

그와 같은 때가 이르면 언약의 자손들이 그 나무 그늘 아래 모여 살게 된다. 그들의 농작물의 작황은 풍성할 것이며 포도나무처럼 섬세한 꽃들을 피운다. 그리고 레바논의 포도주 향처럼 달콤한 향기를 내게 된다. 이는 언약의 자손들이 하나님으로 말미암아 그 역할을 충실하게 감당하며 기쁨의 삶을 누리게 되리라는 점에 연관되어 있다.

우리가 여기서 기억해야 할 바는 이 예언의 말씀이 장차 메시아가 도래할 때 이룩될 시대에 연관된 의미를 지니고 있다는 사실이다. 구약시대 이스라엘 역사 가운데는 그와 같은 승리의 시대가 도래한 적이 없기 때문이다. 그러므로 선지자 호세아는 하나님의 계시를 통해 이 땅에 메시아가 오심으로써 하나님께서 계획하신 모든 일이 그의 자녀들을 통해 이루어진다는 점을 상징적으로 예언했던 것이다.

이는 또한 예수 그리스도의 사역과 성령 하나님의 사역에 근거하는 지상교회와 밀접하게 연결된 것으로 이해할 수 있다. 그와 더불어 예수 그리스도의 초림에 뒤이어 임하게 될 재림과 연관된 최종적인 회복의 때와 연관되어 있다. 주님의 초림과 더불어 그의 재림의 때가 이르게 되면 하나님께서 약속하신 모든 일들이 완성될 것이기 때문이다.

3. 이스라엘의 회개와 새로운 열매에 대한 약속(호14:8)

북 이스라엘 왕국의 중심 역할을 하던 에브라임이 하나님의 은혜로 말미암아 진정으로 회개할 날이 이르게 된다. 그 때가 이르면 자기는 이제 다시 이방의 더러운 우상과 아무런 상관이 없으리라고 말할 것이다. 이는 과거 배도의 길을 걷던 때와 단절되어 확연히 다른 모습을 가지게 됨을 의미하고 있다.

이와 같은 하나님의 뜻을 알고 결단하는 것은 매우 중요하다. 하나님의 자녀들은 욕망에 따라 살던 과거를 완전히 청산하고 그로부터 단절하지 않으면 안 된다. 주변의 형편에 따라 이리저리 휩쓸리다 보면 자기도 모르는 사이 과거로 돌아가고자 하는 타락한 죄의 본성이 나타나게 될 것이기 때문이다.

하나님께서는 자기에게 완전히 돌이킨 자들에게 놀라운 은혜를 베풀어 주신다. 따라서 하나님은 과거를 청산한 언약의 자손들에게 약속으로 응답하시게 된다. 하나님께서는 자신이 마치 푸른 잣나무와 같다는 사실을 언급하셨다. 따라서 하나님께 속한 모든 언약의 자손들은 그로 말미암아 아름다운 열매를 맺게 되리라는 사실을 약속하셨다.

선지자가 전한 이 예언의 말씀은 언약의 자손들에게 허락된 진정한 위로가 되었다. 비록 과거에는 배도로 인해 만신창이가 된 상태였지만 이제는 전혀 다른 새로운 모습을 가질 수 있었기 때문이다. 하나님으로부터 계시된 그 약속의 말씀이 여전히 세상의 박해 가운데 살아가는 언약의 백성들에게 영영한 소망이 되었던 것이다.

4. 영원한 생명과 사망의 기준이 되는 '여호와의 도' (호14:9)

하나님께서 계시하신 호세아서에 기록된 모든 말씀은 진리의 도를 보여주고 있다. 또한 그 내용은 일반적인 이성과 경험으로 이해할 수 없는 신비의 영역에 속한다. 하나님의 뜻에 따라 호세아와 그 가정을 통해 보여주었던 행위 예언도 그러하거니와 그의 입술을 통해 전달된 언어 예언들도 그렇다. 그 모든 것은 하나님으로 말미암아 주어진 절대 진리인 것이다.

그럼에도 불구하고 하나님과 아무런 상관이 없는 자들은 그 예언의 의미를 알 수 없다. 그것은 이방인들뿐 아니라 스스로 언약 가운데 존재한다고 여기는 배도에 빠진 이스라엘 자손들 역시 마찬가지다. 오직 하나님께서 특별한 지혜를 허락하신 백성들이어야만 그 모든 것을 깨달을 수 있게 된다. 세상에서 발생하는 인간적인 지혜와 총명한 지식으로는 그에 관한 깨달음에 도달할 수 없는 것이다.

선지자 호세아는 본 예언서 맨 마지막 부분에서 결론적인 선포를 하고 있다. 그것은 '여호와의 도'는 절대 진리이기 때문에 의인들은 그 길로 다니게 되지만 죄인들은 오히려 그 도에 걸려 넘어진다는 것이다. 그 말씀은 하나님께 속한 의인들은 그로 말미암아 영생을 소유하게 되는 반면 하나님의 은혜로부터 벗어난 죄인들은 그로 말미암아 영원한 멸망에 빠진다는 의미를 지니고 있다.

이 교훈은 오늘날 우리 시대에도 그대로 적용된다. 예수 그리스도께서는 구약에 선포된 예언에 따라 선악간 분별하시는 심판주로서 이 세상에 강림하셨다. 그를 구세주로 믿는 자와 믿지 않는 자는 궁극적으로 완전히 분리될 수밖에 없다. 따라서 바울과 베드로를 비롯한 모든 사도들은 그에 연관된 내용을 기록하고 있다.

> "기록된 바 보라 내가 부딪히는 돌과 거치는 반석을 시온에 두노니 저를 믿는 자는 부끄러움을 당치 아니하리라 함과 같으니라"(롬9:33); "그러므로 믿는 너희에게는 보배이나 믿지 아니하는 자에게는 건축자들의 버린 그 돌이 모퉁이의 머릿돌이 되고 또한 부딪히는 돌과 거치는 반석이 되었다 하니라 저희가 말씀을 순종치 아니하므로 넘어지나니 이는 저희를 이렇게 정하신 것이라"(벧전2:7,8)

신약성경에 기록된 이 말씀은 구약성경의 내용을 인용한 것이다. 이는 이사야서 8장 14절과 28장 16절을 직접 인용한 말씀으로 이해되지만 좀 더 넓은 관점에서 이해할 수 있다. 즉 호세아서 맨 마지막에 제시된 언급 역시 그에 대한 예언적 의미를 지니고 있다. 의인들에게는 은혜의 길이 되고 악한 자들에게는 걸려 넘어지게 하는 '여호와의 도' 역시 그와 동일하기 때문이다.

따라서 호세아서에 기록된 이 말씀은 예수 그리스도를 향한 메시아 예언으로 이해하는 것이 자연스럽다. 그가 영원한 생명과 영원한 멸망을 갈라놓는 유일한 기준이 된다. 호세아서 본문에 기록된 '여호와의 도'(the ways of the LORD)는 하나님께 나아가는 '유일한 길'(the way)인 '예수 그리스도'를 의미하고 있는 것이다. 하나님의 궁극적인 심판에 연관된 이 말씀은 성경 전체에 깔려 있는 중요한 교훈이다.

요엘서

〈목 차〉

서 문

　요엘은 '브두엘의 아들'이라는 기록 이외에 그와 연관된 여타의 정확한 신상이 성경에 나타나지 않는다. 따라서 요엘서의 기록연대를 확정짓기는 쉽지 않다. 하지만 다수의 신학자들은 요엘서가 BC800년경 전후 즉 유다 왕 요아스, 아마샤, 웃시야 시대 어간에 기록된 것으로 보고 있다. 학자들 가운데는 그보다는 훨씬 후대인 바벨론 포로에서 귀환한 BC400년경으로 기록 연대를 잡는 자들이 있지만 굳이 그렇게 볼 필요는 없어 보인다.

　우리가 여기서 주의 깊게 이해해야 할 점은 요엘서가 '메시야'와 '성령 사역'에 관한 총체적인 예언을 하고 있다는 사실이다. 사도행전에는 오순절 강림 이후 교회에 속한 성도들이 성령에 충만하여 다양한 방언들을 말하며 기뻐하는 것을 본 유대인들 가운데는 저들을 조롱하는 자들이 많았다. 그럴 때 사도 베드로가 가룟 유다 대신에 근래 선출된 맛디아를 포함한 열한 사도들과 더불어 성령 강림에 연관된 말씀을 선포하면서 요엘서의 기록을 직접 인용하여 그 증거로 삼았다.

　"이는 곧 선지자 요엘로 말씀하신 것이니 일렀으되 하나님이 가라사대 말세에 내가 내 영으로 모든 육체에게 부어 주리니 너희의 자녀들은 예언할 것이요 너희의 젊은이들은 환상을 보고 너희의 늙은이들은 꿈을 꾸리라 그 때에 내가 내 영으로 내 남종과 여종들에게 부어주리니 저희가 예언할 것이요 또 내가 위로 하늘에서는 기사와 아래로 땅에서는 징조를 베풀리니 곧 피와 불과 연기로다 주의 크고 영화로운 날이 이르기 전에 해가 변하여 어두워지고 달이 변하여 피가 되리라 누구든지 주의 이름을 부르는 자는 구원을 얻으리라 하였느니라" (행2:16-21)

사도행전에 인용되어 기록된 이 말씀은 요엘서 전체를 해석하기 위한 매우 중요한 열쇠 역할을 하고 있다. 요엘서 2장 28절에서 32절까지 예언된 말씀을 오순절 성령 강림과 직접 연결 짓는다는 것은, 요엘서에 기록된 다른 부분의 말씀들이 메시아 예언에 연관된 내용을 담고 있을 것이란 사실 때문이다.

그러므로 요엘서에는 메시아가 오시기 전 약속의 땅과 언약의 백성이 배도하게 될 상황에 관한 내용과 메시아 예언이 나타나고 있다. 여호와의 날 곧 하나님의 심판 날이 도래하게 되면 예루살렘으로부터 온 세상을 향하여 그 놀라운 사실이 선포된다는 것이다. 그 가운데는 세상에 살아가는 타락한 자들에게 회개를 촉구하는 의미가 담겨 있다. 그럴 때 하나님의 아들이신 예수 그리스도께서 인간의 몸을 입고 이 세상에 오시게 되며 성령께서 강림하여 지상 교회 가운데서 구체적인 사역을 하시게 된다.

또한 그와 더불어 열방의 모든 민족 가운데서 하나님의 구원과 심판 사역이 실행된다. 그것은 성령을 통해 세워지는 지상 교회가 타락한 세상과 맞서 싸우게 될 일에 대한 예언의 내용을 포함하고 있다. 그 결과 하나님의 최종 심판이 임하게 될 종말에 이를 모든 사건과 더불어 그로 말미암아 하나님의 자녀들이 영원히 거하게 될 새 하늘과 새 땅이 도래하게 되는 것이다.

이처럼 요엘서에는 메시아 강림으로부터 오순절 성령사건, 지상에 세워지게 될 교회, 하나님의 최종심판, 새 하늘과 새 땅 등 신약시대와 연관된 전체적인 예언을 포함하고 있다. 따라서 우리는 요엘서를 통해 총체적인 예언을 이해할 수 있어야 한다. 선지서들 가운데 비교적 초기에 기록된 이 말씀은, 이스라엘 민족 가운데 왕으로 오시게 될 메시아 예언에 관한 중요한 시금석 역할을 하는 것으로 이해할 수 있다.

제1장

하나님의 언약 상속과 이스라엘의 탄식
(욜1:1-20)

1. 언약의 상속자들에 대한 경고(욜1:1-3)

하나님께서는 브두엘의 아들 요엘을 불러 그에게 특별한 계시를 하셨다. 우리는 그가 하나님의 말씀을 전한 선지자라는 사실 이외에 더 이상 구체적으로 알고 있는 바가 없다. 중요한 것은 그가 하나님의 기록 계시를 받아 이스라엘 민족에게 전했다는 점이다.

우리가 또한 여기서 기억해야 할 바는 그가 하나님의 계시를 듣고자 소원했기 때문에 그렇게 된 것이 아닐 뿐더러 그것을 위해 간절히 구했기에 하나님의 말씀이 그에게 임한 것도 아니었다는 사실이다. 그 일은 전적으로 하나님께 속한 일로서 하나님께서 그 예언의 말씀을 선지자 요엘을 통해 이스라엘 백성에게 전하도록 하셨던 것이다.

요엘은 먼저 모든 언약의 백성들이 자신이 전하는 그 말씀을 귀담아 들어야 한다는 사실을 언급했다. 이스라엘 민족 가운데 나이 많은 어른들뿐 아니라 모든 거민들이 귀를 기울여 경청하도록 요구했다. 당시는 외세에 의해 침략을 받았을 뿐 아니라 극심한 흉년으로 인해 온 백성들이 심한 고통을 당하고 있던 시기였다. 선지자는 당대나 그 전 지나간 시절에 그와 같은 심한 환란을 겪은 적이 없었다는 사실을 강조하고 있다.

그것은 자연적인 현상이 아니라 하나님의 심판에 연관되어 있었다. 따라서 요엘은 그 고통의 때에 겪은 모든 일들을 후대에 알려 주라고 말했다. 그리고 그 자식들은 또 저들의 자녀들에게 전달하라고 했다. 이는 언약의 자손들로 하여금 하나님의 심판으로 인한 고통의 때를 기억하며 진리로써 세상을 올바르게 해석하고 분별하라는 의미를 지니고 있다. 이 말은 하나님의 심판과 구원 약속에 직접 연관된 것으로서 모든 언약의 백성들이 마음속에 담고 있어야 할 내용이라는 것이다.

2. 하나님의 심판과 백성들의 고통(욜1:4,5)

요엘 선지자가 하나님의 말씀을 예언하던 당시는 식량이 없어 굶주리는 사람들이 많이 있었다. 저들에게는 세상에서 살아갈 수 있을 만한 기본적인 힘이 없었다. 그것은 저들이 아무런 노력을 하지 않았기 때문이 아니었으며 게으름 때문에 그렇게 된 것도 아니었다. 저들에게 그 고통의 때가 이르게 된 것은 하나님의 심판과 연관되어 있었다.

하나님께서는 이스라엘 백성이 열심히 일해서 일군 밭에 자라난 모든 식물들을 메뚜기 떼가 와서 다 먹어버리도록 하셨다. 즉 사람이 살아가기 위해 먹어야 할 양식을 메뚜기들이 다 없애버린 것이다. 이는 사람들이 애써 노력하여 얻은 곡식을 미물인 메뚜기 떼에 다 빼앗겨 버린 것과 마찬가지였다.

농부들이 자기뿐 아니라 언약의 백성들과 함께 먹고 살아갈 목적으로 재배한 농작물을 팟종이 떼가 지나가며 먹어 버리고 그 남은 것을 메뚜기 떼가 먹고 또 늦이 뒤따라가며 그 남은 것을 먹고 마지막에는 황충이 지나가며 다 먹어버렸다. 여기 언급된 팟종이, 메뚜기, 늦, 황충은 전부 메뚜기

종류들이다. 그 메뚜기 떼들로 인해 사람들이 먹어야 할 양식이 깡그리 없어지고 만 것이다.

이렇게 되자 저들에게는 생활의 즐거움이 완전히 사라져버렸다. 전에는 그들이 포도 농사를 지어 포도주를 만들어 마시며 즐거워했지만 더 이상 포도주를 만들 열매가 없었다. 그런 형편에 놓이게 되자 모든 환경이 메말라져 살아가기 힘들어졌다. 그것은 진리를 멀리하는 자들에 대한 하나님의 심판으로 말미암은 것이었다.

본문에 기록된 메뚜기 떼란 우리가 알고 있는 들의 곤충을 일컫는다. 그 메뚜기의 경우 이스라엘 백성이 애굽에서 탈출하기 전에 있었던 메뚜기 재앙을 떠올리게 된다(출10:5,14,15, 참조). 이와 동시에 메뚜기 떼는 언약의 자손들을 침략하는 이방 군대에 대한 상징적인 의미를 지니고 있다. 이는 배도한 백성들에게 곤충인 메뚜기와 더불어 이방인들의 군대가 더해 갑절의 고통이 임하게 된다는 사실을 말해주기도 한다. 메뚜기 떼와 외국 군대의 되풀이 되는 침략으로 인해 땅이 피폐해지고 먹을 양식과 포도주가 완전히 고갈되는 것이다.

우리는 또한 이 말씀을 통해 그때 당시뿐 아니라 역사상의 모든 언약의 백성들이 타락한 세상에 살아가면서 상당한 위협을 받게 된다는 사실을 깨닫게 된다. 이 세상은 성도들이 즐겁게 살아갈 만한 안정된 영역이 되지 못한다. 하나님의 자녀로서 그점을 올바르게 깨닫는 것은 매우 중요하다. 그에 대한 진정한 깨달음이 있을 때 비로소 구원자이신 메시아를 간절히 소망할 수 있게 된다.

3. 외세의 침략에 관한 예언(욜1:6,7)

날마다 먹고 살아가야 할 모든 양식을 메뚜기 떼에 빼앗겨버린 이스라엘 백성들에게 더 큰 위기가 다가오게 된다. 내부적으로 발생하게 되는 극

심한 기근과 더불어 바깥으로부터 발생하는 외세의 침략으로 인해 모든 것을 상실하게 될 수밖에 없기 때문이다. 그것은 언약의 자손으로 하여금 세상에서 아무런 소망이 없도록 만들게 된다.

선지자 요엘은 한 이방 민족이 언약의 땅으로 올라오게 되는 사실을 예언하고 있다. 그 군대는 마치 메뚜기 떼와 같이 많은 병사를 거느리고 있다. 그들은 훈련받은 병사들로서 막강한 전력을 소유하고 있었다. 선지자는 그 이민족의 이는 사자의 이빨 같고 그 어금니는 암사자의 어금니처럼 날카롭다는 사실을 언급하고 있다.

그들은 하나님의 약속의 땅에 심겨진 포도나무를 완전히 멸하고 무화과나무 껍질을 말갛게 벗겨서 모든 나무와 가지를 죽게 만들어 버린다. 이렇게 되면 이스라엘 민족으로서 대처할 수 있는 일은 아무 것도 없게 된다. 결국 그들은 하나님의 도우심을 간절히 바랄 수밖에 없는 형편에 놓이게 되는 것이다.

이처럼 하나님의 자녀들은 항상 외부세력으로부터 심각한 위협을 받을 수 있다. 그들은 강력한 군대를 끈 사나운 모습을 지닌 자들로서 대군을 이루고 있다. 이에 반해 하나님의 편에 서있는 자들은 도리어 연약한 모습을 보인다. 그들은 자기의 힘이 나약할지라도 하나님의 도우심에 의해 궁극적인 승리를 보장받을 수 있게 된다.

4. 애곡하는 백성들(욜 1:8-12)

메뚜기 떼와 이방 왕국의 침략으로 인해 모든 것을 상실하게 된 백성들은 깊은 슬픔에 잠겨 고통스러워할 수밖에 없었다. 선지자는 저들로 하여금 애절하게 곡하라는 요구를 했다. 마치 갓 결혼한 신부가 갑작스럽게 남편을 잃은 후 굵은 베옷을 입고 애곡하는 것처럼 하라는 것이었다. 의지할 수 있는 유일한 기둥이 완전히 무너져버렸기 때문이다. 지금 이스라엘 민족은 그보다 훨씬 더 어렵고 힘든 형편에 놓여 있었던 것이다.

땅이 피폐해지게 되자 거룩한 성전을 통해 여호와 하나님 앞에 바쳐질 소제와 전제가 끊어졌다. 곡물과 포도주가 없으므로 더 이상 그 제물을 준비할 수 없었기 때문이다. 이로 인해 제사장들은 그 직책만 가지고 있을 뿐 실제로 제사를 지내지 못하는 슬픔에 빠질 수밖에 없었다. 제사장의 기능이 완전히 마비되어 버린 것이다.

배도에 빠진 자들이 하나님을 멀리 함으로써 약속의 땅에 있는 밭들은 황무하게 되어 토지는 처량한 신세가 되어버렸다. 농사를 지어 추수를 하지 못하기 때문에 곡식이 없어지고 새 포도주를 담지 못하며 기름을 짜지 못했다. 그것은 농부들의 역할이 사라지고 백성들의 삶이 힘들어졌음을 말해주고 있다.

그러므로 선지자는 제 역할을 다하지 못하는 농부들에게 부끄러운 마음을 가지라고 했다. 그리고 포도원을 경영하는 자들로 하여금 애곡하라는 말을 했다. 그들이 농사지은 밀과 보리를 비롯한 모든 소산물이 다 없어져 버렸기 때문이다. 또한 저들이 재배하던 포도나무와 무화과나무가 다 시들었으며 석류나무와 대추나무와 사과나무 등 밭의 과실수들이 모두다 말라버린 까닭이다.

그와 같은 고통스런 상황이 닥치게 되자 저들이 평상시에 누리던 모든 기쁨이 일순간에 사라져 버렸다. 하나님을 섬겨야 할 제사장들의 역할도 없어지고 소출을 거두어야 할 농부들의 역할도 없어져 버린 상태에서 소망을 가지기 어려웠다. 그렇게 됨으로써 백성들은 고통에 빠져 세상에서 누릴 만한 즐거움을 취할 수 없었던 것이다.

5. 백성들의 탄식과 통곡(욜1:13,14)

선지자 요엘은 제사장들에게 굵은 베로 허리를 동이고 슬피 울라고 요구했다. 제단에서 하나님을 위해 수종드는 모든 일군들도 애곡할 수밖에 없었다. 그들은 굵은 베옷을 입고 밤이 새도록 통곡하지 않으면 안 되었다. 그들은 더 이상 하나님 앞에 곡물의 소제와 포도주의 전제를 드리지 못하기 때문이다. 이 말은 하나님과의 교제가 단절된 상태에 놓이게 되었음을 의미하고 있다.

그러므로 선지자는 제사장들에게 금식일을 정하고 거룩한 성회를 선포하라는 요구를 했다. 그리하여 백성들의 장로들을 비롯한 모든 거민을 여호와 하나님의 성전으로 모아 그에게 간절히 부르짖으라고 했다. 그것 이외에는 피폐해진 저들의 삶을 회복할 수 있는 방법이 없기 때문이다. 이는 저들의 잘못에 대한 진정한 회개를 동반해야 하며 오직 하나님 한 분만 의지하라는 의미를 지니고 있다.

6. '여호와의 날' 의 징조(욜1:15-20)

요엘은 언약의 백성들에게 임한 하나님의 진노를 알고 크게 탄식하지 않을 수 없었다. 그는 '여호와의 날' 이 가까웠으므로 전능자로부터 오는 심판이 임박했다는 사실을 선포했다. 그때가 되면 날마다 먹는 음식물이 끊어지고 하나님의 성전으로부터 생성되는 진정한 기쁨과 즐거움이 끊어지게 된다.

그것은 하나님을 거부하고 배도에 빠진 백성들에게 엄청난 재앙으로 다가왔다. 농사를 위해 씨앗을 뿌리면 그것이 흙덩이 아래서 그대로 썩어버렸다. 그로 인해 집집마다 창고가 텅 비게 되며 곡식이 가득해야 할 곳간이 무너져 내리게 되었다. 그런 고통스런 형편 가운데서 모든 식물들이 시들어 죽어버린 것이다.

그렇게 되자 집안에 키우는 가축들마저 탄식하지 않을 수 없었다. 소 떼가 고통스러워하고 양 떼도 피곤에 지치게 되었다. 이는 가축이 먹을 수 있는 꼴이 없기 때문이었다. 이글거리는 불이 거친 들의 풀들을 사르고 그 불꽃이 모든 나무를 태워버렸다. 시냇물이 마르고 초원이 다 불타버린 것이다.

그러므로 야생 짐승들마저도 목숨을 부지하기 어려워 헐떡거리며 하나님의 은혜를 기다릴 수밖에 없는 상황이 되었다. 이는 최악의 상태가 되어 모든 백성들이 심한 괴로움을 당하게 된다는 사실을 말해주고 있다. 그럼에도 불구하고 어리석은 자들은 자신의 죄를 돌아보지 않고 회개하기를 거부했다.

제2장

메시아 강림 예언과 승리의 축제
(욜2:1-32)

1. 왕이신 예수 그리스도(욜2:1,2)

선지자 요엘은 거룩한 성전이 있는 시온에서 나팔을 불고 그 하나님의 성산에서 호각을 불어 만방에 심판을 알리라는 말씀을 전했다. 그렇게 하여 온 땅의 거민으로 하여금 하나님 앞에서 떨게 하라는 것이었다. 그것은 '여호와의 심판 날' 이 눈앞에 임박했다는 점을 말해주고 있다. 그 날은 예수 그리스도의 강림과 십자가 사역을 통한 승리에 연관되는 예언으로 이해하는 것이 가장 자연스럽다. 실상 그것이 죄에 빠진 인간들에게 가장 무서운 심판이 되기 때문이다.

여호와의 날이 이르게 되면 평상시와 전혀 다른 이상 현상이 나타난다. 그때는 빽빽한 구름이 뒤덮인 것처럼 사방이 어둡고 깜깜한 날이 된다. 이는 사람들이 평소에 경험하지 못하던 특이한 현상이다. 그와 동시에 마치 새벽 여명이 산 위로부터 시작하여 산 전체에 뒤덮이듯이 크고 강한 백성이 이르게 된다. 즉 하나님으로부터 오는 빛과 더불어 참 왕의 능력이 이 땅에 임하게 되는 것이다. 이와 같은 일은 이전 인간 역사 가운데 없었을 뿐 아니라 장차 또다시 있지 않을 유일한 사건이 된다.

이는 앞으로 오시게 될 메시아 강림과 밀접하게 연관되는 것으로 받아들여야 한다. 즉 이 말씀은 왕이신 예수 그리스도께서 천군천사를 대동하고 이 땅에 오시게 되는 사건과 관련되는 예언이다. 이 사건은 인간 역사 가운데 전무후무한 놀라운 사건으로서 장차 언약의 백성들 가운데 일어나게 될 사건에 관한 말씀이다.

2. 하나님의 심판(욜2:3-6)

여호와의 날이 이르게 되면 하나님의 크고 강한 백성 앞에서는 아무 것도 견뎌나지 못한다. 그 앞에서는 모든 것이 불타버리고 그들이 지나간 뒤에는 무서운 불길이 일어난다. 그리하여 그 전에는 에덴동산 같이 아름다웠지만 배도에 빠진 땅에 그 군대가 한번 지나가면 마치 사막처럼 삭막하게 되어 버린다. 그러므로 그 무서운 위력 앞에서 살아남을 존재는 아무 것도 없다. 이는 하나님 나라가 세상의 모든 왕국들을 심판하여 정결케 하게 된다는 사실을 말해주고 있다.

그 군대의 용맹한 모습은 마치 늠름한 말과 같고 그 달리는 모양이 기병처럼 보인다. 그들이 산꼭대기에서 거침없이 달려가는 소리는 전차 소리와 같으며 맹렬한 불꽃이 검불을 태우는 소리 같이 들리기도 한다. 또한 막강한 군대가 전열을 가다듬고 전투를 준비하고 있는 것과도 같다. 이는 또한 장차 이르게 될 하나님의 승리와 더불어 나중에 세워지게 될 지상교회와 연관된 예언으로 이해할 수 있다.

완전히 무장된 강력한 하나님의 백성들 앞에서 떨지 않을 자는 아무도 없다. 그 앞에서는 세상 만민이 두려움에 빠지게 된다. 이는 더러운 죄인들이 거룩하신 하나님의 무서운 심판 앞에 서있는 모습을 보여주고 있다.

따라서 뭇 백성들의 얼굴은 창백해지고 두려움에 사로잡혀 무릎을 꿇게 된다. 이 예언은 지상 교회의 궁극적인 승리와 연관되어 있다.

3. 전투하는 교회(욜2:7-11)

여호와 하나님께 속한 무리는 용맹한 군사같이 앞을 향해 나아간다. 그리고 두려움을 모르는 군사들처럼 적군의 높은 산성을 기어오르게 된다. 그들은 각기 자신이 감당해야 할 일을 행하며 그 전열을 흐트러뜨리지 않는다. 또한 그 용사들은 서로간에 질서를 지키며 자기가 행해야 할 길을 가면서 병기를 부딪치며 나아가지만 결코 이웃을 상하게 하지 않는다.

자신감에 넘치는 그 백성들은 성 안으로 뛰어 들어가기도 하고 성벽 위에서 달린다. 그리고 집 위로 기어오르기도 하며 아무도 모르게 민첩한 자세로 창문을 타고 내부로 들어가기도 한다. 그 군대 앞에서는 땅이 진동하며 온 하늘이 뒤흔들릴 뿐 아니라 해와 달이 깜깜하여지고 별들이 그 빛을 잃어버리게 된다. 이는 그 놀라운 사건이 지구상에서 일어나지만 온 우주적인 사건이라는 사실을 말해주고 있다.

그때 여호와 하나님께서는 자신의 군대 앞에서 큰 소리로 엄한 호령을 발하신다. 또한 그의 진지는 매우 거대하며 명령을 내리시는 자는 어떤 경우와도 비교할 수 없는 막강한 위력을 가지고 계신다. 이처럼 여호와의 날은 위대하며 죄에 빠진 인간들에게는 매우 두려운 날이 된다. 이는 여호와 하나님께서 성도들이 나아가는 길에 앞서 싸우게 된다는 사실을 말해주고 있다. 따라서 그 하나님을 당해낼 자는 아무도 없다.

이는 장차 있게 될 전투하는 교회의 모습을 보여주고 있는 것으로 보인다. 지상 교회에 속한 모든 성도들은 질서를 유지하는 가운데 하나님을 대적하는 원수들을 향해 진격하여 용맹스럽게 싸우게 된다. 그것을 통해 타락한 세상 가운데서 하나님의 나라가 점차 확장되어 가는 것이다.

4. 회개촉구 (욜2:12-17)

　선지자 요엘은 하나님의 말씀에 따라 언약의 백성들을 향해 회개를 촉구했다. 이제라도 금식하고 울며 애통하는 자세로 마음을 다하여 여호와 하나님께 돌아오라는 것이었다. 이는 그 백성들이 하나님을 멀리 떠나 배도자의 길에 서 있음을 말해주고 있다.

　그런데 겉모양만 그럴듯하게 치장하는 행동을 하지 말도록 경고하고 있다. 그것은 도리어 하나님과 사람을 속이려는 술책이 될 수 있을 것이기 때문이다. 그리하여 입고 있는 옷을 찢지 말고 눈에 보이지 않는 마음을 찢고 하나님의 길로 돌이켜 나아오라는 것이었다. 속마음에 없는 종교적인 외형만 취하는 것은 도리어 하나님을 기만하고자 하는 더 무서운 악행이 될 수 있기 때문이다.

　우리가 잘 알고 있는 것처럼 하나님은 은혜롭고 자비로우신 분이다. 그는 노하기를 더디 하시며 인애가 커서 자신의 죄악으로부터 돌이키는 자들에게 즉시 재앙을 내리시기를 원치 않으신다. 따라서 언약의 자손들이 배도의 길에 들어섰다가도 하나님 앞에서 진정으로 자복하는 마음을 가지게 되면 그 진노를 돌이키신다.

　그렇게 되면 하나님께서는 오히려 저들에게 복을 끼쳐 곡물 농사와 포도주를 비롯한 과수원 농사가 잘 되도록 허락해 주신다. 그로 인해 언약의 자손들은 거룩한 성전을 통해 여호와 하나님께 소제와 전제를 드릴 수 있게 된다. 이는 여호와 하나님이 곧 참된 복의 근원이 된다는 사실을 말해주고 있다. 하나님의 자녀들은 그에 대한 올바른 깨달음을 가지고 하나님의 말씀에 순종하고자 하는 마음을 가지지 않으면 안 된다.

　그러므로 언약의 자손들이 배도의 길에 서 있다면 참된 신앙의 회복을 위해 시온에서 나팔을 불어 거룩한 금식일을 정하고 성회를 선언해야 한다. 이는 예루살렘 성전에서 말씀하시는 여호와 하나님의 뜻을 선포하는 의미를 지니고 있다. 그것을 통해 모든 백성들이 거룩한 성회로 모여 하나님의 속성에 따라 거룩하게 되어야 한다. 그때는 나라 안의 모든 장로들로부터 어린아이와 젖먹이까지 전부 한자리에 모여야 하며 갓 혼인한 신랑과 신부조차도 나와 그 성회에 참가해야 한다. 이는 그 성회를 위해서는 어떤 예외도 허락될 수 없다는 사실을 말해주고 있다.

그때 여호와 하나님을 직접 섬기는 제사장들은 온 백성들이 모인 가운데 성전 현관과 제단 사이에서 회개하는 마음으로 울부짖으며 하나님 앞에서 간구해야 한다. 하나님께서 배도의 길에 빠진 언약의 백성들을 긍휼히 여기시도록 기도해야 하는 것이다. 또한 하나님을 욕되게 하는 이방 왕국들과 이방인들이 언약의 왕국과 이스라엘 민족을 지배하지 못하도록 간구해야 한다. 이는 하나님께 속한 언약의 자손은 진리를 소유한 절대적인 지위에 있다는 사실과 함께 여타 이방 민족과 혼합되지 않고 완전히 분리된 상태를 유지할 수 있어야 한다는 점을 말해주고 있다.

또한 제사장들의 간절한 기도 가운데는 하나님의 언약과 더불어 살아가는 백성들이 이방인들에 의해 모욕당하는 일이 발생하지 않도록 도와달라는 의미가 포함되어 있다. 그와 같은 이방인들의 행위는 하나님에 대한 모독이 될 수 있기 때문이다. 따라서 이는 이스라엘 백성이 허물어지는 것을 통해 그 이방인들이 기고만장하게 되어 저들의 하나님 여호와가 어디 있느냐고 비아냥거리지 못하게 해 주시도록 간구하는 것과 같다. 즉 이스라엘의 잘못으로 인해 사악한 자들이 하나님의 영광을 가로막는 일이 발생해서는 안 된다는 것이었다.

5. 승리에 대한 하나님의 약속과 은혜(욜 2:18-20)

여호와 하나님께서는 자기가 구별한 땅에 대하여 관심을 가지시고 그 안에서 살아가는 언약의 백성을 긍휼히 여기시게 된다. 하나님은 그들이 죄악으로부터 회개하고 돌아오면 저들에게 풍족한 곡식과 포도주와 기름을 주리라고 응답하셨다. 심한 기근에 시달리던 백성들은 그로 말미암아 흡족하게 된다. 하나님께서 땅과 백성에 관심을 두고 계시는 것은 그 당시뿐 아니라 장차 오실 메시아와 밀접하게 연관되어 있다.

하나님께서는 다시는 언약의 백성으로 하여금 이방의 많은 왕국들 가운데서 욕을 당하지 않게 해 주시리라는 말씀을 하셨다. 이는 메시아와 연관된 궁극적인 승리와 연관되어 있다. 이 말씀은 또한 당시 현실적인 상황과 더불어 장차 성취될 사건에 대한 예언의 메시지를 동시에 주고 있음도 기억해야만 한다.

선지자 요엘이 계시를 통해 예언할 당시 이스라엘은 주변 왕국들에 의해 크게 위협을 당하고 있었다. 이스라엘 백성은 스스로 그 상황을 극복할 수 있는 능력을 갖추고 있지 못했다. 따라서 생존을 위해서는 오직 하나님께 의지할 수밖에 달리 방법이 없었던 것이다. 그럴 때 여호와 하나님께서 저들에게 은혜를 베풀어 주시리라는 말씀을 하셨다.

하나님은 이스라엘 민족을 위해 북편에 주둔한 군대를 저들로부터 멀리 도망치도록 하실 것이며 그들을 메마르고 적막한 땅으로 쫓아내시리라는 것이었다. 그와 더불어 그 전위부대는 동쪽 바다로 후위부대는 서쪽 바다로 빠지도록 하신다. 그로 말미암아 시체 썩는 냄새가 진동하고 악취가 나게 된다. 이는 하나님께서 장차 언약의 자손들을 위해 이방인을 심판하는 큰일을 행하시게 된다는 사실을 말해주고 있다.

본문에서 북편 군대란 당시 이스라엘을 욕보이던 아람 왕국과 앗수르 제국의 군대를 지칭하는 것으로 보인다. 안하무인(眼下無人)격이었을 뿐 아니라 하나님을 두려워할 줄 모르는 그들은 언약의 땅을 넘보며 언약의 자손들을 끊임없이 괴롭혀 왔다. 그리하여 하나님께서는 약속의 땅과 자신의 백성을 보호하시기 위해 친히 저들을 응징하시게 되는 것이다.

6. 승리의 축제와 교회에 관한 예언(욜 2:21-27)

선지자 요엘은 언약의 땅과 그 안에 살아가는 사람들을 향해 두려움을 떨쳐버리고 기뻐하며 즐거워하라는 메시지를 주었다. 당시 그 땅의 백성들은 배도의 길에 빠져 심각한 고통에 직면하고 있는 형편이었다. 그런 중에 하나님께서 '큰일'을 행하리라고 작정하신 사실을 선포했던 것이다.

모든 것이 회복되면 들짐승들도 더 이상 먹을 것이 없어 고통스러워하지 않아도 된다고 말했다. 들의 풀들이 싹을 내고 자라날 것이며 각종 나무가 열매를 맺고 무화과나무와 포도나무가 다시 많은 과실을 맺을 수 있는 힘을 얻게 된다. 하나님께서 원래의 풍요로운 상태를 회복해 주시게 되는 것이다.

또한 선지자는 시온의 자녀들에게 저희의 하나님으로 인해 기뻐하며 즐거워하라고 외쳤다. 이는 관념적인 현상이 아니라 실제적인 삶과 밀접하게 연관되어 있다. 그가 언약의 백성을 위하여 충분한 비를 허락하시되 이른 비와 늦은 비를 적절하게 내리도록 해주신다는 것이다. 그렇게 되면 농부는 그 전처럼 성실하게 일하는 보람을 느낄 수 있을 것이며 땅은 많은 소산을 낼 수 있게 된다. 타작마당에는 곡식이 가득히 쌓이고 독마다 새 포도주와 기름이 가득 넘치게 된다는 것이었다.

하나님께서는 그 전에 배도에 빠진 백성들을 심판하여 메뚜기와 늦과 황충과 팟종이를 차례로 보냈을 뿐 아니라 이방인들의 큰 군대를 여러 차례에 걸쳐 보내 모든 곡물과 과수들을 먹어버리도록 하셨다. 곤충들의 떼가 그렇게 했으며 주변의 이방 왕국들의 군대가 땅을 황폐하게 만들어버린 것이다.

하나님께서는 그 상황을 회복해 주실 때 메뚜기들이 모든 것을 먹어버린 햇수대로 저희에게 갚아주신다고 말씀하셨다. 그것은 저들의 고통과 인내에 대한 일종의 보상과도 연관되는 개념이다. 그리하며 언약의 백성들은 풍족하게 먹을 수 있게 될 것이며 다시금 저들을 위해 놀라운 일을 행하신 여호와 하나님을 찬송하게 될 것이라 말했다. 이는 여호와 하나님은 찬송 받으시기에 합당한 분임을 선포하는 의미를 지니고 있다.

그렇게 함으로써 하나님의 백성은 영원토록 수치를 당치 않는 자리에 앉게 된다. 따라서 여호와 하나님께서는 이스라엘 민족 가운데 계시면서 저들의 하나님이 되신다. 그것을 통해 백성들은 여호와 이외에 다른 신이 존재하지 않는 줄 알고 모든 우상을 내다버리게 된다. 그로 인해 언약의 백성들은 부끄러운 수치를 당치 않고 영원토록 기쁘고 감사한 삶을 누리게 되는 것이다. 이는 나중에 세워지게 될 지상 교회의 사역과 밀접하게 연관된 예언으로 받아들일 수 있다.

7. 성령 강림(욜2:28-32)

하나님께서는 그 후에 자기의 신을 만민에게 부어주시리라고 말씀하셨다. 여기서 '만민'이라 언급된 것은 하나님의 복음이 이스라엘 민족에게 국한되지 않고 이방인들에게까지 개방된다는 사실을 말해주고 있다. 또한 그것은 인간들이 원하거나 간구해서 그렇게 되는 것이 아니라 전적인 하나님의 뜻에 의해 이루어질 일이다.

그때가 이르게 되면 저들의 후손들이 장래에 이르게 될 모든 일을 말하게 된다. 나이가 든 어른들은 꿈을 꾸고 젊은이들은 이상을 보게 된다. 이는 인간들이 계획한 일이 아니며 어떤 종교적인 조직이 그와 같은 현상을 이끌어 낸 것도 아니다. 오직 여호와 하나님께서 인간들의 이성과 경험에 상관없이 자신의 뜻을 언약의 백성들 가운데 계시하게 되는 것이다.

하나님께서는 그때 자신의 성신을 남종과 여종에게 부어주시게 된다는 사실을 말씀하고 계신다. 또한 하늘과 땅에 놀라운 이적을 베풀게 되는데 그것은 피와 불과 연기 기둥을 동반함으로써 새로운 세계를 여는 의미를 더하게 된다. 즉 그와 더불어 여호와 하나님의 크고 두려운 날이 이르기 전에 하늘의 해가 어두워지고 달이 핏빛같이 변하는 일이 일어나게 된다는 것이었다.

이 말씀은 신약시대 오순절 성령 강림 때 베드로가 인용한 본문이다. 선지자 요엘이 오래전 이미 성령 강림에 관한 예언을 했다. 우리가 여기서 주의해야 할 바는 베드로가 그렇게 말했기 때문에 그 본문이 그렇게 해석되고 적용되는 것이 아니라 원래부터 그 본문은 그 의미를 담고 있었다는 사실이다. 따라서 구약시대 요엘서를 읽고 묵상한 성도들은 요엘의 예언을 통해 희미하게나마 성령 강림에 관한 깨달음을 가져야만 했다.

또한 그와 같은 놀라운 상황 가운데서 누구든지 여호와의 이름을 간절히 부르는 자는 구원을 얻게 된다. 이는 오직 하나님께 참된 생명이 존재한다는 깨달음과 더불어 발생한다. 또한 하나님께서 말씀하신 대로 배도에 빠진 시온산과 예루살렘에서 피할 수 있는 무리가 있으리라는 사실을 언급하셨다.

우리는 예수님 당시 하나님을 거역하는 자들이 강도가 되어 예루살렘을 장악하고 있었던 사실을 기억한다. 불법을 행하는 사악한 종교인들은 기득권을 가지고 산헤드린 공회의 권력을 배경으로 하여 진리를 떠나 횡포를 부리며 백성들을 착취의 대상으로 삼았다. 결국 그 배도자들 틈에 존재하는 남은 자들 가운데 여호와 하나님의 부르심을 받을 자들이 있다는 것이다.

이 모든 것들은 나중 오순절 성령 강림과 더불어 온전히 성취되었다. 구약의 마지막 유월절 날 하나님의 어린 양이신 예수님께서 십자가에 달려 돌아가심으로써 영원한 제물로 바쳐진 후 죽음에서 부활하여 승천하시게 되었다. 그가 천상의 나라로 올라가심으로써 교회를 위해 이 세상에 오신 오순절 성령으로 말미암아 구약의 모든 예언이 이루어진 것이다.

제3장

하나님의 최종심판과 궁극적인 승리
(욜3:1-21)

1. 열방에 대한 하나님의 심판(욜3:1-4)

하나님께서는 장차 특정한 날이 이르게 되면 유다와 예루살렘의 사로잡혀간 자들을 본토로 돌아오게 하리라는 사실을 말씀하셨다. 그때 그가 세계의 여러 나라를 '여호사밧 골짜기'로 불러 모으시게 된다. 하나님은 친히 그곳으로 내려가 자기의 백성 곧 자기의 소유인 이스라엘 백성에게 저지른 일로 말미암아 저들을 심판하시리라고 말씀하셨다. 이는 아직 존재하지 않지만 장차 일어나게 될 왕국들에 대한 예언으로 보인다.

이방 왕국의 세력은 하나님께 속한 이스라엘 백성을 여러 왕국들 가운데 흩어버리고 약속의 땅을 나누어 가졌다. 본문에 언급된 자들은 아마도 앗수르 제국 다음에 발흥한 바벨론 제국에 연관된 것으로 여겨진다. 또한 그 악한 자들이 제비뽑아 자기 백성을 취하고 남자 아이들을 팔아서 창녀를 사고 여자 아이들을 팔아 술을 사 마신 사실을 언급하고 있다. 그들은 아마도 바벨론 제국 이후에 세력을 구축한 페르시아 제국에 대한 예언일 것이다.

선지자는 하나님을 대적하는 주변의 여러 왕국들을 향해 강하게 질타했다. 하나님께서는 두로와 시돈과 블레셋의 모든 지역에 사는 이방인들에게 과연 무슨 상관이 있기에 감히 전능자에게 보복하고자 하는 사악한 생각을 하느냐고 질책했던 것이다. 만일 그런 어리석은 생각을 버리지 않고 하나님께 보복하려고 한다면 저희에게 엄격한 심판이 이루어져 저들의 머리에 저주가 임하게 되리라고 말씀하셨다.

여기서 하나님께 반기를 들고자 하는 이방 세력은 예루살렘 성전을 모독한 헬라 제국을 지칭하는 것으로 보인다. 알렉산더 대왕이 젊은 나이에 죽은 후 헬라제국이 분열되었을 때 그에 배경을 둔 셀류코스 왕조의 안티오쿠스 4세 왕은 페르시아 제국 시대에 재 건립된 예루살렘 성전을 심각하게 모독했던 것이다.

이처럼 역사상 순차적으로 이스라엘 주변에서 권력을 쟁취하게 되는 막강한 제국들은 하나님께 속한 언약의 왕국과 그 백성들을 욕되게 했다. 이는 곧 여호와 하나님께 대적하는 것과 마찬가지였다. 그러므로 하나님께서는 때가 되면 저들을 반드시 심판하시리라는 말씀을 하셨던 것이다.

선지자 요엘이 예언하던 때는 위에 언급된 여러 왕국들이 발흥하기 전의 일이었다. 따라서 선지자는 장차 그런 일이 일어날 것에 대한 예언을 했다. 물론 그 예언들은 나중 역사 가운데 순차적으로 모두 성취되었다.

2. 이방인들의 악행에 대한 하나님의 심판 선언(욜3:5-9)

선지자는 장차 일어나게 될 사실에 대한 예언을 하고 있다. 하나님께서는 이방 왕국의 사악한 세력이 자신의 은과 금, 그리고 진귀한 보물을 저들의 참람한 신궁으로 가져간 사실을 두고 강하게 책망하신다고 했다. 이는 바벨론 제국이 예루살렘 성전 기명을 빼앗아가서 저들의 신궁에 둔 것과 연관되는 말로 이해하는 것이 자연스럽다. 다니엘서에는 나중에 일어난 그에 관한 사실이 구체적으로 기록되어 있다.

"유다 왕 여호야김이 위에 있은지 삼년에 바벨론 왕 느부갓네살이 예루살렘에 이르러 그것을 에워쌌더니 주께서 유다 왕 여호야김과 하나님의 전 기구 얼마를 그의 손에 붙이시매 그가 그것을 가지고 시날 땅 자기 신의 묘에 이르러 그 신의 보고에 두었더라"(단1:1,2)

요엘서 본문에 기록된 이와 연관된 말씀은 과거 형식으로 표현되어 있지만 미래에 발생하게 될 강한 예언적 의미로 받아들이는 것이 바람직하다. 이는 이방 왕국이 언약의 자손들을 패망시킨 것일 뿐 아니라 거룩한 하나님을 모독한 행위와 마찬가지다. 어리석고 악한 이방인들은 그와 같은 악행을 저들의 승리의 결과라 여기게 된다. 하지만 그것은 하나님의 무서운 심판을 재촉하게 될 따름이다.

또한 선지자는 유다 자손과 예루살렘 거민들을 헬라 족속에게 팔아 넘겨서 약속의 땅으로부터 멀리 떠나게 되었음을 언급하며 책망하고 있다. 여기서는 헬라 족속을 구체적으로 언급하고 있다. 요엘서가 기록될 당시에는 아직 헬라 제국이 발흥하기 전이었지만, 작은 민족을 이루고 있던 그들에 관한 예언을 통해 그렇게 말씀하셨던 것이다. 요엘이 예언할 당시에도 그리스 지역에는 헬라 사람들이 삶의 터전을 이루고 나름대로 나라를 형성하여 살아가고 있었다.

하나님께서는 나중 이방 왕국의 세력으로 인해 주변지역으로 팔려가게 한 그 땅에서 회복되어 약속의 땅 본토로 돌아오게 하리라는 말씀을 하셨다. 그대신 하나님의 백성들을 이방으로 이끌어간 자들에 대해서는 강한 저주의 응징을 하게 되리라고 하셨다. 그렇게 되면 유다 자손들이 이방 왕국들 위에 군림하여 그 족속들을 다시금 먼 지역에 떨어진 나라인 남쪽 스바 사람들에게 팔려가도록 하시리라는 것이었다.

그러므로 여호와 하나님께서는 언약의 자손들에게 하나님의 작정을 세계만방에 선포하도록 요구하셨다. 모든 나라들에게 전쟁을 준비하고 병사들을 격려하여 용기를 북돋우어 언약의 백성들에게 맞서보라는 것이었다.

이는 하나님의 왕국과 이방 모든 나라의 연합군 사이에 격렬한 전쟁이 일어나게 되리라는 사실을 말해주고 있다. 그것은 하나님을 욕되게 한 이방인들에 대한 준엄한 심판에 연관되어 있다.

3. 하나님의 군대(욜3:10-13)

하나님께서는 언약의 백성들에게 전쟁을 준비하라는 명령을 내리셨다. 곧 사탄에게 속한 이방 왕국의 연합세력과 맞서 싸워야 할 때가 가까워지고 있다는 것이었다. 이는 생명에 연관된 것으로서 평온하고 안일한 삶을 포기해야 한다는 사실에 연관되어 있다.

그러므로 백성들로 하여금 농사일에 필요한 보습을 쳐서 전쟁을 위한 칼을 만들라고 했다. 그리고 낫을 쳐서 창을 만들라는 요구를 했다. 전쟁이 발발하게 되면 농사를 지어 곡식을 얻는 것이 문제가 아니라 적을 누르고 승리할 수 있도록 전쟁 준비를 위해 모든 관심을 몰두하는 것이 중요하다는 것이었다.

그리고 언약의 백성들에게 용감한 병사의 자세를 유지하라는 요구를 했다. 또한 그들은 겉보기에 연약한 자처럼 보일지라도 실상은 강하다는 사실을 깨달아 알아야 한다. 이는 막연한 자기 최면을 말하고자 하는 것이 아니라 하나님이 함께 계시므로 강하게 된다는 실제적인 사실을 말해주고 있다. 이는 또한 스스로 강하다고 여기는 자들도 자기의 전투력이 아니라 하나님의 능력으로 말미암아 강하게 된다는 사실을 말해준다.

그러면서 주변의 여러 왕국들을 향해 속히 연합군을 형성하여 나오라고 요청했다. 그리고 주님의 용사들도 저들에 맞서 싸울 준비를 하고 나올 수 있도록 하나님께 간구했다. 이방 왕국들의 연합세력이 전쟁 준비를 하고 여호사밧 골짜기로 나아오면 하나님께서 거기에 앉아 모든 왕국들을 엄히 심판하시리라는 것이었다.

그러므로 이방 왕국들을 심판하시는 여호와 하나님과 더불어 언약의 백성들도 저들을 응징하는 자리에 서게 된다. 그들은 예리한 낫으로 익은 곡식을 추수하듯이 악한 자들을 베어버릴 것이며 포도주 틀이 가득 차고 포도주 독이 넘치듯이 붉은 피를 흘리게 된다. 그렇게 되면 그 무서운 심판으로 인해 하나님을 대적하며 엄청난 악을 행하던 자들의 결과는 처참한 모습을 보이지 않을 수 없다. 요한계시록에는 최후 심판날에 보이게 될 그에 연관된 사실이 기록으로 남아 있다.

"또 다른 천사가 성전으로부터 나와 구름 위에 앉은이를 향하여 큰 음성으로 외쳐 가로되 네 낫을 휘둘러 거두라 거둘 때가 이르러 땅에 곡식이 다 익었음이로다 하니 구름 위에 앉으신 이가 낫을 땅에 휘두르매 곡식이 거두어지니라 또 다른 천사가 하늘에 있는 성전에서 나오는데 또한 이한 낫을 가졌더라 또 불을 다스리는 다른 천사가 제단으로부터 나와 이한 낫 가진 자를 향하여 큰 음성으로 불러 가로되 네 이한 낫을 휘둘러 땅의 포도송이를 거두라 그 포도가 익었느니라 하더라 천사가 낫을 땅에 휘둘러 땅의 포도를 거두어 하나님의 진노의 큰 포도주 틀에 던지매 성 밖에서 그 틀이 밟히니 틀에서 피가 나서 말굴레까지 닿았고 일천 육백 스다디온에 퍼졌더라" (계14:15-20)

요한계시록에 기록된 이 말씀은 장차 이르게 될 마지막 심판에 연관되어 있다. 하나님께서는 천사들을 향해 낫으로 익은 곡식과 포도송이를 거두라는 명령을 내리셨다. 여기서 익은 곡식을 언급한 것은 일반적인 농작물 추수가 아니라 심판의 때가 무르익어 하나님의 심판에 동참하게 될 때가 이르렀다는 사실을 상징적으로 말해주고 있다.

요엘서에 기록된 내용도 나중에 도래하게 될 그에 관한 예언의 말씀에 연관되어 있다. 선지자 요엘의 말은 예수 그리스도의 초림과 부활 승천 후 이루어지게 될 그의 재림을 동시에 예언하는 성격을 지니고 있는 것으로 이해해야 한다. 즉 역사적으로 발생할 미래의 구속사적 사건들에 대한 이른바 원근통시적인 예언으로 볼 수 있는 것이다.

요엘의 예언 가운데는 때가 이르면 판결골짜기 곧 여호사밧 골짜기로 이름 붙여진 지역에 많은 사람들이 모여 전쟁을 치르게 되며 그곳에서 하나님은 사악한 자들을 심판하시고 자기 백성들에게 궁극적인 승리를 안겨 주시게 되리라는 사실이 기록되어 있다. 선지자 요엘은 그 판결골짜기에 서 있게 될 여호와의 날이 가까이 다가오고 있다는 점을 예언하고 있다.

요엘서에 기록된 이 말씀은 요한계시록에 나오는 아마겟돈과 연관되는 것으로 이해할 수 있다. 사도 요한은 마지막 심판의 날이 가까워지게 되면 악한 왕국들의 세력이 연합하여 하나님과 그의 왕국을 대적하여 맞서게 되리라는 사실을 언급했다. 그들이 아마겟돈에 모여 최종 전투를 벌이지만 하나님께서 언약의 백성들의 편에서 저들을 심판하시기 때문에 마지막 판결을 받게 되는 것이다.

> "또 내가 보매 개구리 같은 세 더러운 영이 용의 입과 짐승의 입과 거짓 선지자의 입에서 나오니 저희는 귀신의 영이라 이적을 행하여 온 천하 임금들에게 가서 하나님 곧 전능하신이의 큰 날에 전쟁을 위하여 그들을 모으더라....... 세 영이 히브리 음으로 아마겟돈이라 하는 곳으로 왕들을 모으더라....... 큰 성이 세 갈래로 갈라지고 만국의 성들도 무너지니 큰 성 바벨론이 하나님 앞에 기억하신바 되어 그의 맹렬한 진노의 포도주 잔을 받으매 각 섬도 없어지고 산악도 간데 없더라" (계16:13-20)

구약성경은 하나님의 최종 심판이 거룩한 성전이 있는 예루살렘 인근에서 일어나게 된다는 사실을 밝히고 있다. 이는 예수 그리스도의 십자가 사역과 더불어 일차적으로 성취되었다. 요한계시록에서는 종말에 도래할 그에 연관된 명확한 예언을 하고 있다. 요엘서에 기록된 예언의 말씀도 인간 역사 마지막에 있게 될 그 놀라운 사실에 연관되어 있는 것으로 볼 수 있는 것이다.

4. 하나님의 최종 심판 : 새 하늘과 새 땅의 풍요로움(욜3:14-21)

하나님께서 미리 작정하신 최종 심판이 임하게 되면 인간의 죄로 말미암아 오염된 모든 피조물도 심판의 대상이 된다. 해와 달이 그 기능을 상실하여 깜깜하게 되며 하늘의 별들도 그 빛을 거두게 된다. 여호와 하나님께서는 그때 시온에서 부르짖고 예루살렘에서 목소리를 발하리라고 말씀하셨다. 그렇게 되면 하늘과 땅이 크게 진동하게 된다.

그런 가운데 하나님께서는 자기 백성들을 위한 안전한 피난처가 되고 이스라엘 자손들의 높은 산성이 되리라고 말씀하셨다. 이 말씀은 최종 심판과 연관되는 것과 동시에 예수 그리스도의 십자가 사건과 연관된다. 구속사역의 핵심이라 할 수 있는 십자가에 달리신 그리스도가 하나님께 바쳐져 목숨이 완전히 끊어진 사실과 관련 있는 것으로 볼 수 있다.

> "예수께서 다시 크게 소리지르시고 영혼이 떠나시다 이에 성소 휘장이 위로부터 아래까지 찢어져 둘이 되고 땅이 진동하며 바위가 터지고 무덤들이 열리며 자던 성도의 몸이 많이 일어나되 예수의 부활 후에 저희가 무덤에서 나와서 거룩한 성에 들어가 많은 사람에게 보이니라 백부장과 및 함께 예수를 지키던 자들이 지진과 그 되는 일들을 보고 심히 두려워하여 가로되 이는 진실로 하나님의 아들이었도다 하더라" (마27:50-54)

언약의 자손들은 예수 그리스도의 십자가 사역으로 인해 여호와 하나님께 속하게 되었다. 요엘서 본문이 언급하고 있는 것처럼 그 모든 과정에서 언약의 백성이 시온에 거하는 여호와 하나님을 알아볼 수 있게 된다. 그로 말미암아 예루살렘은 거룩하게 되어 하나님을 알지 못하는 이방인들과 구별되며 저들의 출입이 전면 금지된다.

이 말씀은 예수 그리스도의 사역에 연관되는 것으로 이해해야 하며, 하나님의 자녀들과 이방인들 사이에는 분명한 경계가 두드러지게 된다. 그리하여 하나님께 속한 성도들과 그를 모르는 불신자들 사이에 교제가 단절되는 것이다. 이는 구원과 심판을 위한 하나님의 뜻이 온전히 이루어지게 된 사실을 말해주고 있다.

그 날이 이르게 되면 산들이 단 포도주를 내는가 하면 언덕에서는 젖이 흘러내리게 된다. 유다 모든 지역의 시내에서는 물이 흐르게 되고 하나님의 성전에서는 샘이 흘러 싯딤 골짜기를 적시게 된다. 이는 그 물이 일반적인 물이 아니라 생명수란 점을 말하고 있으며 그것을 통해 언약의 자손들이 영생을 누리게 된다는 사실을 보여주고 있다. 우리는 이 말씀을 새 하늘과 새 땅에 연관된 묘사로 받아들일 수 있다.

하지만 그동안 막강한 세력을 펼치며 하나님 보시기에 악행을 되풀이하던 애굽과 에돔은 황무지가 되고 메마른 땅이 된다. 그들이 하나님의 무서운 심판을 받게 되는 것은 언약의 자손들에게 강포를 행하고 약속의 땅에서 무지한 피를 흘렸기 때문이다. 이는 이방인들의 세력뿐 아니라 사악한 배도자들을 포함하고 있다.

악한 자들이 하나님으로부터 무서운 심판을 받게 되는데 반해 언약을 소유한 유다와 예루살렘은 하나님의 보호 아래 영원한 삶을 누리게 된다. 이는 메시아 예언과 더불어 하나님의 언약의 영원성을 말해주고 있다. 구속받은 하나님의 자녀들은 그 은혜 가운데 영생을 누리게 되는 것이다.

하나님께서는, 그 전에는 언약에 속한 자들이 진리의 복음을 떠나 있었으므로 저들이 이방인들에 의해 고통을 당할 때 그 지배자들을 즉시 응징하지 않았음을 말씀하셨다. 이방인들이 유다 지역을 침공해 백성의 피를 흘릴 때도 그렇게 하셨다. 하지만 이제는 자기 자녀들을 끝까지 보호하시리라는 점과 시온에 거하시면서 그와 같은 일이 재발하지 않도록 막아주시겠다는 약속을 하셨다. 이는 언약의 백성들에게 커다란 소망이 되지 않을 수 없었다. 그 약속은 자손대대로 상속되어 저들의 진정한 소망이 되도록 해야 한다.

아모스서

〈목 차〉

서 문

선지자 아모스가 하나님의 말씀을 예언하던 시기는 남북 이스라엘 왕국이 외형상 크게 부흥하는 듯 했으나 실상은 배도의 물결이 강하게 일던 시기였다. 그 어간에 활동한 남 유다 왕국의 웃시야 왕과 북쪽의 여로보암 2세 왕은 강력한 정치력을 행사한 인물들이었다. 그런 가운데 배도자들이 넘쳐났으며 특히 북 이스라엘 왕국은 총체적 부패의 온상이 되어 있었다.

남쪽 유다 왕국에서도 하나님의 언약을 가볍게 여기며 진리를 멀리하는 풍조가 만연했다. 하지만 그들은 북쪽과 달리 '예루살렘 성전'을 중심에 두고 있었다. 율법에 따라 아론 지파의 제사장들이 제사를 지내며 여호와 하나님을 섬겼으므로 사악한 북 왕국의 원천적인 배도행위와는 차이가 났다.

그런 형편 가운데서 율법을 버린 어리석은 자들은 번영과 풍요의 시대를 꿈꾸고 있었다. 그 결과 기득권자들은 사치와 타락으로 물들었으며 백성들 사이에는 빈부격차가 심하게 날 수밖에 없었다. 그와 같은 분위기를 주도하는 자들은 주로 정치인들과 종교인들이었다. 일반 백성들은 하나님의 뜻을 멸시하는 왕과 제사장, 그리고 거짓 선지자들에 의해 철저히 기만당하고 있었다.

율법을 벗어난 그와 같은 상황은 개혁되어야 할 대상이었지만 전적으로

부패한 그 상태를 근본적으로 개혁하기는 매우 어려웠다. 사악한 지도자들은 백성들을 억압하며 자기 배를 불리기에 여념이 없었으며 어리석은 백성들에게는 그것을 타개할 만한 아무런 힘이 없었다. 그러다보니 엄청난 혼란이 닥쳐 백성들 상호간에 불신이 넘쳐났을 뿐 아니라 주변의 이방 세력이 언약의 백성들을 노리며 괴롭혔으나 그에 대응할 만한 능력이 없었다.

그런 중에 하나님께서는 농사를 짓고 있던 아모스를 불러 언약의 백성들을 향해 자신의 말씀을 전하고자 하셨다. 당시에도 오늘날 신학교처럼 '선지학교'가 있었다. 그것은 물론 선지자들을 양성하는 기관이 아니라 하나님의 말씀을 체계적으로 연구하며 배우는 학교였다. 우리가 여기서 눈여겨보아야 할 점은 하나님께서 그들 가운데 어느 한 사람을 통해 예언하시지 않고 시골 지역의 농사꾼이었던 아모스를 불러 말씀을 맡기셨다는 사실이다. 이는 물론 그가 하나님의 말씀에 무지한 인물이었다는 의미가 아니다.

아모스서에 기록된 예언은 전체적으로 보아 북 이스라엘 왕국이 앗수르 제국에 의해 멸망당하고 남 유다 왕국이 바벨론 제국에 의해 패망당하는 것과 그후 포로로 잡혀간 언약의 자손들이 페르시아 시대 본토로 귀환하는 사건까지 연관되는 것으로 보인다. 시골 농사꾼인 아모스에게 그와 같은 예언의 말씀이 임했다는 것은 선지학교에 속한 자들의 입장에서는 매우 자존심 상하는 일이었을 것이다. 그리하여 그들 가운데는 도리어 뻔뻔한 태도로 참 선지자인 아모스를 박해하는 자들도 있었다.

여기에는 오늘날 우리 시대 성도들 역시 귀담아 들어야 할 중요한 메시지가 들어 있다. 우리 시대에도 목사와 신학자들이 많이 있지만 하나님께서는 오히려 신학을 전문으로 공부하지 않은 일반 성도들을 불러 자신의 일을 맡겨 사용하시는 것을 보게 된다. 중요한 점은 하나님의 말씀을 알고 그에 순종하는 삶이며 사람들에게 드러나는 종교적인 경력이 아니다.

또한 우리가 기억해야 할 바는 아모스서가 언약의 백성들 가운데 적용되어야 할 종교개혁을 위한 책이라 해도 과언이 아니라는 사실이다. 종교개혁이란 일반적인 사회개혁과는 상당한 차이가 난다. 아모스 선지자는 백성들에게 일반 윤리적인 개선을 요구하는 것을 일차적 목적으로 삼지 않았다. 나아가 아모스서는 사회정의가 아니라 언약 공동체인 구약시대의 교회개혁을 요구한 책이다. 하나님의 주된 관심은 언약의 자손들에게 있었으며 그들이 올바른 신앙을 회복하기를 원하셨던 것이다.

이와 더불어 우리가 또한 알아야 할 바는 진정한 개혁은 개인적인 이성과 경험 혹은 해석과 판단에 근거하는 것이 아니라는 사실이다. 교회를 위한 진정한 개혁은 오직 하나님의 말씀에 순종함으로써 드러나게 된다. 자칫 잘못하면 '종교개혁' 이라는 용어를 많이 사용하면서 도리어 '개혁거리' 나 그 대상을 많이 양산할 수도 있다.

오늘날 우리 시대는 아모스 시대 이상으로 혼탁한 시대가 되어 있다. 이는 국가와 사회가 아니라 교회 즉 기독교 사회를 두고 하는 말이다. 사악한 자들 가운데는 교회 내부에 권력층을 형성하기도 하고 세속 국가권력에 편승해 그것을 누리려 하기도 한다. 하지만 교회 안에는 어떤 경우에도 특별한 권력을 형성한 기득권적 개인이나 집단이 존재할 수 없으며 일반 교인들 위에 군림하는 자가 있어서는 안 된다. 그것은 하나님과 교회와 성도들을 기만하는 악한 행위에 지나지 않기 때문이다.

그리고 우리 시대의 기독교 가운데는 교회와 성도들을 어지럽히는 사상들이 난무하며 그것을 선전하는 종교 전문인들이 많이 있다. 그들은 신학을 빗대어 성경을 비판하고 종교다원주의, 유신진화론, 동성애와 동성결혼을 지지하며 그에 대하여 우호적이다. 나아가 현대 과학문명의 폐해를 적시하지 않은 채 그대로 받아들이려 한다. 예를 들어 인공지능, 가상현실, 증강현실 등 새로운 과학문명에 대한 부정적인 역기능을 해석하지 않고 무조건 받아들이려 한다.

그렇게 하는 것은 하나님의 뜻을 생각지 않고 타락한 시대적 조류에 편승하는 행위에 지나지 않는다. 그런 자들은 하나님으로부터 계시된 성경을 멀리하며 하나님을 진정으로 경외하는 마음을 가지기를 거부한다. 그 기틀 위에서 권력지향적인 구조를 편성하며 개인적인 목적을 이루기 위해 교인들을 이용하고자 하는 것이다.

2017년은 특히 마르틴 루터가 비텐베르크 대학 저항사건을 깃점으로 한 종교개혁 500주년이라 해서 예전에 없던 많은 행사들을 하는 것을 보게 된다. 하지만 그중에 상당수는 참된 개혁의 실현이 아니라 오히려 개혁의 대상이 될 따름이다. 우리는 정신을 바짝 차려 성경의 교훈을 살펴야 하며 그것을 우리 가운데 그대로 적용할 수 있어야 한다. 그것이 하나님께서 선지자 아모스를 통해 허락하신 메시지이며 오늘날 우리가 받아들여야 할 교훈이다.

'아모스서 강해'를 위한 이 글은 '안산푸른교회 사경회'(2017년 3월 26-27일)를 위해 준비되었다. 타락의 극치를 이루고 있던 아모스 시대와 21세기 한국과 그 가운데 존재하는 기독교의 형편을 중첩하여 포개 놓는다고 생각하고 우리 시대를 읽는다면 그 답이 선명하게 나올 것이다. 여러모로 부족한 점이 많은 글이지만 이를 통해 교회와 성도들이 작은 유익을 받게 되길 바란다. "아멘, 주 예수여 오시옵소서"(계22:20).

제1장

언약의 민족과 이방족속들을 향한 심판 선언
(암1:1-2:3)

1. 이스라엘 왕국을 향한 예언(암1:1,2)

선지자 아모스는 남 유다 왕국의 웃시야 왕과 북 이스라엘 왕국의 여로보암 2세 왕이 강력한 통치력을 행사하던 시기에 하나님의 말씀을 예언했다. 더욱 구체적으로는 당시 큰 지진이 있었는데 그보다 이년 전의 일이었다. 그 때는 선지자 요나가 예언하던 시대와 중첩되는 시기였다.

하나님께서는 아모스의 입술을 통해 장차 무서운 심판이 임할 것에 관한 말씀을 하셨다. 이는 이스라엘 민족을 위한 예언이었다. 아모스서의 내용 가운데 앞부분에서는 여러 이방 족속들에 연관된 심판에 대한 기록을 하고 있다. 하지만 그 모든 것들은 전체적으로 보아 이스라엘에 대한 예언으로 받아들여져야 한다. 즉 그 예언들은 이방 족속을 대상으로 한 심판을 예고하고 있지만 궁극적으로는 언약의 백성들이 귀담아 들어야 할 내용이었다.

우리가 여기서 깊은 주의를 기울여 생각해 보아야 할 바는 하나님께서 시온에서부터 부르짖으며 예루살렘으로부터 음성을 발하시게 된다는 사실이다. 이는 '다윗 언약'과 '아브라함 언약'을 배경으로 한 의미를 지니고 있다. 시온 성은 다윗 언약과 연관되어 있으며(삼하5:7;왕상8:1;대하5:2, 참조), 예루살렘은 아브라함이 이삭을 바쳤던 모리아 산으로 하나님의 성전과 연관되어 있다(창22:2;대하3:1, 참조).

하나님께서는 바로 그 시온 성과 예루살렘으로부터 엄중한 심판이 선포되고 시행되리라는 사실을 언급하셨다. 그렇게 되면 그 심판으로 말미암아 저들에게 무서운 재앙이 임하게 된다. 가나안 땅의 목장들을 뒤덮은 푸르고 무성한 식물들이 살아남지 못하며 갈멜산 꼭대기의 식물들은 메말라다 시들게 된다는 것이었다. 이는 장차 이스라엘 민족이 엄청난 고통에 빠지게 되리라는 사실을 말해주고 있다.

이 내용이 우리에게 시사해주는 중요한 의미는 세상의 모든 심판은 예루살렘으로 말미암게 된다는 것이다. 구약시대의 이스라엘 백성의 내부는 물론 외부의 많은 왕국들에 대한 심판은 예루살렘으로부터 시작되었다. 즉 하나님의 집으로부터 심판이 시작된다. 이는 구약시대의 악한 자들뿐 아니라 세상의 모든 나라들과 온 우주에 대해서도 이와 동일하게 이해해야 한다. 나중 예수님께서 예루살렘에서 십자가를 지고 돌아가심으로써 거룩한 제물이 되어 성전 지성소 안에 바쳐진 것은 온 세상에 대한 궁극적인 심판의 의미를 동반하고 있다.

2. 이방 여러 족속들을 향한 심판 예언(암1:3-2:3)

아모스는 하나님께서 이스라엘 민족 주변에 있는 여러 이방 족속들을 심판하리라는 사실을 예언했다. 우리는 여기서 왜 하나님께서 그 이방인들을 향해 무서운 심판을 경고하셨는가 하는 점을 주의 깊게 생각해 보아야 한다. 하나님께서는 그들이 돌이켜 올바른 백성이 되라고 하는 것에 목적을 두시지 않았다. 위에 언급한 것처럼 하나님은 언약의 백성들을 보호하기 위해 주변 왕국들에게 강한 경고의 메시지를 주셨다.

하나님께서 이방인들을 향해 심판을 선포하신 이유는 그들이 언약의 자손들과 밀접하게 연관되어 있었기 때문이다. 즉 그렇게 하는 근본적인 목적은 이스라엘 민족이 그 중심에 놓여 있었기 때문이다. 그것은 결국 예루살렘 성전과 성경에서 약속하고 있는 바 장차 오실 메시아와 밀접하게 연관되어 있었던 것이다.7)

선지자 아모스는 다메섹, 가사, 두로, 에돔, 암몬, 모압에 대한 하나님의 심판을 예언하고 있다. 이 종족과 왕국들은 언약의 백성들을 둘러싸고 있으면서 끊임없이 저들을 괴롭혀 왔다. 우리가 여기서 반드시 기억해야 할 바는 그 이방 나라들 가운데 아무도 아모스가 전한 하나님의 말씀을 귀담아 듣지 않을 것이란 사실이다. 하지만 언약에 속한 자녀들은 그 이방 족속을 향한 하나님의 말씀을 귀담아 듣지 않으면 안 된다.

---

7) 이에 대한 좀 더 명확한 이해를 위해 예를 하나 들어볼 수 있다: 우리 자녀들은 외부의 다양한 성격을 지닌 아이들과 함께 어울리는 경우가 많다. 부모는 항상 주변의 또래 아이들을 눈여겨 볼 수밖에 없다. 힘이 센 아이들이 우리 자녀를 구타할 수도 있고 물건을 빼앗으며 괴롭힐 수도 있기 때문이다. 어쩌면 우리 자녀들이 나쁜 아이들의 꾀임에 빠져 저들의 건전치 못한 행동에 가담하게 될지도 모른다. 또한 순수하고 건전하게 자라나야 할 우리 자녀들이 다른 아이들의 잘못된 악습을 따라하거나 저들의 규모 없는 행동을 부러워할 수도 있다. 나아가 다른 아이들이 사용하는 욕설을 따라 배울 염려도 따른다. 이 모든 것들은 우리 자녀들을 위협하는 요소가 되며 그것은 결국 아이들에게 해가 될 수밖에 없다. 그래서 우리는 때로 자녀들의 주변에 있는 아이들을 조용히 구슬리기도 하고 정색을 하고 타이르기도 한다. 저들에게 맛있는 음식을 사 먹이기도 하며 때로 심하게 야단을 칠 경우도 생긴다. 부모가 자기 자녀들과 함께 노는 주변의 아이들에게 관심을 가지는 이유는 결국 자기 자녀를 위해서이다. 즉 다른 아이들 자체를 위해서 그렇게 하는 것은 아니다. 이처럼 하나님께서 여러 이방 족속들에 대한 심판을 행하고자 하는 것은 언약의 백성들을 위한 것이다. 이에 대한 올바른 깨달음을 가지는 것은 매우 중요하다.

(1) 다메섹을 향한 심판 선포(암1:3-5)

여호와 하나님께서는 다메섹의 서너 가지 죄를 인해 저들에게 벌을 내리시리라고 말씀하셨다. 당시 다메섹(Damascus)은 아람 왕국의 수도였다. 여기서 서너 가지 죄란 구체적으로 셋 혹은 네 가지 죄악을 지적하여 말하는 것으로 생각할 필요는 없어 보인다. 이후에 여러 이방 왕국에 대한 경고를 할 때도 '서너 가지' 죄라는 말이 되풀이 되어 나온다.

선지자 아모스는 다메섹의 죄악을 뭉뚱그려 말하고 있을 뿐 서너 가지로 구체적으로 나열하여 적시하지는 않는다. 따라서 우리는 '서너 가지'라는 말의 실제적인 의미가 '되풀이 되는 죄' 혹은 '쌓이고 쌓인 죄' 정도로 이해하는 것이 자연스럽다.8) 그들은 언약의 백성들을 끊임없이 위협함으로써 저들의 죄악을 계속 누적시켜 왔던 것이다.

아모스는 당시 다메섹의 군사 지도자들이 이스라엘 민족이 살고 있는 여러 지역들 가운데 특히 길르앗을 침략하며 압박하고 있음을 언급했다. 그들은 무지막지한 방법으로 언약의 백성들을 괴롭혔는데 이는 마치 철 타작기로 타작하는 듯한 모습이었다. 그렇게 함으로써 요단강 동편 지역을 강하게 억압하며 죄악을 저질렀다. 다메섹은 언약에 속한 백성인 길르앗 사람들을 끊임없이 침략하며 공포감을 조성하고 있었다. 그들은 하나님께 속한 언약의 자손들을 괴롭히는 가운데 저들의 모든 것을 약탈해갔었다.

그러므로 여호와 하나님께서는 다메섹의 그런 무모한 행동에 대해 보고만 있지 않겠노라는 말씀을 하셨다. 장차 하사엘(Hazael)의 집에 불을 보내고 벤하닷(Ben-Hadad)의 궁궐들을 불살라 버리겠다는 것이었다. 그렇게 하여 다메섹의 빗장을 완전히 꺾어버리고 아웬(Aven) 골짜기에서는 그 거민

---

8) 본문에 언급된 '서너 가지 죄'를 '한글 공동번역' 성경에서는 '쌓이고 쌓인 죄'로 번역하고 있다. 우리가 그 의미를 그와 같이 이해한다고 해도 아무런 문제 될 것이 없다.

이 살지 못하게 할 것이며 벧에덴(Beth Eden)9)에서 홀을 잡은 자를 끊어지게 하리라는 것이었다.

하사엘은 당시 아람 왕 벤하닷 2세 왕을 섬기던 신하였다. 벤하닷은 자신이 중한 질병에 걸렸을 때 하사엘을 이스라엘의 선지자 엘리사에게 보내 처방을 받아오도록 명했다. 이는 그가 초월적인 능력을 행하는 엘리사에 관한 소문을 들었기 때문이었을 것이다. 그러나 엘리사는 그에게 전혀 예측하지 못했던 다른 예언을 했다.

하사엘은 나중 본국으로 돌아가 엘리사의 예언대로 벤하닷을 암살하고 왕위를 찬탈하게 되었다(왕하8:7-15). 그는 왕이 되고 나서 그 전보다 더욱 심하게 이스라엘 왕국을 괴롭혔다. 급기야는 길르앗 라못에서 아합 왕의 아들 요람에게 큰 상처를 입혔다(왕하8:28,29). 나아가 예후가 왕위에 있을 때는 막강한 군사력을 대동하고 요단 계곡 동편 지역을 점령하기도 했다(왕하10:32,33).

하사엘은 또한 북 이스라엘 왕국뿐 아니라 예루살렘을 공략하기 위해 남쪽 유다 왕국을 위협하다가 뜻을 이루지 못하고 물러나기도 했다(왕하12:17,18). 이렇듯이 하사엘은 왕위에 올라 이스라엘을 위협하고 괴롭히는 무서운 인물이 되었다(왕하13:22). 하나님께서는 그와 같은 아람 왕국의 하사엘 정부에 무서운 불을 보내고 벤하닷의 궁궐들을 불살라 버리겠다는 경고를 하셨던 것이다.

그렇게 되면 아람 왕국이 결국 완전히 패망하게 되어 왕위를 이을 만한 인물이 없어지게 된다. 그 결과 주변의 다른 나라의 막강한 세력을 갖춘 군대가 습격하여 아람 백성을 포로로 잡아 다른 지역으로 끌고 가게 된다. 하나님의 예언대로 그 일은 BC720년경 앗수르의 사르곤 2세에 의해 일어나게 되어 아람 왕국은 결국 멸망당하게 되었다.

---

9) 벧에덴(Beth Eden)은 '에덴의 집'이자 '환락의 집'이란 뜻으로 메소포타미아 북부지역에 있던 비옥한 땅이며 당시 아람의 도시국가가 있었다.

(2) 가사를 향한 심판(암1:6-8)

하나님께서는 또한 가사(Gaza)의 서너 가지 죄악으로 인해 저들에게 엄한 벌을 내리시겠다는 말씀을 하셨다. 그 지역 사람들은 하나님 앞에서 저들의 사악한 죄들을 차곡차곡 쌓아두고 있었다. 이는 단번에 발생한 특정한 사건에 국한된 것이라기보다 그동안의 지속적인 악행이 있었음을 말해주고 있다.

아모스는 본문 가운데서 가사 사람들이 포로로 잡아간 모든 사람들을 에돔에 붙였다는 사실을 언급하고 있다. 그들이 사로잡아 간 자들은 일반적인 주민들을 일컫는 것이 아니다. 이는 가사 군대가 하나님의 언약의 자손들을 불법으로 체포하여 에돔 사람들에게 팔아넘긴 것을 의미하고 있다. 하나님께서 언약에 무관한 이방 종족들의 일반적인 죄악으로 인해 그런 식으로 분노하지는 않을 것이기 때문이다. 또한 그들은 이스라엘 민족과 에돔 족속이 서로간 원수관계에 놓여있다는 사실을 잘 알고 있으면서 그렇게 했던 것이다.

그러므로 하나님께서는 가사 성에 무서운 불을 보내 그 궁궐들을 불살라 버리겠다는 심판을 선언하셨다. 또한 저들의 중요한 도성인 아스돗(Ashdod)과 그 안에 살고 있는 거민들을 심판하시리라고 하셨다. 나아가 아스글론(Ashkelon)에서 권력을 장악하여 홀을 잡고 왕위에 올라있는 자를 끊어버림으로써 왕국을 패망에 이르도록 하리라는 사실을 선포하셨다.

뿐만 아니라 에그론(Ekron)을 쳐서 블레셋에 남아 있는 백성들이 다 멸망당하게 될 것이라는 사실을 언급하셨다. 하나님의 언약의 자손들이 약하게 된 틈을 타서 저들을 사로잡아 에돔 족속에게 팔아넘기는 행위는 결코 있을 수 없는 일이었다. 그들은 그것을 통해 부를 쌓으며 세력을 얻으려고 했지만 하나님께서 저들의 악행을 보고 오히려 더 큰 심판을 내리시게 된다는 것이었다. 이는 여호와 하나님께서 예언하신 말씀이기 때문에 때가 되면 반드시 이루어지게 된다.

(3) 두로를 향한 심판(암1:9,10)

여호와 하나님께서는 또한 두로(Tyre)에 관한 예언의 말씀을 주셨다. 두로는 서너 가지 죄로 인해 장차 하나님의 무서운 징벌을 받게 된다는 것이다. 본문에서는 두로가 지은 죄가 서너 가지라고 언급되어 있지만 그것들이 구체적으로 명시되어 있지 않다. 따라서 여기서도 하나님을 배반한 두로 사람들에게 되풀이 된 죄악이 쌓여 있었음을 말해준다.

두로에게 있어서 가장 큰 죄악은 '형제의 조약'(treaty of brotherhood)을 기억하지 않은 것이었다. 즉 그들은 이스라엘과 맺은 일종의 평화유지 약속을 어겼다. 그런데 여기서 말하는 '형제의 조약'이란 형제 관계를 맺듯이 신뢰관계를 기초로 한 국제적인 약조를 의미하고 있다. 즉 이 조약은 국가 혹은 민족간에 체결된 평화 조약으로서 외부의 위협에 공동으로 대처하며 평화를 지속시켜 갈 것에 대한 약조였던 것이다.

두로는 그와 같은 형제 조약을 어기고 사람들을 사로잡아 감으로써 자신의 잇속을 채웠다. 그들은 사로잡아간 백성들을 모두 에돔 사람들에게 팔아넘겼다. 물론 여기서 언급된 사로잡힌 자들은 다른 이방인들이 아니라 언약의 자손들이었다. 그와 같은 행위는 여호와 하나님께 저항하는 악행이 되었다. 또한 그들은 이스라엘 민족과 에돔 족속이 서로간 원수관계에 놓여있다는 사실을 알고 있으면서도 언약의 자손들을 에돔에 팔아넘겼던 것이다.

이는 두로가 이스라엘을 배신하고 원수의 편에 섬으로써 하나님을 진노케 했음을 말해준다. 따라서 하나님께서는 두로 성에 무서운 불을 보내 궁궐들을 살라버린다고 말씀하셨다. 하나님께서 저들을 심판하심으로써 자기 백성을 함부로 건드리지 못하도록 하시겠다는 것이다. 선지자 아모스가 그와 같은 예언을 전했을 때 힘든 궁지에 몰려 있던 이스라엘 자손이 큰 힘을 얻었을 것이 틀림없다.

(4) 에돔을 향한 심판(암1:11,12)

여호와 하나님께서는 또한 에돔(Edom)에 관한 예언의 말씀을 전하셨다. 저들에게 서너 가지 죄가 있기 때문이라는 것이다. 그들 역시 언약의 백성들을 끊임없이 괴롭힘으로써 하나님께 저항하는 행위를 되풀이해 왔다. 하나님께서는 결코 저들의 죄를 용서치 않고 벌하시리라고 말씀하셨다.

에돔 족속이 범한 죄는 저들의 조상 에서와 쌍둥이 형제인 야곱의 자손들을 향해 날카로운 칼을 앞세워 침략을 되풀이 한 것에 연관되어 있다. 그들은 종족적으로는 형제 관계에 놓여 있는 것과 같았지만 공격을 멈추지 않았다. 즉 혈통적인 형제라 할 만한 관계에 놓여있었음에도 불구하고 실상은 원수가 되어 집요한 공략을 지속했던 것이다.

그들에게는 혈통에 연관된 가장 기본적인 긍휼마저 남아 있지 않았다. 그 대신 이스라엘 민족에 대하여 항상 맹렬한 분노가 넘치는 상태에 놓여 있었다. 즉 에돔 사람들은 마음속에 언약의 백성을 향해 가득한 분노를 품고 있었을 뿐 따뜻한 마음이 전혀 없었던 것이다.

그러므로 하나님께서는 에돔 왕국의 교통 중심지라 할 만한 데만(Terman)에 뜨거운 불을 보내 에돔의 수도인 보스라(Bozrah)에 있는 화려한 궁궐들을 다 살라 버리겠다고 말씀하셨다. 에돔 족속은 자기와 혈통적 형제 관계에 놓여 있는 이스라엘 민족을 침략하는 행위를 되풀이 했지만 양심의 가책 같은 것은 전혀 느끼지 못했다. 결국 하나님의 심판을 받게 되면 그동안 저들이 노획한 모든 것들은 일순간에 사라지게 될 따름이었지만 그에 대한 깨달음이 전혀 없었던 것이다.

(5) 암몬을 향한 심판(암1:13-15)

하나님께서는 또한 암몬(Ammon)에 대한 심판을 선언하셨다. 암몬 자손이 서너 가지 죄악을 저지른 행동이 그 원인이라는 것이었다. 그런 죄악은 그동안 암몬 자손들 가운데 누적되어 왔다. 저들은 어떤 징벌도 원하지 않겠지만 하나님은 저들을 반드시 심판하시게 된다는 사실이 여기서 강조되고 있다.

성경은 그들이 범한 죄악이 매우 잔인하다는 사실을 말해주고 있다. 암몬 사람들은 자기 영토를 넓히기 위해 길르앗을 침략하여 아이 밴 여인의 배를 가르는 행동까지 서슴지 않았다. 이는 땅을 확장하기 위해서라면 온갖 잔인한 일들을 다 행했음을 말해주고 있다. 그들이 그렇게 했던 까닭은 길르앗 사람들이 감히 저들에게 저항하지 못하도록 엄청난 공포감을 심어주기 위해서였을 것으로 보인다.

그러므로 하나님께서는 저들의 중요한 도성인 랍바(Rabbah) 성에 불을 놓아 그 궁궐들을 다 태워버리겠다는 말씀을 하셨다. 저들에게 강력한 군대가 쳐들어감으로써 무서운 전쟁이 일어나게 된다는 것이다. 그렇게 되면 회오리바람이 부는 날 세찬 폭풍우가 동반되듯이 그 전쟁 중에 강력한 적군의 함성과 더불어 랍바의 온 도성이 불타버리게 된다.

그로 말미암아 암몬의 왕은 포로가 되고 나라의 지도자들도 사로잡혀 가는 신세가 될 수밖에 없다. 그것은 암몬이 장차 완전히 패망하게 되리라는 사실을 말해주고 있다. 한때 온갖 잔인한 방법으로 약소국 특히 언약의 백성들을 괴롭히던 그들이 하나님의 심판으로 인해 동일한 고통을 겪게 된다는 것이었다.

(6) 모압을 향한 심판(암2:1-3)

하나님은 또한 모압(Moab)에 대한 엄중한 심판을 예고하셨다. 모압이 저지른 서너 가지 죄가 그 징벌의 원인이 된다는 것이다. 여기서도 서너 개의 죄라는 것이 각각 분리될 수 있는 여러 가지 상황들을 구체적으로 나열하고 있지 않다. 그들은 여호와 하나님을 두려워하지 않고 하나님께 속한 언약의 자손들을 괴롭히는 행위를 되풀이 해왔던 것이다.

성경은 그들의 죄악이 에돔 왕의 뼈를 불살라 재를 만들었기 때문이라는 사실을 말하고 있다. 이것이 과연 무슨 의미일까? 우리가 여기서 기억해야 할 바는, 본문의 언급이 단순히 모압 사람들의 잔인함만을 두고 말하는 것은 아닐 것이란 사실이다.

아마도 그들은 에돔을 침략하여 일시적인 승리를 거두고 자신의 세력을 만방에 떠벌리며 자랑했을 것이다. 나아가 그런 행위를 통해 이스라엘을 겁박했을 것이 틀림없다. 따라서 에돔을 침공하여 승리를 거둔 그들은 이스라엘 민족의 하나님 여호와보다 자신의 힘이 더 강력한 듯이 떠벌렸을 것으로 보인다. 즉 하나님께서 모압 죽속에게 에돔 사람들을 붙이셨기 때문에 승리한 것을 두고 마치 자신의 군사력 때문인 것으로 여기고 더욱 교만해졌던 것 같다. 그리하여 모압인들은 하나님을 모독하는 행위를 하게 되었다.

따라서 하나님께서는 모압에 무서운 불을 보내 중심 도시인 그리욧(Kerioth)에 있는 궁궐들을 불살라 버리겠다는 말씀을 하셨다. 그렇게 되면 외부에서 쳐들어온 군대의 함성이 천지를 진동하게 된다. 그리고 적군의 나팔소리가 요란하게 들리는 가운데 모압은 패망하고 그 백성들이 생명을 잃어갈 수밖에 없다.

그것은 언약의 자손들을 괴롭힌 모압의 악행에 대한 하나님의 무서운 심판이다. 따라서 하나님께서는 그 가운데 있는 재판관들과 지도자들을 그 백성들과 함께 죽음에 내어주리라는 사실을 말씀하셨다. 그리하여 하나님께 저항한 모압은 패망을 당하고 그 남은 백성들은 다른 나라에 팔려가게 된다는 것이었다.

제2장

유다 왕국과 이스라엘 왕국에 대한 경고
(암2:4-16)

1. 언약의 왕국들을 향한 심판선언

하나님께서는 앞에서 먼저 이방 여러 족속들에 대한 심판을 선언하신 후 언약의 백성으로 구성된 유다 왕국과 이스라엘 왕국에 대한 심판을 선언하셨다. 이는 이방 왕국들에 대한 심판과는 그 근본적인 성격이 다르다. 이방 왕국들은 자신의 야망을 채우기 위해 언약의 자손들을 부당하게 대하지만 그것 자체가 하나님에 대한 도전행위가 될 수 있다.

그들은 언약의 민족을 침략하여 저들의 세력 아래 복속시키고자 하는가 하면 저들이 믿는 이방신에 따른 우상을 만들어 숭배하도록 했다. 또한 그들을 유혹하여 이방인들의 관습을 따르게 했다. 하나님의 언약 가운데 살아가야 할 어리석은 인간들은 그로 인해 배도의 길을 걷게 된다. 그렇게 되면 민족 정체성이 점차 사라지며 하나님의 율법을 무시할 수밖에 없다.

언약의 왕국에 속한 백성으로서 이방인의 풍습을 받아들이는 것 자체가 하나님의 진노를 불러일으켜 심판의 근거가 된다. 하나님의 특별한 목적을 위해 세워진 언약의 왕국이 이방인들의 종교 사상과 관습을 받아들이는 것은 하나님을 모독하는 것과 동일한 성격을 지니기 때문이다. 그렇게 되면 저들에게 하나님으로부터 무서운 재앙이 임하게 된다.

하지만 하나님께서는 언약의 백성들이 죄악에서 돌이켜 진정으로 뉘우치기를 원하셨다. 거룩한 성 예루살렘과 그 백성들을 통해 이 땅에 메시아를 보내시고자 하는 하나님께서는 자신의 계획을 결코 변개치 않을 것이었기 때문이다. 하지만 배도에 빠진 인간들은 회개하기를 거부했으며, 하나님은 그 가운데 남은 자들을 구별하여 저들을 통해 구원을 위한 경륜적 사역을 진행해 가신다.

2. 남 유다 왕국을 향한 심판 선언(암2:4,5)

하나님께서는 유다 왕국의 서너 가지 죄로 인하여 저들에게 징벌을 내리시리라는 언급을 하셨다. 여기서 서너 가지 죄란 범죄의 개수를 말하는 것이 아니라 되풀이하여 누적된 죄를 의미한다. 하나님께서는 그 죄로 말미암아 시행될 심판을 절대로 돌이키시지 않으리라는 말씀을 덧붙이셨다. 그동안 배도에 빠진 백성들은 하나님의 율법을 멸시한 채 그의 율례를 지키기를 거부하며 극도로 소홀히 여겼다. 그들은 또한 조상들의 거짓된 행동을 뒤따라 익히며 합리화하기를 되풀이했다.

유다 왕국에 속한 그 백성들이 가진 심각한 문제는 그 죄악에 대한 깨달음이나 인식이 전혀 없다는 사실이다. 그들은 성경의 교훈을 벗어나 저들이 원하는 다른 규례들을 만들어 두고 지키기를 좋아했다. 그로 말미암은 저들의 종교적인 열성은 주변의 많은 사람들을 기만할 수 있었지만 거짓에 지나지 않았다.

그러므로 하나님께서는 유다 왕국에 뜨거운 불을 보내 예루살렘의 궁궐들을 살라 버리겠다는 말씀을 하셨다. 이는 언약의 왕국인 다윗 왕조의 패망을 의미하고 있다. 유다 백성들의 입장에서 볼 때 이는 여간 충격적인 말이 아니었을 것이 분명하다. 그들은 하나님께서 친히 예루살렘 성을 중심에 둔 언약의 왕국을 세우셨으므로 절대로 멸망하는 일은 없을 것으로 여기고 있었기 때문이다.

유다 왕국과 그에 속한 백성들은 하나님께서 직접 불을 보내 그 거룩한 도성을 패망시키리라고 말씀하셨다는 선지자 아모스의 예언을 쉽게 받아들일 수 없었다. 그러나 하나님께서는 반드시 그 일을 시행하시겠다는 경고의 말씀을 주셨다. 우리는 여기서 그 심판의 대상이 일차적으로 예루살렘 성전이 아니라 왕의 궁궐이라는 사실을 기억해야 한다. 하나님은 유다 왕국의 궁궐을 심판의 대상으로 삼고 있으면서 성전에 관한 직접적인 언급을 하지 않고 있기 때문이다.

3. 북 이스라엘 왕국을 향한 심판 선언(암2:6-16)

(1) 악행에 대한 하나님의 심판 예고(암2:6-8)

하나님께서는 또한 이스라엘 왕국의 서너 가지 죄로 인해 반드시 벌을 내리시겠다는 말씀을 하셨다. 이는 물론 언약의 백성이라 자처하는 자들의 추악한 죄들이 누적되어 있었음을 말해주고 있다. 그들은 그것이 인간들 가운데 발생한 것일 뿐이라 여겼지만 실상은 하나님에 대한 범죄행위였다.

당시 이스라엘 왕국의 기득권자들은 세속적인 욕망으로 가득 차 있었다. 그들은 자신의 것에 만족하지 못하고 연약한 이웃을 이용하여 자기 잇속 채우기에 여념이 없었다. 그들은 돈을 받고 의인을 모함하여 팔아넘기는 행위를 예사로 여겼다. 죄 없는 무고한 자를 모함하여 죄인으로 만들어 버렸던 것이다.

또한 그들은 돈으로 치면 얼마 되지 않는 신 한 켤레를 받고 궁핍한 자를 다른 사람에게 팔아넘겼다. 당시 신발이 아무리 귀한 물건이라 할지라도 여전히 소모품에 지나지 않았지만 그들은 자신의 욕망을 채우고자 연약한 자들을 궁지로 몰아넣는 일을 대수롭지 않게 저질렀다. 그들은 힘없는 자의 머리를 티끌 속에 쳐 박아 짓밟고 생활이 어려운 자들이 살아가는 길을 굽게 만들어 버리기도 했다.

뿐만 아니라 아버지와 아들이 동일한 젊은 여성과 간음을 저지르는 악행을 일삼는 경우도 발생했다. 그런 자들은 인간이기를 포기하는 것과 같은 추악한 범죄를 저지르면서도 대수롭지 않게 여겼다. 그들은 언약의 왕국에 속한 자로서 거룩한 하나님의 이름을 욕되게 하면서도 도리어 그것이 마치 세상을 살아가는 즐거움인 양 여기고 있었던 것이다.

나아가 배도에 빠진 그 백성들은 이방 신당들을 여기저기 만들어 두고 우상을 섬기며 종교생활을 하기 좋아했다. 그렇게 하면서도 그것이 마치 하나님을 섬기는 방편인 양 착각하고 있었다. 그들은 우상을 섬기는 신당들 옆에 가난한 자들로부터 저당 잡은 옷들을 펼쳐두고 그 위에 누워 추한 여유를 부렸다. 그리고 저들이 맘대로 제정한 규례에 따라 벌금으로 빼앗은 저주의 포도주를 마셨다. 그와 같은 모든 행위는 하나님의 무서운 진노를 일으키지 않을 수 없었다.

(2) 배은망덕한 백성(암2:9,10)

여호와 하나님께서는 자기가 선택한 이스라엘 민족을 위해 특별히 일하셨다. 그들이 강력한 이방 나라의 군대를 만나거나 심각한 위기에 빠질 때마다 도움을 주기를 지속했다. 그에 대해서는 그 백성들이 가장 잘 알고 있었다. 하나님은 본문 가운데 그점을 강조하셨다.

하나님께서는 또한 직접 아모리 사람을 저희들 앞에서 패망시키셨음을 말씀하셨다. 이는 이스라엘 민족이 도저히 이길 수 없는 상태에서 하나님이 저들을 물리치셨다는 사실을 말해주고 있다. 당시 아모리 사람들은 키가 커서 마치 백향목 나무 높이와 같았으며 상수리 나무같이 강인한 자들이었다.

하나님은 이스라엘 백성이 상대하기에는 버거운 그런 강력한 군대를 직접 패망시키셨음을 강조하셨다. 아모스서 본문에는 그 나무의 열매와 나무뿌리까지 완전히 진멸시킨 것으로 비유해 언급하고 있다. 이는 자기 백성에 대한 하나님의 도우심이 얼마나 큰지 잘 보여주고 있는 대목이다.

또한 하나님께서는 노예생활을 하던 그 백성을 애굽 땅으로부터 친히 이끌어내신 사실과 사십 년 동안 시내 광야에서 보호하며 인도했음을 말씀하셨다. 그리고 하나님은 저들로 하여금 아모리 사람들의 땅을 차지하도록 해주셨다. 이는 여호와 하나님께서 저들을 위해 어떤 일을 하셨는가에 대한 사실을 말해주고 있다. 그럼에도 불구하고 이스라엘 백성은 그것을 잊어버린 채 배도의 길을 걸으며 배은망덕하게 된 것이다.

(3) 하나님의 선지자와 나실인을 거부한 백성(암2:11,12)

하나님께서는 이스라엘 백성에게 선지자들을 보내 자신의 뜻을 분명히 전달하셨다. 또한 그가 친히 청년들 가운데 나실인(Nazirites)을 세우셨음을 언급하셨다. 하나님은 그것이 그동안 실제로 있었던 일이 아니냐고 반문하며 강조하셨다. 이는 하나님께서 이스라엘 민족을 위해 얼마나 애쓰셨는가 하는 점을 말해주고 있다.

그러나 이스라엘 민족은 하나님께서 요구하신 모든 것을 거부했다. 특히 기득권자들은 하나님의 말씀을 듣지 않으려고 귀를 막았다. 그들은 선지자들의 말을 듣지 않았을 뿐 아니라 그들이 예언하지 못하도록 적극적으로 훼방하며 압력을 행사했다. 또한 나실인으로 하여금 포도주를 마시도록 유혹하거나 강요하기도 했다. 저들의 선한 역할을 가로막음으로써 언약의 민족을 더럽혔던 것이다.

우리는 여기서 이스라엘 왕국 가운데서 활개치는 불의한 세력을 앞세운 기득권자들의 악행을 보게 된다. 그 정점에는 왕이 있으며 그 아래 악한 관료들을 비롯한 거짓 제사장들과 거짓 선지자들이 있었다. 그로 인해 기득권층에 있는 자들은 자기의 욕망을 채우기 위해 어리석은 자들을 기만하고 힘없는 자들을 짓밟는 일을 되풀이하고 있었던 것이다.

(4) 하나님의 심판(암2:13-16)

이스라엘 백성의 모든 행위를 목격하신 하나님께서는 배도에 빠져 악행을 되풀이하는 자들을 엄히 심판하시리라는 사실을 예언하셨다. 마치 곡식 단을 가득 차게 실은 짐이 수레를 짓누르는 것처럼 하나님께서 저들을 강하게 압박하시리라는 것이었다. 그렇게 되면 아무리 빨리 달릴 수 있는 사람이라 할지라도 멀리 도망칠 수 없을 것이며 매우 강력한 힘을 가진 사람들조차 힘을 제대로 쓸 수 없게 된다.

그와 같은 위기의 상황이 이르게 되면 활을 잘 쏘는 전투에 능한 군인이라 할지라도 제대로 일어서지 못하며 행동이 민첩한 병사라 할지라도 그 극한 위태로움을 피하지 못한다. 뿐만 아니라 말을 타고 용맹하게 싸우는 기마병도 아무런 방법을 취할 수 없다. 나아가 전쟁에 능하고 전투 경험이 많은 용맹한 병사들도 하나님의 무서운 심판 앞에서는 모든 무기를 버리고 맨몸으로 도망칠 수밖에 없게 된다. 아모스는 장차 그 일이 반드시 이루어지게 된다는 사실을 기록하고 있다.

제3장

이스라엘 왕국의 기득권층에 대한 경고
(암3:1-15)

1. 하나님의 뜻을 저버린 언약의 자손(암3:1,2)

여호와 하나님께서는 배도에 빠진 이스라엘 왕국의 백성들을 쳐서 말씀하셨다. 그들은 이미 하나님의 말씀을 거부하고 있는 상태였다. 그 백성들은 하나님의 은혜에 따른 경륜을 마음속에 담아두고 있지 않았다. 따라서 하나님께서 더 이상 저들에게 부드러운 말로 타이를 만한 시기가 지났다.

하나님은 본문 가운데서 애굽 땅으로부터 그 백성을 친히 인도해 내신 이가 자기라는 사실을 언급하셨다. 이는 하나님과 언약의 백성 사이에는 이미 매우 특별한 관계가 형성된 상태라는 사실을 말해주고 있다. 즉 이스라엘 백성은 절대로 하나님의 뜻을 저버리지 말아야 하는 민족이었던 것이다.

하나님께서는 여기서 이스라엘 민족의 유일무이한 독특성에 관한 사실을 언급하셨다. 이 세상에 존재하는 다양한 민족과 족속들 가운데 오직 저들만 특별히 선택하여 언약 가운데 받아들였다는 것이다. 우리가 이미 잘 알고 있는 것처럼 이스라엘 민족은 세상의 여타 다른 민족들과는 확연히 구별된다. 이 세상의 모든 민족들은 자연발생적 상황에 의해 생겨난 종족에 기초하고 있기 때문이다.

하나님께서는 처음 언약의 민족을 형성하기 위해 갈대아 우르에 살고 있던 아브라함을 불러내셨다. 그의 몸에서 출생한 독자 이삭을 거쳐 특별히 야곱과 그의 자손들을 선택하여 열두 지파로 구성된 언약의 자손으로 삼으셨다. 하나님은 아브라함에게 약속하신 대로 야곱의 가족(家族)을 이방의 애굽 땅에서 커다란 민족(民族)으로 키우셨으며 그들이 나중 다윗을 통해 언약의 왕국으로 세워졌던 것이다.

하나님께서 한 특별한 민족을 세우신 까닭은 자신의 구원 계획을 진척시켜 완성하시기 위해서였다. 따라서 그 언약의 자손들은 하나님의 말씀에 온전히 순종함으로써 그 거룩한 일에 동참하는 것을 기본적인 사명으로 삼아야만 했다. 그러나 배도에 빠진 이스라엘 자손은 타락한 세상에서의 욕망을 채우기에 급급했을 따름이다. 그것은 세상의 것들을 추구하며 여호와 하나님을 모독하는 행위와 마찬가지였다.

그러므로 하나님께서는 본분을 버린 이스라엘 왕국이 저지른 모든 죄악을 반드시 보응하리라는 언급을 하셨다. 저들이 하나님을 떠난다면 원래의 목적에서 벗어나 아무런 쓸모없는 천박한 존재에 지나지 않는다. 따라서 하나님은 저들의 더러운 죄악을 결코 용서하지 않으리라고 말씀하셨던 것이다.

2. 여호와 하나님을 거부한 백성(암3:3-6)

언약의 자손들은 항상 여호와 하나님과의 신실한 관계 가운데 존재해야 한다. 그들은 자신의 욕망에 따라 제멋대로 살아가서는 안 되며, 만일 그렇게 한다면 하나님으로 말미암는 진정한 삶의 의미가 발생하지 않는다.

따라서 신앙이 성숙한 백성이라면 항상 여호와 하나님의 경륜을 기억하고 있어야만 한다.

선지자 아모스는 이에 관한 사실을 설명하기 위해 몇 가지 예를 들고 있다. 우선 두 사람이 길을 갈 때 서로간 아무런 약속이 없는 상태로 함께 걸어가지 않는다는 것이었다. 먼저 친구나 이웃 관계가 형성되어 있어야만 동행이 가능한 것이다. 이는 어떤 행위보다 본래적 관계가 우선한다는 사실을 말해준다.

또한 숲 속에 살고 있는 사자는 먹잇감을 보면 으르렁거리게 된다. 그 먹이를 움켜잡고 굴 속으로 들어가게 되면 큰 소리로 부르짖는다. 그리고 덫을 놓지 않고서는 새가 거기에 걸릴 일이 없으며, 덫에 새가 걸려들지 않은 상태에서는 그 덫이 땅 위로 튀어 오르지 않는다. 이는 원인이 있을 때 비로소 그 결과가 드러나게 된다는 사실을 말해주고 있다.

이처럼 하나님과 이스라엘 백성 사이에는 놀라운 언약이 존재하기 때문에 그와 함께 동행할 수 있게 된다. 그리고 그 백성들 가운데 어떤 문제가 발생할 경우 모두가 알 수 있도록 하나님께서 그 뜻을 분명하게 드러내 보여주신다. 땅에 덫을 놓았을 때 새가 잡히게 되며 그렇지 않을 경우라면 존재하지 않는 덫에 새가 걸리게 될 리가 만무하다. 이처럼 하나님과 그의 백성 사이에도 분명한 인과관계가 존재하고 있다.

이와 마찬가지로 성읍 안에서 비상 나팔이 울려 퍼지게 되면 모든 사람들이 그 소리에 관심을 집중할 수밖에 없다. 큰 소리로 울려 퍼지는 나팔 소리에도 불구하고 두려워하지 않고 놀라지 않을 자는 아무도 없다. 그것은 적군의 침입으로 인한 전쟁을 알리는 신호이기 때문이다. 따라서 현명한 백성들은 성읍에 임하는 모든 무서운 재앙이 임할 때 그것이 하나님으로 말미암는다는 사실을 기억하고 있어야만 한다.

3. 하나님의 사랑과 사악한 이스라엘 왕국(암3:7-10)

하나님께서는 타락한 세상 가운데 살아가는 자기 백성의 구원을 위해 일하시는 분이다. 그들은 창세전부터 이미 하나님의 언약 가운데 존재해 온 자들이다. 하지만 하나님과 무관하여 불순종하거나 배도에 빠진 자들에 대해서는 무서운 심판이 내려진다. 하나님은 여러 선지자들을 통해 그 모든 것을 미리 말씀하심으로써 자기의 뜻을 분명히 드러내 보여주셨다.

여호와 하나님께서는 세상에 살아가는 인간들로서는 결코 알 수 없는 자신의 고유한 비밀을 가지고 계신다. 그는 특별히 선택받은 종인 선지자들의 입술을 통해 자신의 뜻을 언약의 백성들에게 미리 알려 주신다. 죄악에 빠진 인간들에게 내리는 엄중한 심판에 대해서도 그렇다. 미리 그에 관한 자신의 뜻을 드러내 보이시지 않은 상태에서는 결코 무서운 재앙을 보내시지 않는 것이다.

사나운 맹수인 사자가 큰 소리로 울부짖으면 사람들이 두려워하는 것처럼 하나님께서 무서운 심판을 예고하시면 두려워 떨지 않을 수 없다. 그가 장차 임하게 될 심판에 대한 사실을 말씀하시면 선지자들은 반드시 그것을 언약의 백성 가운데 예언해야만 한다. 그 모든 것들은 역사 가운데 이루어지게 되며, 악한 자들 위에 재앙이 임하면 어느 누구도 그 무서운 징벌을 막아낼 자가 없다.

선지자 아모스는 이에 관한 모든 사실을 언급하면서 하나님으로부터 임하게 될 이스라엘 왕국에 대한 심판을 선포하고 있다. 하나님께서는 또한 아모스에게 앗수르 왕국의 아스돗 요새와 애굽의 궁전에 사는 사람들에게 그 말씀을 선포하도록 하셨다. 그들로 하여금 사마리아의 산 위에 모여 이스라엘 왕국의 큰 혼란과 거기서 일어나는 모든 범죄 행위를 똑똑히 보라는 것이었다. 하나님을 알지 못하는 이방인들의 눈에도 저들이 가난한 자들에게 자행하는 억압과 학대 행위가 그대로 드러날 정도였던 것이다.

이처럼 언약의 자손이라 일컬어지는 자들 가운데서 하나님의 뜻을 멸시하는 악행이 저질러지고 있었다. 그것은 하나님께서 세우신 다윗 왕조를 이탈한 북 이스라엘 왕국의 궁궐에서부터 먼저 자행된 일이었다. 왕궁에서 권력을 누리는 자들이 사악한 이기심에 눈이 멀어 여호와 하나님을 두려워하지 않고 포학한 행동과 겁탈을 일삼고 있었다. 그런 자들은 하나님께서 원하시는 의로운 행위를 전혀 염두에 두지 않았다. 따라서 그들 앞에는 하나님의 무서운 심판이 놓여있을 수밖에 없었던 것이다.

4. 하나님의 진노(암3:11,12)

하나님께서는 언약의 백성임을 자처하는 배도자들의 악행을 보시며 결단코 그냥 좌시하지 않으신다. 그 사실이 선지자 아모스의 입술을 통해 백성들에게 그대로 선포되었다. 이스라엘 왕국 사방에는 포악한 적군들이 포진하고 있어서 이스라엘의 영역을 위협하며 그 세력을 약화시키게 되리라는 것이었다. 당시 이스라엘의 주변에는 앗수르와 애굽을 비롯한 강인한 군사력을 가진 여러 이방 나라들이 버티고 있었다. 그들이 움직이면 이스라엘의 경비망을 뚫고 침략하여 왕궁의 모든 것들을 약탈해 가게 된다.

그렇게 되면 하나님의 말씀에 불순종하는 자들에게는 근원적인 소망이 사라질 수밖에 없다. 그런 중에도 자비로운 하나님께서는 저들로부터 은혜를 완전히 거두어들이지 않으시리라는 사실을 언급하셨다. 그 백성들 가운데 일부 남은 자들을 외부의 악한 세력으로부터 구출해 내신다는 것이었다.

이는 하나님의 마음이 마치 양 치는 목자가 자기 양 떼에 대하여 가지는 마음과 같다는 사실에 연관되어 있다. 사나운 사자가 양을 물어 입으로 씹어 삼키려 할 때 목자는 사자와 싸워 그 입에 남은 양의 두 다리나 귀 조각이라도 건져내게 된다. 자기의 양이 사자의 입에 물린 상태를 보고 그것을 완전히 먹어 삼킬 때까지 바라보고만 있지 않는 것이다.

이와 같이 이스라엘 왕국을 통치하는 사마리아 성읍에서 호화로운 침대를 갖추고 생활을 하는 무리들 가운데 섞인 백성들 중 일부는 위기로부터 구출 받을 수 있다. 그것은 마치 침대 모서리와 안락의자의 다리조각만 겨우 남겨지는 것과 같은 형국이 된다. 완전히 폐허된 가운데 지극히 일부만 건져냄을 받게 될 것이기 때문이다.

이는 배도의 무리 가운데 뒤섞여 있는 이스라엘 민족의 남은 자들에 대한 구원의 말씀이다. 즉 하나님께서는 악한 범죄에 빠진 자들을 이방 왕국의 군대에 의해 패망하도록 내버려둘 것이지만 그중에 구출의 대상인 남은 자가 존재한다는 사실을 말해주고 있다. 그렇게 하여 소수라도 구원을 받게 되는 것은 전적으로 하나님의 놀라운 은혜에 기인한다.

5. 이스라엘 왕국에 대한 하나님의 심판 예언(암3:13-15)

하나님께서는 자신이 선포하는 말씀을 듣는 자들에게 그 내용을 야곱의 자손들에게 증거하라는 명령을 하셨다. 이스라엘 왕국에 속한 야곱의 자손들은 언약의 백성이었기 때문이다. 그 백성은 배도의 길에서 돌이켜 하나님의 말씀을 귀담아 들어야만 했다.

그 예언의 말씀을 듣고도 순종하지 않으면 하나님께서 이스라엘이 저지른 모든 죄를 보응하시게 된다. 심판의 날이 이르면 하나님께서 저들이 세운 벧엘의 제단들을 파괴하시고 그 단의 뿔들을 꺾어 땅에 내치신다. 이는 벧엘에 세워진 단은 백성들이 붙인 이름과 달리, 배도에 빠진 자들이 하나님의 성전과 무관하게 세운 우상의 처소이기 때문이다.

이스라엘 민족 가운데는 예루살렘 성전 이외에 다른 어떤 성전도 존재하지 않는다. 규례에 따라 마땅히 있어야 할 자리에 존재하는 제단 이외에 다른 곳에 설치된 모든 종교적인 제단들은 우상숭배의 목적을 지니게 될 따름이다. 북 이스라엘 왕국에 하나님의 성전과 제단이라며 만든 모든 종교 시설들은 여호와 하나님을 욕되게 하는 것에 지나지 않는다.

따라서 저들이 만든 제단의 외형적인 모양이나 그 가운데 사용되는 용어들은 예루살렘 성전의 것을 모방하고 있지만 실상은 이방인들의 종교에서 따온 것들일 따름이다. 그럼에도 불구하고 어리석은 백성들은 갖추어진 형식과 용어로 인해 그것이 여호와 하나님을 위하는 것인 양 착각하며 그곳에 제사를 지내는 행위를 되풀이하고 있었다. 하지만 그것은 여호와 하나님을 모독케 하는 가증스런 범죄행위에 지나지 않았다.

그러므로 여호와 하나님께서는 그 모든 죄악을 주도하는 핵심적인 위치에 있는 이스라엘 왕국의 궁궐을 패망시키시게 된다. 배도에 빠진 왕들이 호화로운 삶을 살아가며 권력을 누리는 곳인 겨울 별장과 여름 별장을 치신다. 그렇게 되면 상아로 꾸민 호화로운 궁궐들이 파멸되고 거대한 건물들이 완전히 파괴되어 사라져 버린다. 그것은 여호와 하나님의 예언이므로 장차 반드시 이루어지게 될 일이었다.

제4장

하나님의 경고를 무시하는
이스라엘 왕국의 기득권층
(암4:1-13)

1. 부(富)를 자랑하는 자들에 대한 심판(암4:1-3)

어리석은 자들은 진리와 더불어 살아가는 성실한 삶이 아니라 안락하고 풍요로운 삶을 유일한 목적으로 삼고 있다. 그들은 모든 일을 행함에 있어서 세속적인 성공을 추구하게 된다. 그러나 하나님의 언약의 자손들의 삶은 그래서는 안 된다. 모든 성도들은 하나님의 말씀에 온전히 순종하며 살아가야 하는 것이다.

선지자 아모스가 예언하던 당시 배도에 빠진 이스라엘 왕국은 하나님의 말씀을 철저히 무시하고 있었다. 특히 백성의 지도자들은 그 정도가 지나쳤다. 그러면서도 일반 백성들에게는 그것이 마치 하나님을 위한 것인 양 기만하는 태도를 보였다.

그러므로 여호와 하나님께서는 이스라엘 왕국의 기득권자들을 사마리아 산중에 거하는 바산(Bashan)의 암소들로 묘사하며 강하게 책망하고 있다. 자신의 배를 채우기 위해 하나님의 말씀을 귀담아 듣기를 거부하고 순종하지 않아서는 안 된다는 것이었다. 그들이 더러운 악행에서 돌이키지 않는다면 하나님께서 엄한 심판을 내리실 수밖에 없다.

바산의 살찐 암소들처럼 되어 있는 이스라엘 왕국의 지도자들은 힘없는 백성들을 학대하며 가난한 자들을 압제하는 것을 예사로 여겼다. 그 어려운 사람들을 자신의 목적을 위해 이용하고 저들의 적은 분량의 포도주마저 빼앗기 위해 혈안이 되어 있었다. 더구나 그들은 저들의 자존심을 짓밟으며 직접 포도주를 가져와 자기가 마실 수 있도록 해달라는 무모한 요구를 했다. 그 압제자들은 어려운 백성을 도와주고 보호해야 할 의무를 지닌 자들이었지만 정반대로 행하고 있었던 것이다.

그 모든 상황을 보고 계시는 여호와 하나님께서는 그 악행을 저지르는 자들을 심판하지 않을 수 없었다. 따라서 하나님은 자신의 거룩한 속성을 두고 맹세하셨다. 장차 때가 이르면 강력한 세력을 가진 군대가 출현하여 날카로운 갈고리로 저들을 끌어내고 그 남은 자들을 작살로 찍어내는 일이 발생하게 되리라는 것이었다.

그런 일이 발생하면 권세 있는 기득권자들은 무너진 성곽 사이를 비집고 들어가 위기를 피하려고 하지만 결국 하르몬(Harmon)에 내던져질 수밖에 없다. 그곳은 저들이 추구하던 것과는 정반대의 고통스런 상황이 전개되는 영역이다. 그들은 현재의 풍요로움을 추구하며 일시적인 만족감으로 살아가지만 결국 고통의 자리에 이르게 될 따름이다. 이는 율법을 멸시하는 자들의 악행에 대한 하나님의 무서운 심판을 예고하고 있다.

2. 잘못된 신앙이 제공하는 종교적인 만족(암4:4,5)

어리석은 자들 가운데는 타락한 이 세상에 살아가면서 비뚤어진 만족감을 누리는 것을 삶의 목적으로 삼는 자들이 많다. 그들이 평생 그렇게 살지는 못한다고 할지라도 자신의 권세를 동원하여 억지로 세상의 즐거움을 쟁취하고자 한다. 이는 욕망 추구를 통해 자신의 삶을 그럴듯하게 단장하는 자들이 가지는 특색이기도 하다.

그런 위선자들은 자신의 모습을 신앙적인 것인 양 꾸며 많은 사람들에게 드러내 보이기 위해 최선을 다한다. 실제로 성경에 따른 올바른 신앙을 소유한 것이 아니면서도 거짓 신앙을 도구로 삼아 어리석은 자들을 기만하는 것이다. 그들은 그와 같은 행동이 자기에게 현실적인 유익을 가져오게 된다는 사실을 경험을 통해 잘 알고 있다.

하지만 여호와 하나님은 인간들에 의해 기만당하시는 분이 아니며, 항상 저들의 사악한 행동을 보며 냉철하게 판단하고 계신다. 그럼에도 불구하고 배도자들은 이스라엘 왕국의 종교적 중심지인 벧엘(Bethel)로 올라가 저들이 세운 거짓 성전에서 허망한 신앙심을 드러내며 종교적인 활동을 하기 좋아했다. 또한 길갈(Gilgal)에 가서 종교 행위를 하는 가운데 저들의 죄를 차곡차곡 쌓아갔다. 그들은 아침마다 희생제물을 바치고 삼일마다 저들의 십일조를 바치며 추악한 신앙심을 드러내고 있었다.

하나님께서는 저들에게 누룩 넣은 떡을 불살라 수은제 곧 감사제(thank offering)로 드리며 자발적으로 제사하는 낙헌제(樂獻祭, freewill offerings)를 소리내어 광포해 보라고 말씀하셨다. 이는 율법을 떠나 형식적으로 드리는 제사는 하나님이 기뻐하지 않을 뿐더러 도리어 하나님을 모독하는 행위에 지나지 않는다는 사실을 강조하는 의미를 지니고 있었다. 그들 가운데는 그점을 뻔히 알면서 고의로 행하는 자들이 있는가 하면 배도자들에게 미혹되어 자신도 모르는 사이 잘못된 종교성에 물든 자들도 있었다.

문제는 저들이 알고 행하든 모르고 행하든 그 모든 행위는 하나님의 율법을 멸시하는 것으로서 여호와 하나님을 모독하는 행위가 된다는 사실이다. 그런데도 어리석은 이스라엘 자손들은 스스로 그와 같은 행위를 하면서 그것을 도리어 기뻐하고 즐거워하고 있었다. 이는 마치 출애굽한 이스

라엘 백성이 시내산 아래서 아론을 앞세워 금송아지를 만들어두고 종교적
인 축제를 벌이던 것과 유사한 상황이었다.

> "아론이 그들의 손에서 그 고리를 받아 부어서 각도로 새겨 송아지 형상
> 을 만드니 그들이 말하되 이스라엘아 이는 너희를 애굽 땅에서 인도하여 낸
> 너희 신이로다 하는지라 아론이 보고 그 앞에 단을 쌓고 이에 공포하여 가로
> 되 내일은 여호와의 절일이니라 하니 이튿날에 그들이 일찌기 일어나 번제
> 를 드리며 화목제를 드리고 앉아서 먹고 마시며 일어나서 뛰놀더라"(출
> 32:4-6)

언약의 자손들 가운데 어리석은 백성들은 여호와 하나님을 모독하고 신
앙에 반하는 행동을 하면서도 큰 착각에 빠져 있었다. 그들은 입술로 하나
님을 부르면서 성의를 다해 신앙생활을 하는 듯이 여겼지만 실상은 하나
님을 욕되게 하는 행위에 지나지 않았다. 아모스 시대에도 하나님으로 말
미암은 참된 기쁨이 아니라 자신의 잘못된 종교행위를 통해 현상적인 즐
거움을 취하는 자들이 많이 있었다.

이와 같은 왜곡된 양상은 이스라엘 역사 가운데 줄곧 있어왔다. 구약시
대뿐 아니라 신약시대에도 그런 식의 종교적인 악행은 어리석은 자들 가
운데 지속적으로 일어났다. 이는 오늘날도 끊임없이 발생하고 있는 현상
이기 때문에 지상 교회와 그에 속한 성도들은 정신을 바짝 차리지 않으면
안 된다.

3. 하나님의 심판을 두려워할 줄 모르는 백성들(암4:6-11)

(1) 기근을 통한 심판

하나님께서는 그동안 배도의 늪에 빠진 이스라엘 왕국의 모든 성읍에
식량의 고통에 연관된 메시지를 주셨다. 저들이 열심히 노동했음에도 불

구하고 먹을 것이 없도록 만드셨다. 그리하여 나라 안에서 양식을 구하기 어렵게 되었던 것이다. 하나님께서 그렇게 하신 것은 그 백성이 회개하고 자기에게 돌아오도록 하기 위해서였다.

뿐만 아니라 하나님께서는 추수를 석 달 앞둔 때 어떤 성읍에는 비가 내리도록 해주신 반면 다른 어떤 성읍에는 비를 내리지 못하게 하셨다. 나라 안에 있는 땅 한 지역에는 물이 풍부했던데 반해 다른 어떤 지역은 비가 내리지 않아 땅이 바짝 메마르게 되었다. 이는 물 부족으로 인해 농사가 제대로 되지 않아 기근에 처하게 됨과 동시에 심한 갈증에 시달리게 된다는 사실을 말해준다. 그렇게 되면 사람들은 생명을 연장하기 위해 비틀거리는 모습으로 다른 성읍으로 가보지만 근본적인 해결책이 되지 못한다.

뿐만 아니라 하나님께서는 농작물들 위에 잎마름병과 깜부기병을 내려서 저들을 치셨다. 또한 저들의 농장과 포도원을 황폐하게 만들었으며 메뚜기 떼로 하여금 무화과나무와 올리브나무를 삼켜버리도록 하셨다. 그럼에도 불구하고 이스라엘 왕국 사람들은 그 메시지를 성실하게 받아들이지 않았다.

물론 언약의 백성이라면 당연히 그 징계의 의미를 깨닫고 하나님 앞으로 돌아와야만 했다. 인간들은 자기 욕망대로 살아가고자 온갖 방법을 동원하지만 그것은 죽음을 향한 멸망의 길로 나아가는 것에 지나지 않는다. 참 생명은 타락한 이 세상이 아니라 오직 여호와 하나님께 달려 있을 따름이다. 따라서 우리는 언약의 자손들에게 내려진 모든 징계는 엄밀한 의미에서 볼 때 하나님의 은혜에 해당된다는 사실을 기억해야 할 필요가 있다.

(2) 생명에 연관된 심판

하나님께서 이스라엘 백성에게 식량으로 인한 엄한 징계를 내렸음에도 불구하고 반성의 기미를 보이지 않자 이번에는 신체에 관련된 징계와 생명의 심판을 내리셨다. 앞에 언급된 식량을 통한 징계는 사람의 신체나 생명을 직접적으로 해치는 것이 아니었다. 저들에게 아무런 반성과 회개의 기미가 없으므로 인해 저들의 몸을 징계의 대상으로 삼으셨던 것이다.

여호와 하나님께서는 과거 애굽인들에게 무서운 징벌을 내리셨던 것처럼 저들 가운데 염병이 돌게 하셨다. 또한 저들 가운데 젊은 청년들을 외국 군대의 칼에 의해 죽임을 당하도록 내버려두셨다. 뿐만 아니라 전쟁을 치르는 데 중요한 역할을 하는 말(馬)들이 적군에 의해 약탈당하게 하셨다.

그렇게 되자 이스라엘 왕국의 진지에는 시체 썩는 악취가 진동하여 코를 찔렀다. 그것은 더 이상 아무것도 기대할 수 없는 극한 상황에 이르게 되었음을 말해주고 있다. 그럼에도 불구하고 참된 진리에 대한 감정이 철저히 무디어진 배도자들은 끝내 여호와 하나님께로 돌아오기를 거부했다.

그 모든 상황을 지켜보신 하나님께서는 저들의 성읍들을 파괴하셨다. 마치 범죄에 빠진 소돔과 고모라에 대하여 그랬던 것처럼 이스라엘 왕국의 성읍을 무너뜨리신 것이다. 그 결과 이스라엘 왕국은 뜨거운 불 가운데서 끄집어낸 타다가 남은 나무 조각같이 되어버렸다. 그들은 최악의 경우에 처하게 되었지만 끝내 여호와 하나님께로 돌아가기를 거부했다. 그리하여 하나님께서는 저들의 완악한 태도에 대하여 강한 경고의 메시지를 보내셨던 것이다.

4. 유일한 소망이신 여호와 하나님(암4:12,13)

여호와 하나님은 사랑과 은혜의 하나님이다. 그는 언약의 백성들이 타락의 늪에 빠져 허우적거릴 때도 저들에게 구원의 메시지를 전하셨다. 배도의 길을 걸어가는 이스라엘 왕국에 속한 자들에게도 그와 같은 사랑의 마음을 보여주셨던 것이다.

하지만 하나님의 진리를 거부하고 떠난 상태에서 배도의 삶을 거두지 않는다면 하나님께서 더 큰 심판을 내리시게 된다. 언약에 속한 백성이라면 하나님의 간절한 요청을 듣게 될 때 그 악한 길에서 돌이켜야만 한다. 그들이 끝까지 하나님의 말씀에 불순종한다면 그 모든 무서운 징계를 더 하게 될 것이기 때문이다.

그러므로 여호와 하나님께서는 언약의 백성을 향해 '하나님 만나기를 예비하라' (암4:12)는 말씀을 하셨다. 그는 우주만물을 창조하신 전능하신 분으로 참 생명의 근원이 되신다. 그가 지구 위의 모든 산들을 지으셨으며 눈에 보이지 않는 바람도 그가 지으셨다. 그 하나님께서 배도자들에 대한 엄중한 심판의 뜻을 이미 사람들에게 계시해 보이셨던 것이다.

장차 만군의 하나님 여호와께서 자신의 뜻을 저버린 자들을 심판하실 때가 이르면 환하게 밝아야 할 낮이 어둡게 되며 땅의 높은 곳을 자기 발아래 두시게 된다. 이는 그가 세상의 모든 것들을 심판하시고 자기 백성들을 파멸로부터 구원하실 것에 연관되어 있다. 따라서 선지자 아모스를 통해 예언된 그 말씀이 언약의 백성들에게 진정한 소망이 될 수 있었던 것이다.

제5장

이스라엘 백성이 부를 '애가' 와
하나님의 심판 예언
(암5:1-27)

1. 하나님의 심판과 '애가' (哀歌) (암5:1-3)

하나님께서는 이스라엘 족속에게 깊은 슬픔에 잠긴 상황에서 읊조리게 될 애가를 지어주셨다. 이는 그들이 장차 엄청난 고통과 괴로움에 빠지게 되리라는 사실을 말해주고 있다. 그렇게 되면 그들은 슬픈 애가를 부를 수밖에 없게 된다. 하나님은 이제 저들에게 애가로 지은 그 말씀을 들으라고 하셨다.

배도에 빠진 이스라엘 왕국은 땅에 엎드러지게 되면 다시 일어나지 못하게 된다. 선지자 아모스는 그 왕국을 '처녀 이스라엘' 로 묘사하고 있다. 이는 장차 남편이 될 자를 위해 순결을 지켜야 할 처녀가 그동안 외간 남자와 아무렇게나 간음을 저질러 왔음을 말해주고 있다. 하나님은 이스라엘 백성을 사랑하셨지만 이스라엘은 하나님을 버리고 이방신들과 더러운 간음을 일삼았던 것이다.

그러므로 그 추악한 왕국이 자기 땅에서 쓰러져 넘어지게 되었음에도 불구하고 그를 일으켜 세워줄 사람이 아무도 없다. 일시적인 욕망을 추구하며 즐거움을 누리고자 했지만 그 결국은 비참한 상태에 이르게 되는 것이다. 이 말은 배도자들에게 더 이상 아무런 소망이 없다는 사실을 말해주고 있다. 따라서 그들은 슬픈 애가를 부르며 고통에 빠져들게 된다.

여호와 하나님께서는 장차 이스라엘 백성 가운데 전쟁을 치르기 위하여 천 명의 군사가 출전하던 성읍에 백 명만 남게 되고 백 명이 출전하던 성읍에는 열 명만 남게 되리라는 말씀을 하셨다. 이는 한때 막강한 병력을 갖추고 견고한 세력을 갖춘 것같이 보였지만 조만간 완전히 쇠락하게 되리라는 사실을 말해주고 있다. 그것은 이스라엘 민족에 대한 강력한 경고가 되었지만 그들은 그 말씀을 귀담아 듣기를 거부했다.

2. '여호와를 찾으라 그리하면 살리라' (암5:4-6)

여호와 하나님께서는 이스라엘 백성을 향해, "너희는 나를 찾으라 그리하면 살리라"(암5:4)고 말씀하셨다. 슬픔과 고통에 빠진 자들이 하나님을 찾아 그에게 의지하지 않고는 생명을 구할 길이 없다. 어리석은 백성들은 세상에서의 안락한 삶을 추구하며 온갖 노력을 기울이지만 그 모든 것들은 허사에 지나지 않는다. 특히 하나님의 말씀을 떠난 종교적인 행위는 파멸을 자초하게 될 따름이다.

그러므로 하나님께서는 이스라엘 백성들에게 벧엘(Bethel)을 찾지 말며 길갈(Gilgal)로 들어가지 말며 브엘세바(Beersheba)로도 나아가지 말라고 당부하셨다. 하지만 어리석은 자들은 그곳으로 가면 하나님을 열성적으로 섬길 수 있고 안전한 삶을 보장받을 수 있을 것처럼 여겼다. 그와 같은 어리석은 태도는 허망한 행동일 뿐 아니라 저들을 더욱 어려운 궁지로 몰아넣게 될 따름이다.

따라서 하나님께서는 백성들을 향해 자기를 진심으로 찾는 것이 유일한 생명의 길이 된다는 사실을 말씀하셨다. 하나님을 찾아 의지하는 것 이외에 생명을 보장받을 수 있는 다른 방편은 존재하지 않는다는 것이다. 오히려 다른 길을 찾아나서는 자들은 저들의 종교적인 열정에도 불구하고 하나님을 멸시하는 자리에 서게 되는 것과 마찬가지다.

하나님께서는 언약의 자손으로서 그와 같은 배도행위를 되풀이하는 자들을 엄중히 심판하신다. 그렇게 되면 그가 이스라엘 왕국 즉 그 나라의 대표자격인 장자(長子) 요셉(대상5:1)의 집에 불같은 진노와 재앙을 내리시게 된다는 것이다. 그와 같은 상황에 이르게 되면 그 무서운 불을 끌 자가 아무도 없다. 오직 여호와 하나님만이 자기 자녀들을 위해 영원한 구원의 손길을 펼칠 수 있는 것이다.

3. 하나님의 율법과 공의를 버린 자들(암5:7-10)

배도에 빠진 인간들은 여호와 하나님의 말씀을 귀담아 듣기를 거부한다. 그들은 죄에 물든 이성과 경험에 따른 자기 판단에 의존하게 될 따름이다. 그렇게 하여 그들은 공의(justice)를 버려 쓰디쓴 쑥처럼 만들어버리고 하나님의 의(righteousness)를 땅에 팽개치고 짓밟아 뭉개버린다. 그런 자들은 자기의 욕망을 추구할 뿐 하나님의 뜻에는 아무런 관심을 기울이지 않는다.

그러므로 여호와 하나님께서는 언약의 백성들에게 자신을 찾으라는 요구를 하셨다. 그는 '묘성과 삼성'(the Pleiades and Orion)을 만드신 창조주시다. 또한 깜깜한 어두움을 새벽 여명으로 바꾸시며 환하게 밝은 낮을 밤이 되도록 하시는 분이다. 이는 날마다 어김 없이 되풀이하여 발생하는 일로서 모든 인간들이 직접 보고 체험하고 있는 것이다.

또한 여호와 하나님은 바닷물을 넘치도록 하여 지면에 쏟아 부으시는 권능을 소유하고 계신다. 그는 바다에 쓰나미 같은 현상을 일으켜 일반적인 자연 현상을 뒤바꾸는 재해를 일으키기도 하신다. 인간들로서는 결코 감당할 수 없는 그런 일들을 하나님께서는 전능하신 능력으로 행하시게 된다. 그는 죄악을 엄히 심판하시는 분으로서 모든 것이 제한적인 인간으로서는 상상조차 할 수 없는 두려운 분이다.

그 하나님은 입술로 언약의 백성이라 자칭하면서 실제로는 배도에 빠진 자들을 엄히 심판하신다. 그들은 스스로 강한 듯이 자랑하지만 하나님 앞에서는 아무것도 아닌 미물에 지나지 않는다. 하나님의 무서운 심판이 갑자기 저들에게 임하게 되면 견고한 산성도 일순간에 무너져 완전히 폐허가 될 수밖에 없다.

이는 백성의 무리가 여호와 하나님을 버리고 그 곁을 떠난 것에 기인한다. 그들은 성문에서 공개적으로 죄를 책망하는 공의로운 자들을 미워하고 정직하게 행하고 말하는 자들을 싫어하여 저들의 말에 귀를 기울이지 않고 도리어 강하게 거부한다. 이는 그들이 선지자들의 입술을 통해 선포되는 예언의 말씀에 귀를 막고 욕망에 따라 살아가면서 잘못된 인생의 의미를 찾고 있다는 사실을 말해주고 있다.

4. 악한 때와 하나님의 심판(암5:11-13)

언약의 범주 가운데 존재하면서 더러운 악을 행하는 자들은 하나님의 이름을 핑계대며 자기의 개인적인 욕망을 추구하기에 급급하다. 그들은 가난한 자들을 짓밟고 저들이 애써 농사지어 놓은 곡물들을 각종 세금의 명목을 붙여 약탈해간다. 기득권층에 속해 있는 자들은 다듬은 돌들로써 자기를 위하여 훌륭한 석조 건물을 짓게 되지만 그 안에서 평온한 삶을 누리지는 못한다. 또한 아름다운 포도원을 일구어 열심히 농사를 짓는다고 해도 그로부터 나오는 달콤한 포도주를 마실 수 없다.

그들은 자기의 부유한 삶을 확보하기 위해 모든 노력을 기울이지만 그것들은 다른 사람들의 소유가 될 뿐 자신을 위해 사용할 수 있는 것은 아무것도 없게 된다. 결국 그들의 모든 관심과 고생은 헛된 노력이 되고 마는 것이다. 그럼에도 불구하고 어리석은 현실주의자들은 그에 대한 깨달음이 전혀 없다.

여호와 하나님께서는 저들의 모든 허물과 중한 죄악을 빠짐없이 낱낱이 다 알고 계신다. 그들은 남 보기에 성공하여 그럴듯하게 보이지만 실상은 전혀 그렇지 않다. 그들은 이기적인 욕망으로 인해 의로운 자들을 학대하며 뇌물을 받는 것과 부당한 일을 행하는 것을 예사로 여긴다. 그리하여 법정에서 힘없고 가난한 자들을 억울하게 만들기 위해 온갖 노력을 기울인다.

우리가 여기서 기억해야만 할 보다 심각한 문제는 소위 지혜롭다고 인정받는 자들이 불의한 상황을 눈앞에 목격하면서도 입을 다물고 잠잠하다는 사실이다. 하나님의 예언을 소유한 선지자들조차도 기득권자들로부터 철저히 무시당하는 것을 보며 침묵하는 것이다. 이처럼 사악한 시대에는 하나님을 진정으로 경외하는 그런 자들이 높임을 받는 것이 아니라 도리어 배도자들에 의해 심한 위축을 당하게 된다.

5. 선을 행하고 공의를 세워야 할 언약의 백성(암5:14-17)

하나님께서는 이스라엘 백성을 향해 항상 선을 추구하는 가운데 악을 행하지 말라고 촉구하셨다. 하나님의 말씀에 온전히 순종하면 그가 저들과 항상 함께하신다는 약속을 주셨다. 그럼에도 불구하고 배도에 빠진 기득권자들은 자신의 욕망을 채우기 위해 하나님의 율법을 멸시하고 있었다.

한편 악행을 저지르는 배도자들은 하나님을 무시하는 자리에 앉아 있으면서도 하나님이 저들과 함께하시기를 원한다는 이중적 감정을 품고 있었다. 그것은 하나님을 진정으로 위한 것이 아니라 그를 이용해 개인적인 욕망을 추구하는 방편으로 삼고자 하는 것에 지나지 않는다. 즉 그들은 나쁜 동기로 하나님이 자기와 함께하기를 원했지만, 사랑의 하나님께서는 저들이 회개하고 돌아옴으로써 저들과 함께하시기를 원하셨던 것이다.

하나님이 진정으로 바라시는 것은 언약의 백성과 그 지도자들이 악을 미워하고 선을 사랑하며 성문 앞에서 열리는 법정에서 공의를 세우는 것이었다. 그들이 율법의 말씀을 듣고 그에 순종한다면 만군의 하나님께서 그 마음을 돌이켜 이스라엘 왕국에 속한 장자 요셉의 남은 자들을 긍휼히 여기시게 된다. 하지만 그 백성이 죄악을 뉘우치지 않고 악행을 되풀이한다면 저들에게 파멸이 따를 뿐 아무런 소망이 없다.

그러므로 만군의 하나님 여호와께서 저들에게 말씀하시기를 장차 이스라엘 왕국의 모든 광장에서 통곡소리가 나며 거리마다 탄식소리가 터지게 된다고 하셨다. 그리고 농부들을 불러 모아 울음을 터트리게 하며 전문적인 울음꾼들을 동원해 통곡하게 하리라는 말씀을 하셨다. 뿐만 아니라 포도원에서 일하던 자들도 애곡하게 된다. 이는 언약의 백성들에게 아무런 소망이 남아 있지 않다는 사실을 말해준다.

이처럼 이스라엘 왕국에 속한 모든 백성들이 자신에게 진정한 소망이 끊어진 것으로 인하여 울음을 그칠 수 없게 된다. 또한 이기심으로 가득 찬 영악한 자들은 가짜 울음을 동원해서라도 하나님의 긍휼을 바라며 저들의 비애를 드러내 보이려고 애쓴다. 그렇게 해서 저들의 탄식 소리가 하나님께 상달되어 그 고통이 멈추어지기를 바라는 나름대로 간절하지만 왜곡된 심성을 가지고 있었던 것이다.

거룩한 하나님께서 죄악이 가득한 성읍이나 마을을 지나가게 되면 그 죄악이 하나도 숨겨질 수 없이 그대로 드러나게 된다. 어리석은 배도자들은 하나님이 마치 저들 가운데로 지나지 않을 것처럼 여기며 되풀이하여 악행을 저지르고 있다. 그러나 하나님께서는 저들 가운데로 지나시며 그 거룩성으로 인해 저들의 모든 죄악을 만천하에 드러내며 심판하시게 된다는 것이었다.

6. 잘못된 신앙심으로 여호와의 날을 사모하는 자들(암5:18-20)

어리석은 자들은 배도에 빠져 있으면서도 그점을 전혀 인식하지 못하고 있는 경우가 많다. 그들은 자신의 모든 삶이 하나님으로 말미암은 것이거나 하나님을 위한 것인 양 여겨 당당하게 여기기까지 한다. 주변에 있는 어리석은 자들의 그와 같은 사고를 답습하고 거짓 종교인들의 유혹에 빠져들게 되면 그렇게 되기 십상이다.

그런 사람들은 하나님의 율법을 벗어난 채 자기 나름대로 '여호와의 날'을 사모하며 살아간다. 그 날은 저들에게 무서운 심판의 날이 될 것이었지만 그들은 그 날이 마치 자기를 위한 소망의 날이라도 될 것처럼 착각하고 있는 것이다. 그와 같은 왜곡되고 잘못된 신앙심이 저들에게 종교적인 만족감을 제공하고 있기 때문이다.

하나님께서는 잘못된 종교적인 신념을 가지고 왜곡된 태도로 '여호와의 날'을 사모하는 자들을 강하게 책망하셨다. 그날은 저들이 기대하는 환하게 밝은 빛이 비쳐지는 것이 아니라 짙은 흑암이 뒤덮이게 된다. 따라서 배도의 길에 서 있는 자들은 막상 그 날이 이르게 되면 엄청난 충격을 받을 수밖에 없을 것이 분명하다.

그 날이 이르게 되면 사람들이 무서운 사자를 피하다가 사나운 곰을 만나는 것과 같은 끔찍한 상황에 처하게 될 것이며, 위태로운 상황에서 집 안으로 피신해 들어가서 손을 벽에 대었다가 독사에게 물리는 것과 같은 형국이 된다. 이는 그들이 세상에서의 삶이 힘들다는 점을 생각하며 더 나은 다음 세계를 원하고 있지만 저들에게는 그런 안식의 나라가 아니라 무서운 고통의 세계가 임하게 된다는 사실을 말해주고 있다.

하나님께서는 배도에 빠진 이스라엘 왕국을 향해 그점을 강조하셨다. 장차 여호와의 날이 임하게 되면 악한 자들에게는 빛이 전혀 없으므로 어둡고 캄캄하여 소망이 없는 심판의 날이 된다. 하나님의 자녀들에게는 그 날이 빛과 소망의 날이 되겠지만 악한 자들에게는 전혀 그렇지 않다는 것이다.

7. 하나님이 싫어하는 절기, 성회, 제사, 제물, 노래, 악기소리(암 5:21-23)

이기심에 빠진 종교인들 가운데는 스스로 하나님을 열성적으로 섬긴다고 착각하는 자들이 많다. 그들은 절기를 열심히 지키고 성회에 부지런히 참가하기를 좋아한다. 그 사람들은 정성을 다해 번제와 소제와 화목제를 드리기도 한다. 또한 그들은 각종 악기를 동원하여 열심히 노래를 부르면서 그것이 마치 신앙적인 삶인 양 생각하고 있다.

그러나 하나님께서는 그런 자들의 제사를 비롯한 모든 신앙행위를 미워하고 경멸하신다. 아모스서에는 그에 관한 기록이 명확하게 나타나고 있다. 그와 같은 종교 행위는 인간의 의도와는 달리 하나님을 모독하는 가증한 행위에 지나지 않는다는 것이다. 따라서 하나님께서는 그와 같은 행동을 즉각 중단하라는 요구를 하셨다.

이에 대해서는 오늘날 우리 역시 매우 신중하게 받아들여야 한다. 우리가 생각할 때 열정적으로 종교적인 활동을 하고 큰 소리로 노래를 부르며 즐겁게 춤을 춘다고 할지라도 그것이 도리어 하나님께 욕이 되는 행위가 될 수 있다는 사실을 기억하지 않으면 안 된다. 성숙한 성도들은 계시된 하나님의 말씀을 살피는 가운데 항상 이에 대한 올바른 이해를 하고 있어야만 하는 것이다.

8. 하나님의 공의와 심판(암5:24-27)

여호와 하나님께서는 언약의 자손들에게 공의(justice)를 하수같이 의(righteousness)를 강같이 넘치게 하라는 말씀을 하셨다. 부정과 비리, 부패가 자리잡지 못하도록 해야 한다는 사실에 연관되어 있다. 하나님을 진정으로 경외하는 백성들이라면 마땅히 그렇게 해야만 한다. 하지만 배도에 빠진 무리는 진리를 외면한 채 그렇게 하지 않았다.

하나님은 배도에 빠진 백성들을 책망하시면서 과거 이스라엘 자손이 사십 년 동안 시내 광야에 거주할 때 하나님께 동물을 통한 희생 제물과 곡물을 통한 소제물을 온전히 드리지 않았던 사실을 언급하셨다. 우리가 여기서 눈여겨봐야 할 점은 이미 수백 년 전에 있었던 과거의 일들을 두고 그 책임을 당시 백성들에게 돌리셨다는 사실이다. 이는 매우 중요한 의미를 시사하고 있다. 언약에 속한 조상들이 하나님 앞에서 범죄한 것을 그 후손들의 것으로 돌리고 있기 때문이다.

이에 대해서는 오늘날 우리도 그 교훈을 받아 마음속 깊이 새겨야만 한다. 조상들의 범죄 행위로 말미암은 부정한 유산이 우리 가운데 그대로 남아 있을지 모르기 때문이다. 따라서 우리는 앞서 살아간 신앙의 선배들의 잘못된 행위를 부끄러워할 줄 아는 자세를 가져야만 한다. 이와 동시에 우리는 자손들에게 악한 것을 상속하지 않도록 해야 하며, 그렇게 하기 위한 최선의 노력을 기울여야만 한다.

또한 하나님께서는 이스라엘 자손이 장차 이방인의 노예가 되어 그들처럼 이방신을 섬기게 되리라는 사실을 언급하셨다. 그때가 이르면 손으로 만든 신상과 별들을 마치 신처럼 우상으로 받들게 된다는 것이었다. 그들은 식굿(Sikkuth) 곧 몰록(Moloch) 신상들을 세워 통치자라도 되는 양 왕으로 떠받들 것이며 일월성신(日月星辰) 가운데 하나인 기윤(Kiyyun)의 신상들을 몸에서 떼지 않은 채 어깨에 메고 다니기를 좋아한다. 그들은 결국 여호와 하나님을 버리고 이방 신들을 받아들여 우상들을 만들어 그것을 섬기는 저주에 빠지게 된다.

이처럼 하나님께서는 배도에 빠진 그 백성들을 엄히 심판하시리라는 언급을 하셨다. 그들을 이방 지역인 다메섹 밖으로 사로잡혀 가게 하시리라는 것이었다. 이는 저들에게는 매우 생소한 멀리 떨어진 땅으로 포로가 되어 사로잡혀 가도록 하시겠다는 의미를 지니고 있다. 이는 이스라엘 왕국이 앗수르 제국에 의해 패망 당하게 될 사실에 연관된 예언으로 이해할 수 있다.

제6장

헛된 꿈을 꾸며 즐거워하는 자들의
패망에 관한 예언
(암6:1-14)

1. 사악한 지도자들(암6:1,2)

하나님을 두려워하지 않는 오만한 자들의 특색은 앞뒤 가리지 않고 자기의 욕망 채우기에 급급하다는 점이다. 그런 자들은 자기에게 유익이 된다고 판단되면 수단과 방법을 가리지 않는다. 그렇게 해서 부유한 삶을 누리게 되면 그것을 사람들 앞에서 큰 자랑으로 내세운다. 순박하고 어리석은 자들은 그것을 보고 부러워하며 저들의 자랑을 마치 하나님의 은총인 양 여기게 된다.

그렇지만 여호와 하나님께서는 결코 저들에게 기만당하지 않으신다. 사악한 자들은 어리석은 사람들을 기만할 수 있을지언정 감히 하나님을 속일 수는 없다. 그럼에도 불구하고 그들은 하나님을 속이며 돈이나 재물을 뇌물로 삼아 하나님 앞에 바치기를 게을리 하지 않는다. 그와 같은 역겨운 행동을 통해 하나님을 구슬리고자 하는 것이다.

이에 대해서는 오늘날 우리 역시 깊은 주의를 기울여야 한다. 우리 시대 어리석은 교인들 가운데는 많은 액수의 연보를 하며 자랑으로 삼기도 하지만 자칫 잘못하면 그것이 뇌물처럼 여겨질 수 있기 때문이다. 어떤 자들은 그것을 개인의 복락을 위한 투자로 여기기도 한다. 그것을 통해 더 많은 것들을 얻고자 하는 욕망을 가지는 것이다. 그러나 그와 같은 태도나 행동은 결코 온전한 것이라 말할 수 없다.

아모스 선지자가 예언할 당시 백성들의 마음을 꿰뚫어 보시는 하나님은 시온에서 안일하게 살아가며 사마리아에서 마음 편하게 지내며 백성들 가운데 유명하여 인기를 누리는 자들에게 저주의 말씀을 선포하셨다. 이는 일반 백성들에게는 여간 충격적인 일이 아닐 수 없었다. 이스라엘의 많은 백성이 그동안 저들의 종교적인 행위를 보며 훌륭한 신앙을 지닌 지도자로 알고 순종해 왔기 때문이다.

하지만 하나님께서는 그 지도자들을 강하게 책망하셨다. 저들에게 갈레(Calneh)로 건너가고 거기서 큰 하맛(great Hamath)으로 가고 또한 그곳을 지나 블레셋 사람들의 가드(Gath)로 내려가 보라고 말씀하셨다. 그 지역들은 남북 이스라엘의 두 왕국보다 못하다는 것이었다. 그리고 저들의 영토가 가나안 땅보다 넓지 않다고 언급하셨다.

언약의 왕국의 땅이 그 정도라면 기득권층에 있는 자들이 약자의 것을 탈취하고 부당한 행위를 하지 않아도 백성들과 더불어 살아갈 수 있었다. 하지만 배도자들은 자신의 욕망을 채우기 위해 가난한 자들의 것을 빼앗는 행위를 되풀이했다. 하나님께서는 이스라엘의 지도 계층에 있는 자들에게 그에 관한 강한 경고의 메시지를 주셨던 것이다.

2. 세상 복락의 허망함(암6:3-7)

하나님을 떠난 사악한 자들은 국가가 처한 위기의 상황을 감추기에 급급했다. 나라가 패망의 길에 들어서 있음에도 불구하고 아무 일 없을 것이라며 순박한 백성들을 기만했던 것이다. 그들은 어리석은 자들을 안심시키며 오히려 더 큰 거짓말을 만들어냈다. 그런 자들은 재앙의 날이 눈앞에 닥쳐오는 것을 목격하면서도 그것을 인정하려고 하지 않았다. 하지만 하나님께 저항하며 언약의 백성들을 유린하는 자들은 자신의 악행으로 인해 무서운 심판의 날을 앞당기게 될 따름이었다.

나쁜 지도자들은 나라가 극한 위기에 처해 있음에도 불구하고 고급 상아로 된 침상 위에서 뒹굴고 화려한 보료 위에서 기지개를 켜며 호화로운 생활을 포기하지 않았다. 즉 기득권층에 속한 사람들은 가난한 백성들의 도탄에 빠져 고통스러워하는 삶을 철저히 외면하고 있었던 것이다. 그들은 양 떼 가운데서 어린 양을 골라서 잡아먹고 외양간에서 잡은 송아지 고기를 먹으며 인생을 즐기려고 했다.

뿐만 아니라 그들은 비파를 비롯한 다양한 악기들을 동원하여 제 멋에 흥겨워 헛된 노래를 부르기를 좋아했다. 그 사람들은 마치 악기를 연주하는 다윗이라도 된 듯 착각하며 노래를 부르며 즐겼다. 당시 그들은 아마도 시편을 노래했을 것으로 보인다. 하지만 입술로는 시편을 주절거렸지만 실상은 하나님을 욕되게 하는 가증스런 행위에 지나지 않았다.

이는 현대 교회들이 주의를 기울여 생각해 보아야 할 중요한 문제이다. 타락한 교회와 교인들은 온갖 악기들을 동원하여 즐거운 마음으로 종교적인 음악을 연주하며 성악을 하기도 하지만 그것 자체로서는 아무런 의미가 없다. 또한 계시된 말씀을 통한 신앙의 본질이 갖추어지지 않은 불신의 상태에서 시편을 노래부르면서 그것 자체를 의미화하려는 행위 또한 바람직한 것으로 볼 수 없다.

또한 당시 배도에 빠진 이스라엘 백성의 지도자들은 아름다운 고급 술잔으로 달콤한 포도주를 마시며 귀한 향유를 몸에 바르면서 인생을 누리고자 했다. 그들은 그런 식으로 한 평생 살아가는 것을 인생의 최대의 목

표인 양 여기고 있었다. 그런 가운데서 종교 지도자들은 패망을 앞 둔 이스라엘을 대표하는 야곱의 장자(長子) 요셉 집안에 대해서는 아무런 관심을 기울이지 않았다.

그와 같은 한심한 삶을 누리던 자들은 결국 이방인에 의해 사로잡혀 가게 된다. 장차 고난의 길을 가게 될 많은 백성들 가운데 그들이 가장 먼저 포로로 잡혀가게 되는 것이다. 그렇게 되면 맛있는 고기를 먹고 값비싼 포도주를 마시며 다양한 악기를 연주하면서 즐거운 노래를 부르던 자들의 떠드는 소리가 멈출 수밖에 없다. 오늘날 극도로 세속화된 교회 가운데 살아가는 우리 시대에도 성숙한 성도들은 그에 연관된 소중한 교훈을 얻을 수 있어야만 한다.

3. 하나님께서 가장 싫어하고 미워하시는 것(암6:8-10)

만군의 하나님 여호와께서는 위기를 앞둔 이스라엘 백성을 향해 경고하셨다. 그는 야곱의 영광을 싫어하며 저들의 호화로운 궁궐과 저택을 경멸하신다는 것이다. 그 지도자들은 가난한 백성들에게 돌아가야 할 가장 기본적인 것들마저 착취하면서 자기의 부를 축적하기에 열중했기 때문이다.

그러므로 하나님은 거룩한 존재인 자신을 두고 이스라엘 왕국을 반드시 패망시키시리라는 맹세를 하셨다. 그가 저들의 성들과 성 안에 있는 모든 것들을 이방 지역에서 쳐들어 온 대적에게 넘겨주시리라는 것이었다. 이는 장차 앗수르 제국이 침공하여 저들을 완전히 패망시키게 될 것에 대한 경고의 말씀이었다.

그때가 이르게 되면 한 집에 열 사람이 남아 있다고 할지라도 결국 모두가 다 목숨을 잃게 된다. 그러면 죽은 사람을 위해 장사 지내기 위해 친척이 와서 그 시체를 집 밖으로 끌어 내가게 된다. 그때 거기 숨어있는 어떤 사람에게 아직 집 안에 산 자가 있는지 물어보고 아무도 남아있지 않다는 답변을 듣게 되면 모든 것이 끝난 상황임을 드러내 보여준다. 이는 하나님을 떠난 이스라엘 왕국이 겪게 될 비극에 관한 예언이다.

그런 위기의 상황이 이르게 되면 그 친척이 저에게 잠잠하기를 요구하며 더 이상 여호와의 이름을 부르지 못할 것이란 사실을 말하게 된다. 이는 모든 것을 포기할 수밖에 없다는 의미를 지니고 있다. 즉 이방인들의 침략으로 인해 패망의 짙은 그림자가 드리워진 이스라엘 백성에게 더 이상 아무런 소망이 없다는 것이다.

4. 하나님의 심판 경고(암6:11-14)

여호와 하나님께서는 머지않은 장래에 이스라엘 왕국에 엄중한 심판을 내리신다. 그렇게 되면 큰 집이 공격을 받아 완전히 파괴되며 작은 집들도 허물어지게 된다. 하나님의 말씀을 버리고 그에 불순종하던 자들이 파멸에 이르게 되는 것이다.

그로 말미암아 이스라엘 왕국은 외부 세력을 방어할 수 있는 능력을 상실할 뿐 아니라 더 이상 역공을 가하지 못한다. 또한 전투를 위해 먼 길을 달려가야 할 말들이 제 역할을 감당할 수 없게 된다. 그와 같은 상황에서는 이방인들에게 속수무책으로 당할 수밖에 없다. 그것은 저들에게 하나님의 심판이 임하고 있음을 말해준다.

또한 그때가 이르게 되면 소가 힘이 없어 밭을 갈지 못한다. 이는 곡물을 재배하기 어려워진다는 사실을 말해주고 있다. 농사일에 충실하지 못하면 사람들이 먹고 살아갈 양식이 부족해 심한 기근에 빠지게 된다. 그런 상황에서는 거민들의 민심이 흉흉해지고 서로간 신뢰가 사라져 심각한 사회적인 문제가 야기될 수밖에 없다.

그 절체절명(絶體絶命)의 위기 가운데서도 사악한 지도자들은 자기 욕망을 버리지 않는다. 그들은 하나님의 공의를 무시하여 그것을 도리어 독약처럼 만들고 하나님의 뜻에 따라 맺어져야 할 의의 열매를 마치 쓴 쓸개처럼 만들어 버린다. 그 배도자들은 눈앞에 놓인 허무한 것들을 기뻐하며 즐거워하기에 급급하다. 그들은 자신의 욕망을 채우기 위해 온갖 부정과 비리를 제멋대로 저지르게 되는 것이다.

그런 사람들은 아무런 의미 없는 허망한 것들을 추구하면서 자신의 힘으로 모든 것을 쟁취한 듯 자랑거리로 삼기를 좋아한다. 그것은 하나님과 그의 백성을 모욕하는 것에 지나지 않지만 그에 연관된 의미에 대해서는 아무런 관심이 없다. 그들은 자기의 악행에 대하여 아무런 인식조차 하지 못하고 있기 때문이다.

그러므로 하나님께서는 장차 '한 나라'를 일으켜 이스라엘 왕국을 치도록 할 것이라는 말씀을 하셨다. 그 나라가 하맛 아귀에서 아라바 시내까지 이르러 언약의 백성을 심하게 학대하리라는 것이었다. 이는 앗수르 제국을 일으켜 저들을 침략케 함으로써 심판을 행하시고자 하는 하나님의 뜻을 보여주고 있다.

제7장

이스라엘 왕국에 대한
하나님의 심판 선언과 환상
(암7:1-17)

1. 하나님의 메뚜기 심판 계획과 돌이키심(암7:1-3)

하나님께서는 선지자 아모스에게 몇 가지 특별한 환상들을 보여주셨다. 처음 환상은 왕에게 바칠 곡식을 추수한 다음에 움이 돋아 두 번째 곡식이 자라나기 시작하는 광경이었다. 그 환상 가운데서 하나님이 메뚜기 떼를 일으키시는 것을 보게 되었다. 그 메뚜기들이 밭에서 자라나는 곡식 이삭을 모조리 먹어버렸다.

그 광경을 보게 된 아모스는 하나님께 간구했다. '주 여호와여, 주의 백성을 용서해주십시오. 야곱의 자손이 나약하여 생존하지 못할 것입니다"(암7:2). 선지자는 그것이 하나님의 심판이라는 사실을 잘 알고 있었다. 그가 본 환상대로 메뚜기 떼가 몰려와 심한 기근이 찾아오게 된다면 어느 누구도 살아남지 못하리라는 점을 깨닫고 있었던 것이다.

하나님께서는 아모스의 간절한 기도를 듣고 난 후 그에게 응답하셨다.

환상에서 보인 그 끔찍한 심판을 잠시 동안 보류해 주시겠노라는 것이었다. 그것은 이스라엘 민족이 저들의 죄를 깨달아 알고 하나님 앞에서 진심으로 뉘우치고 회개한다면 기꺼이 용서하시리라는 의미를 담고 있었다.

하나님께서 저들을 즉각 심판하시지 않는 것은 선지자가 이스라엘 민족을 대표하여 민족의 죄악을 뉘우치는 마음으로 하나님께 간구하는 성격을 지니고 있었기 때문이다. 우리가 여기서 눈여겨보아야 할 점은 아모스가 하나님에 대한 범죄를 직접 저지른 것이 아니었다는 사실이다. 하지만 그는 마치 자기가 그 죄악을 저지른 듯이 민족적인 입장에서 하나님의 용서를 구하며 심판을 거두어주시도록 간구했다.

우리는 여기서 매우 중요한 의미를 발견하게 된다. 우리 시대에도 지역 교회에 속한 성도들은 설령 자기가 직접 특별한 범죄에 가담하지 않았다고 할지라도 교회의 집단적 성격의 죄를 회개하며 하나님 앞에서 용서를 빌 수 있어야 한다. 거룩해야 할 교회 공동체 가운데서는 모든 성도들이 함께 그에 대한 공동 책임의식을 가져야 하기 때문이다. 특히 교회의 교사인 목사는 그에 대한 분명한 자세를 취하지 않으면 안 된다.

이에 대해서는 가정에서 발생하는 어떤 문제와 견주어 생각해 볼 수 있다. 예를 들어, 어떤 집의 아이가 남의 집 자식을 해코지 했다면 그 부모가 피해자와 그 가족에게 용서를 구해야 하는 것과 같다. 또한 자기 자식이 돌멩이로 남의 집 유리창을 깨뜨렸다면 그 부모가 피해자의 집을 찾아가 잘못을 빌게 된다. 자기 자식이 그렇게 한 것일 뿐 부모인 자기가 직접 잘못한 것이 아니기 때문에 아무런 책임이 없다고 주장할 수 없는 것이다.

이처럼 선지자 아모스가 하나님 앞에서 이스라엘 민족의 잘못을 뉘우치는 자세로 간절히 구하자 하나님은 그 죄를 용서해 주시고자 했다. 그러므로 하나님께서는 저들에게 내리고자 한 징벌을 내리지 않으시기로 작정하셨던 것이다. 하나님의 자녀들은 이에 대한 의미를 올바르게 이해할 수 있어야만 한다.

2. 불 심판에 대한 환상과 철회 시사(암7:4-6)

하나님께서는 아모스에게 또 다른 환상을 보여주셨다. 여호와 하나님께서 무서운 불로써 이스라엘 왕국을 멸망시키는 광경이었다. 그의 눈앞에는 큰 불이 나서 거대한 바다를 삼키고 육지까지 뒤덮으려는 모습이 보였다. 그렇게 되면 이스라엘 왕국과 그 안에 거하는 백성들은 살아남을 수 없게 된다.

그것을 목격한 아모스는 하나님께 간구하기를 야곱 자손이 연약하기 때문에 그 무서운 심판을 견딜 수 없다는 사실을 고했다. 이는 앞에서 하나님께 기도한 내용과 동일한 입장에서 하나님께 간구하는 의미를 지니고 있었다. 물론 아모스는 단순히 이스라엘 민족 자체를 구해달라는 의미를 넘어 그 민족을 통해 메시아가 강림하게 되리라는 사실을 염두에 두고 있었던 것으로 이해해야 한다.

아모스의 간절한 기도를 들은 하나님께서는 이번에도 그 벌을 내리시지 않으리라는 말씀을 하셨다. 선지자가 이스라엘 왕국의 죄를 깨닫고 겸손한 자세로 간구했을 때 하나님께서 기꺼이 그에 응답하셨던 것이다. 우리는 그 진행 과정을 보며 하나님은 자기 자녀들을 위해 참고 인내하시는 분이라는 사실을 알게 된다.

3. 이스라엘 왕국에 대한 하나님의 다림줄 심판 작정(암7:7-9)

여호와 하나님께서는 선지자 아모스에게 또 다른 환상을 하나 더 보여주셨다. 그것은 다림줄을 이용하여 쌓아올린 높은 담과 그 곁에서 다림줄을 잡고 계시는 주님의 모습이었다. 이는 그 담이 대충 쌓아올린 것이 아니라 정확한 계측을 기초로 하여 지은 것이란 사실을 말해주고 있다. 그리고 그 담이 훼손되지 않은 채로 잘 보존하기 위해 그 상태를 확인하고자 하는 하나님의 사역을 보여주고 있다.

하나님께서는 아모스에게 그가 지금 눈앞에서 무엇을 보고 있는지 물어보셨다. 그러자 아모스는 주님의 손에 들려 있는 다림줄을 보고 있다는 사실을 말씀드렸다. 아모스의 주된 관심을 끄는 것은 하나님의 다림줄이었으며 그것으로 성벽을 정확하게 측량하려는 하나님의 의도였다.

아모스의 답변을 들으신 하나님은 그 다림줄로 이스라엘 왕국의 모든 것을 다시금 척량하시리라는 말씀을 하셨다. 그는 이미 백성들 가운데 다림줄을 드리워 두었으니 그 기준으로부터 벗어나게 되면 다시는 용서하지 않으시겠다는 사실을 말씀하셨다. 그때가 되면 반드시 심판하시리라는 것이었다.

당시 이스라엘 왕국에는 언약의 자손들 가운데 이방 종교 사상을 받아들인 자들이 많았다. 그들은 여기저기 참람한 산당들을 만들어 두었으며 하나님의 뜻을 벗어난 더러운 가짜 성소를 만들어 놓고 사악한 종교 행위를 되풀이하고 있었다. 하나님께서는 저들이 열정적으로 섬기는 그 모든 산당들과 더러운 성소들을 훼파하시리라는 말씀을 하셨다. 이는 하나님께서 친히 일어나 다윗 왕국을 배신한 여로보암이 세운 북 이스라엘 왕국을 치시리라는 사실을 말해주고 있다.

4. 악한 세력과 싸움(암7:10-17)

선지자 아모스가 하나님의 말씀을 예언하자 이스라엘 백성 가운데는 시기 질투하는 자들이 많이 생겨났다. 그들 가운데는 단순한 시기심을 넘어 그를 민족 반역자로 몰아가는 자들도 있었다. 그와 같은 상황은 선지자에게 있어서 생명을 담보로 한 신앙투쟁을 할 수밖에 없다는 사실을 말해주고 있다.

당시 벧엘에 세워져 있던 배도자들의 신전에서 제사장 역할을 하던 아마샤는 아모스의 예언을 가장 못마땅하게 여긴 인물들 가운데 한 사람이었다. 따라서 그는 여로보암 2세 왕에게 아모스를 고발했다. 그가 백성들에게 하나님의 심판을 언급하며 이스라엘 왕에 대한 반역 행위를 일삼고 있다는 것이었다. 그것은 일반 백성들의 용기를 꺾는 말이기 때문에 도저히 용납할 수 없다는 것이다. 아모스가 주장하는 그 예언이 이스라엘 왕국에 전혀 도움이 되지 않는다고 여겼던 것이다.

그러므로 아마샤는 여로보암 2세 왕에게 아모스의 죄상을 낱낱이 고해 바쳤다. 그는 이스라엘 왕국의 여로보암 왕이 원수의 칼에 맞아 죽게 되리라는 끔찍한 말을 했다는 것이다. 뿐만 아니라 이스라엘 민족은 이방 군대의 침략에 의해 패망당하고 결국은 많은 백성들이 포로가 되어 이방 지역으로 사로잡혀 간다고 했다는 것이었다.

물론 아모스가 전하는 하나님의 말씀은 이스라엘 백성 가운데 신앙이 없는 자들의 사기를 꺾는 말이 되기에 충분했다. 그와 같은 말을 듣게 되면 모든 백성들이 실의에 빠지기 쉽다. 따라서 그의 말은 이방 왕국을 위한 이적행위가 될지도 모르는 일이었다. 이처럼 이스라엘의 거짓 선지자들은 하나님의 뜻을 생각지 않고 오직 스스로 세운 기준에 따른 자기 욕망에만 충실했을 따름이다.

그러므로 거짓 선지자 아마샤는 참 선지자 아모스를 찾아가 위협하기에 이르렀다. "아모스야, 너는 유다 땅으로 도망하여 가서 거기서나 떡을 먹으며 거기서나 예언하고 다시는 벧엘에서 예언하지 말라. 이는 왕의 성소요 왕의 궁임이니라"(암7:12,13). 그 말을 들은 아모스는, 자기는 선지자가 아니며 선지자의 아들도 아니고 단지 양을 치는 목자에 지나지 않으며 뽕나무를 배양하는 농부라고 말했다.

우리는 우선 아마샤가 아모스에게 이스라엘 왕국과 벧엘을 떠나라고 요구한 사실에 관한 의미를 생각해 보아야 한다. 아마샤는 그에게 이스라엘 왕국과 왕을 모독하지 말라는 강력한 경고를 하고 있다. 계속 그런 식으로 백성을 혼란스럽게 한다면 결코 그냥 두지 않겠다는 것이었다. 우리는 이를 통해 당시 실의에 빠진 이스라엘 백성들의 혼란스런 형편을 충분히 짐작할 수 있다.

한편 아모스는 본문 가운데서 자기가 평범한 인물일 뿐 특별한 선지자가 아니라는 사실을 강조했다. 그는 이스라엘 왕국에서 직분적 지위를 가진 유능한 인물이 아니었다. 그는 드고아의 목자로서 선지자가 아니라고 말한 것은 당시 그가 체계를 갖춘 성경연구나 신학공부를 하지 않은 것을 두고 하는 말로 이해할 수 있다.

구약시대에는 선지자 학교가 있었다. 엘리야, 엘리사 시대에는 그 학교가 매우 활발했던 것으로 보인다.10) 그것은 선지자로서 특별한 자격증을 얻게 되는 훈련이라기보다 하나님의 말씀을 집중적으로 공부하는 학교로 이해해야 한다. 이는 나중 서기관 곧 율법사의 사역과 연관되는 것으로 여겨진다. 하나님께서 특별히 세운 선지자는 공적인 활동을 할 경우에는 완벽한 사역자의 성격을 지니고 있었다. 즉 선지자가 기록계시를 받거나 공적으로 말씀을 선포할 때는 그것이 완전한 계시가 된다.

그렇지만 여호와 하나님은 외적으로 높이 인정받는 신분을 소유한 사람들을 통해서만 자신의 말씀을 예언하시는 분이 아니다. 하나님께서는 아모스가 들에서 양떼를 칠 때 그를 데려다가 이스라엘 백성에게 예언하라는 명령을 내리셨다. 이는 그 당시 아모스가 전혀 기대하지 못하고 있을 때 부르심을 받았다는 사실을 말해준다. 하나님께서 아모스를 부르신 것은, 그로 하여금 이스라엘을 향해 하나님의 말씀을 선포하고 이삭의 집을 향해 경계의 말씀을 전하도록 하기 위해서였다.

그러므로 여호와 하나님께서는 그것을 가로막는 아마샤에게 저주의 심

---

10) 엘리사 시대에는 각 지역에 생도들이 있었다. 당시에 벧엘과 여리고에 선지자의 생도들이 있었음을 말해주고 있다(왕하2:3-18, 참조). 아모스는 그와 같은 생도들에게 속한 자가 아니었던 것이다.

판을 선포하셨다. 그의 아내는 장차 성읍 가운데서 몸을 파는 창기가 될 것이며 그의 자녀들은 칼에 엎드려 죽게 되리라는 것이었다. 또한 그의 땅은 남들이 측량하여 나누어 가질 것이며 그는 이방의 생소한 지역으로 끌려가 거기서 죽게 된다. 그리고 이스라엘 왕국의 백성들은 이방의 포로가 되어 그 본토에서 떠나가게 된다. 이는 장차 도래하게 될 이스라엘 왕국의 처참한 패망을 예언하고 있는 것이다.

제8장

임박한 심판 예언
(암8:1-14)

1. 하나님께서 보여주신 특별한 환상과 심판(암8:1-3)

하나님께서는 또한 선지자 아모스에게 다 익은 여름 실과 한 광주리를 보여주셨다. 그러면서 그에게 무엇을 보고 있느냐고 물으셨다. 그러자 아모스는 여름 실과 한 광주리를 보고 있다는 사실을 말씀드렸다. 그 답변을 들은 하나님께서는 이제 곧 언약의 백성 이스라엘의 끝이 이르렀다고 하셨다.

본문에 언급된 '여름 실과' 란 그 자체가 모든 것을 다 수확한 후의 마지막 추수 열매와 연관되어 있다. 이는 이스라엘의 독특한 기후 조건으로 인한 것이었다. 선지자는 이스라엘 왕국이 광주리에 담긴 마지막 익은 과일처럼 이방 왕국에 의해 최종적으로 사로잡혀 가게 된다고 했다. 이는 왕국의 종말이 가까워온 사실에 대한 예언적 의미를 지니고 있다.

하나님께서는 이제 그와 같은 때가 이르면 다시는 그 나라를 용서하지 않으시리라는 점을 시사하셨다. 그 날이 이르게 되면 왕이 거하는 궁전의 즐거운 노래 소리가 슬픈 애곡으로 변하게 된다. 또한 사람들의 시체가 여기저기 내동댕이쳐진다. 이는 이스라엘 왕국이 완전히 패망하게 될 것에 대한 예언이다. 그럼에도 불구하고 어리석고 미련한 자들은 그 상황을 제대로 인식하지 못하고 있었다.

2. 사악한 자들의 이기적인 궁리(암8:4-6)

이스라엘 왕국의 지도자들 가운데는 개인적인 욕망을 채우기 위해 노력을 기울이는 이기주의자들이 많이 있었다. 그런 자들은 자신의 목적을 달성하고자 가난한 자들을 삼키고 힘이 없어 나약한 자들을 패망케 하는 행동을 대수롭지 않게 여긴다. 하나님께서는 그들에게 자신의 말을 귀담아 들으라고 요구하셨다.

그들은 매월 초하루에 시행되는 월삭이나 매주 돌아오는 안식일의 율법적인 의미에 그다지 관심을 두지 않았다. 그들은 매매가 금지된 그 날들이 속히 지나가고 곡식과 밀을 팔아 부를 축적할 수 있는 때가 이르게 되는 데만 관심을 기울였다. 그런 자들은 곡식의 양을 정하는 에바(ephah) 곧 '되'는 작게 하며 무게를 다는 세겔(shekel) 곧 '추'는 크게 만들고 가짜 저울을 만들어 다른 사람들을 속이고자 했다.

기득권층에 속한 사람들은 또한 얼마 되지 않은 액수의 돈으로 힘없는 자들을 사고자 했으며 신 한 켤레 값에 지나지 않는 적은 돈으로 가난한 자들을 사려고 했다. 또한 밀 찌꺼기조차도 가난한 이웃을 위해 나누어 줄 생각을 하지 않은 채 돈을 받고 팔아먹으려 했다. 그들은 자신의 이익을 추구하면서 어렵고 힘들게 살아가는 이웃의 삶에 대해서는 아무런 관심을 기울이지 않았던 것이다.

3. 헛된 종교 활동에 대한 심판(암8:7-10)

여호와 하나님께서는 야곱이 자랑으로 여기는 자신의 거룩한 이름을 걸고 맹세하셨다. 그가 저들의 모든 행동을 결코 잊지 않으리라는 것이었다. 배도에 빠진 자들은 남모르게 짓는 자신의 죄악을 아무도 모를 것처럼 생각하지만 하나님께서는 절대로 그것을 용납하지 않으신다. 거룩하신 하나님은 더러운 죄악을 반드시 심판하시게 되는 것이다.

하나님의 무서운 심판이 임하게 되면 온 땅이 두려움에 떨 것이며 그 가운데 살아가는 거민들이 애통하게 된다. 땅은 강물이 넘치는 것처럼 솟아오르고 애굽의 나일강처럼 울렁이다가 낮아진다. 이는 지진으로 인한 액상화(液狀化) 현상과 더불어 상상을 초월하는 엄청난 변화가 일어난다는 사실을 말해주고 있다. 그 말씀은 마지막 심판날과 연관되는 예언으로 보인다.

하나님께서는 그 날이 되면 대낮에 해가 지게 할 것이며 한낮에 땅이 캄캄하게 되리라고 말씀하셨다. 그렇게 되면 저들이 지키는 모든 절기들은 기쁨이 아니라 애통으로 가득 차게 되며 저들의 모든 노래는 슬픈 애곡으로 변하게 된다. 그때는 즐거움이 완전히 사라지고 고통과 괴로움의 날이 되는 것이다.

그러므로 모든 사람들은 굵은 베로 허리를 동여매고 모두 머리를 밀어 대머리처럼 된다. 그리고 하나밖에 없는 외아들의 죽음으로 인해 애통하는 부모처럼 깊은 슬픔에 잠기게 된다. 그 마지막 날은 하나님을 외면한 모든 자들에게 쓰라린 고통의 날이 되는 것이다.

4. 하나님의 말씀에 대한 기갈 현상(암8:11-13)

인간에게 있어서 가장 처참한 상태는 하나님과의 관계가 단절된 삶이다. 생명의 근원이신 하나님으로부터 떨어진다는 것은 생명의 상실을 의미하고 있다. 인간이 하나님과 교제를 지속할 수 있는 방편은 계시된 말씀과 성령의 사역에 근거하여 살아가는 것이다. 이는 오늘날 공 예배 시간에 선포되는 하나님의 말씀과 성례, 시편찬송과 기도로 나타나게 된다.

하지만 악한 시대에는 인간들이 하나님의 말씀을 멀리한다. 배도에 빠진 자들은 그 말씀을 자신의 목적을 위한 방편으로 이용하고자 할 뿐 그것을 통해 하나님의 음성을 들으려하지 않는다. 그런 자들은 하나님의 말씀을 귀담아 듣고자 하는 자들을 박해할 뿐 아니라 하나님을 무시하는 행위를 되풀이한다.

여호와 하나님께서는 장차 이를 처참한 상황에 대한 말씀을 하셨다. “보라 날이 이를찌라 내가 기근을 땅에 보내리니 양식이 없어 주림이 아니며 물이 없어 갈함이 아니요 여호와의 말씀을 듣지 못한 기갈이라”(암8:11). 인간들에게 가장 불행한 일은 하나님의 말씀이 사라지거나 그것을 멀리하며 거기에 관심을 두지 않는 것이다.

하나님의 심판의 때가 이르면 배도자들로 말미암아 하나님의 말씀을 듣지 못하는 기근이 임하게 된다. 백성들은 양식이 없어서 굶주리거나 물이 없어서 목말라 하는 것이 아니라 하나님의 말씀을 듣지 못하는 기근을 경험하게 된다. 이것은 하나님의 경륜에 따른 심판에 연관되어 있다.

그 때가 이르면 사람들이 온 세상을 방황하며 배회하게 된다. 분주하게 살아가는 자들이 바다와 바다를 잇는 온 지구상의 동서 사방을 원래의 맑은 정신을 상실한 채 제멋대로 돌아다니며 하나님의 말씀을 구하려고 하지만 그것을 얻지 못한다. 그 날이 되면 아름다움을 자랑하는 처녀들이나 힘이 왕성한 젊은 청년들이 하나같이 말씀의 기근으로 인해 영적인 피곤에 처하게 된다.

이 말씀은 마치 오늘날 우리 시대를 보는 듯하다. 지구상에 수많은 교회들이 존재하고 그 교회를 찾아 가는 자들이 많지만 그 가운데는 마땅히 있어야 할 하나님의 말씀이 없는 경우가 태반이다. 하나님으로부터 계시된 말씀을 선포하고 가르쳐야 할 교회의 교사들이 그 교훈을 뒤로한 채 하나님의 뜻과 상관없는 개인의 종교적인 주장을 펼치기에 급급하기 때문이다. 이처럼 우리 시대의 많은 교인들은 말씀의 기근으로 인해 심각한 고통을 당하고 있다.

5. 헛된 맹세(암8:14)

이스라엘 왕국은 배도에 빠져 여호와 하나님을 버렸다. 그럼에도 불구하고 그들은 항상 여호와 하나님의 이름을 입술에 떠올리고 다녔다. 즉 형식적으로 하나님을 부르면서 내면적 실상으로는 이방 종교의 사마리아 여신을 따르고 의존하기를 좋아했다.

그들은 이방신을 가리켜 맹세하기를 주저하지 않았다. 배도에 빠진 자들은 단(Dan)의 신전에 있는 신을 가리켜 맹세하고 브엘세바(Beersheba)의 신으로 맹세하기를 되풀이했다. 언약의 백성임에도 불구하고 그들은 이방신들을 풍요를 베풀어주는 신으로 받아들였기 때문이다.

선지자 아모스가 예언하던 당시 이스라엘 왕국에는 다양한 이방신들이 혼합된 상태로 존재하고 있었다. 언약의 백성 중에는 사마리아의 여신 '아시마' 와 브엘세바의 신 '도드' 를 섬기는 자들이 많았다.11) 그 전부터 이미 이스라엘 왕국에는 바알과 아세라 신들이 숭앙받고 있는 실정이었다. 선지자 엘리야와 엘리사는 그에 대해 강력하게 저항하며 싸웠었다. 그런 이방 종교 사상이 아모스가 예언할 당시까지 크게 영향을 미쳤을 것은 분명하다.

그와 같이 이방신들을 두고 맹세하는 배도자들은 결국 엎드려져 쓰러지게 된다. 그들은 번영을 위해 이방신들에게 맹세하며 숭배했지만 그 궁극

---

11) 한글 '공동번역 성경' 본문, 참조.

적인 결과는 정반대였다. 따라서 그들이 넘어지게 되면 다시 일어나지 못하게 된다는 것이었다. 지혜로운 백성들은 이 말씀을 알아들은 반면 어리석은 자들은 전혀 그렇지 못했다.

제9장

엄중한 심판과 이스라엘의 회복
(암9:1-15)

1. 성전으로부터 시작되는 철저한 심판(암9:1-4)

아모스는 하나님께서 성전 제단 곁에 서신 것을 보았다. 그는 기둥머리를 쳐서 문지방이 움직이게 하며 그것으로 부서져서 무리의 머리에 떨어지게 하라고 명하셨다. 그렇게 될 때 저들 가운데 살아남은 자가 있다면 칼로 살육하리라는 말씀을 덧붙이셨다.

그렇게 되면 그 가운데 단 한 사람도 피하거나 도망치지 못한다. 그들이 땅을 파고 깊은 곳으로 숨어 들어갈지라도 하나님의 손이 거기서 끄집어내신다. 그리고 하늘 높이 올라간다고 해도 하나님께서는 저들을 그곳으로부터 끌어내리신다. 또한 갈멜산 꼭대기에 숨을지라도 하나님은 거기서 찾아낼 것이며 하나님의 눈을 피하여 바다 밑에 숨는다면 뱀을 보내 그를 물게 하실 것이다.

설령 그들이 적군의 손에 의해 사로잡혀 갈지라도 하나님께서 저들을 칼에 맞아 죽도록 하신다. 이는 하나님이 직접 저들을 심판하시리라는 사실을 말해주고 있다. 하나님께서는 항상 그 배도자들을 주시하며 복을 내리는 대신 무서운 재앙을 내리시게 된다.

2. 하나님의 위엄과 승리(암9:5,6)

하나님은 말씀으로 우주만물을 창조하신 분이다. 그에게 반기를 들고 거부하는 자들은 어느 누구도 무서운 심판을 면하지 못한다. 전능하신 하나님께서 땅에 손을 대면 즉시 녹아버리게 된다. 그렇게 되면 거기 거하는 모든 인간들은 슬피 울며 애곡할 수밖에 없다.

또한 하나님은 온 땅으로 하여금 마치 강물이 넘치는 것처럼 솟아오르게 하시며, 애굽의 나일강처럼 범람했다가 다시 낮아지게 하시는 분이다. 이는 땅에 지진이 일어나거나 화산폭발과 같은 일이 발생하게 될 것에 대한 예언이다. 하나님께서는 그런 자연 현상을 통해 인간들에게서 은혜를 거두어 가시게 되는 것이다.

하나님은 자신의 거룩한 성전을 천상의 나라에 두시는 분이며 궁창의 기초를 땅에 두시는 분이다. 또한 바닷물을 불러 쓰나미처럼 온 지면에 쏟으시기도 한다. 이 모든 것은 오직 전능하신 여호와 하나님 홀로 하실 수 있는 일이다. 따라서 인간들은 당연히 그 하나님을 알고 그의 말씀에 순종해야만 한다.

3. 심판: 알곡과 가라지 구별(암9:7-9)

하나님께서는 이스라엘 백성들에게 엄중한 경고의 말씀을 주셨다. 거룩한 하나님 앞에서 언약을 소유한 이스라엘 자손이 이방인들인 구스 곧 에디오피아 족속과 마찬가지라는 것이었다. 이는 하나님께서 특별히 택하신 백성이 이방 백성들과 전혀 다를 바 없이 되어 버렸음을 말하고 있다.

하나님은 이스라엘 민족을 애굽으로부터 인도해 내신 것처럼 블레셋 사람들과 아람 사람들도 원래의 곳에서 다른 지역으로 옮기셨다. 블레셋 사람들은 갑돌(Caphtor) 곧 크레테(Crete)에서 이주했으며 시리아 사람들은 길(Kir) 지역에서 이주한 자들이다. 이는 하나님의 백성들 주변에 거하는 이방 백성들은 하나님의 원대한 경륜 가운데 들어 있다는 사실을 말해주고 있다.

언약의 백성들이 가나안 땅으로 올라온 곳은 아브라함에게 주어진 하나님의 언약에 연관된 것으로 다른 이방 족속들의 경우와는 근본적으로 다르다. 이방인들은 이주를 통해 새로운 지역의 원주민과 문화와 습성을 혼합하는 것이 이상스럽지 않다. 하지만 이스라엘의 경우는 그와 전혀 다르다. 그럼에도 불구하고 배도에 빠진 언약의 자손들은 하나님의 율법을 버리고 이방인들과 다르지 않은 동일한 자세를 취하고 있었다.

그로 말미암아 하나님께서는 범죄한 이방 나라들을 주시하여 저들을 지면에서 멸절시키리라는 말씀을 하셨다. 배도에 빠진 이스라엘 백성도 결코 예외가 될 수 없었다. 그러나 야곱의 집안에 대해서는 저들을 완전히 멸망시키지 않고 그 남은 자들에게 구원을 베풀어 주신다고 하셨다. 이는 이스라엘 왕국을 멸망시킬지라도 남쪽 유다 왕국을 보존하시리라는 의미를 포함하고 있는 것으로 보아야 한다. 그 가운데서 장차 하나님의 왕국을 위하여 메시아가 오실 것이기 때문이다.

또한 하나님께서는 모든 민족 가운데서 이스라엘 백성을 곡식을 체질하듯이 걸러내어 구별하시리라는 뜻을 밝히셨다. 그리하여 선택받은 참 이스라엘 자손들에 대해서는 그 가운데 한 알갱이도 땅에 떨어지지 않게 하신다고 말씀하셨다. 그들은 그 과정 가운데서 더욱 정결한 모습으로 나아오게 되는 것이다.

4. 하나님의 심판을 피하고 남은 자들(암9:10-12)

어리석은 자들은 하나님의 뜻을 멀리하면서 스스로 정립한 주관적인 신앙을 가지고 살아간다. 그들은 하나님께 대항하면서도 마치 하나님의 보호를 받을 수 있을 것처럼 여긴다. 이는 특히 남쪽 유다 왕국 백성들에게 해당되는 예언으로 보인다. 이스라엘 자손들 가운데는 절대로 심각한 재앙이 임하지 않을 것이며 저들에게 그 위험한 영향이 미치지 않을 것이라 주장하는 자들은 하나님의 무서운 심판을 면치 못한다. 그들은 하나님의 경륜에 의해 원수의 칼날에 의해 죽임을 당하게 되는 것이다.

그러나 하나님 앞에 겸손하여 저들의 죄를 깨달아 알고 뉘우치는 자들에 대해서는 하나님께서 큰 긍휼을 베푸신다. 하나님께서는 심판 날에 다윗의 무너진 장막을 일으키고 그 부서진 틈을 수리하며 그 허물어진 것을 일으켜서 원래처럼 다시금 세우신다는 것이었다. 이는 남쪽 유다 왕국의 회복에 연관된 말씀으로 이해해야 한다.

하나님께서는 이스라엘 백성으로 하여금 에돔 족속의 남은 자들과 하나님의 이름으로 일컬어지는 모든 민족을 다스리게 하신다. 이는 하나님의 말씀이 이방인들에게도 선포되어 그 가운데 하나님의 자녀들이 존재한다는 사실을 말해주고 있다. 그 모든 것은 하나님의 놀라운 섭리와 경륜 가운데 이루어지게 될 일이었다.

5. 포로에서 귀환과 회복 약속(암9:13-15)

하나님께서는 궁극적으로 언약의 자손들에게 놀라운 은혜를 베풀어 주시리라는 사실을 언급하셨다. 그것은 절망에 빠진 겸손한 성도들에게는 희망의 메시지가 아닐 수 없었다. 하나님께서 말씀하시기를, 추수가 끝나면 곧 땅을 갈아야 하고 포도를 짜는 시기가 끝나면 곧 씨 뿌리는 계절이

오게 된다고 하셨다. 그렇게 되면 산에서는 새 포도주가 흘러내리고 언덕마다 무르익은 곡식이 물결치게 된다.

하나님께서는 언약의 백성인 이스라엘이 그 사로잡힌 상태로부터 돌이키실 것이며, 저희가 황무한 성읍을 건축하고 거기에 거하도록 하신다. 그들은 또한 포도원에 포도를 심고 달콤한 포도주를 마시며 과수원을 만들고 거기서 나온 싱싱한 과일들을 먹게 된다. 그들은 하나님의 은혜로 말미암아 풍요로운 삶을 회복하게 되는 것이다.

하나님께서는 그 백성을 다시금 가나안 본토에 심으실 것이며 하나님께서 허락하신 땅에서 다시 뽑히지 않게 하리라고 말씀하셨다. 이 말씀은 나중 이스라엘 민족이 바벨론의 포로로 잡혀갔다가 페르시아 시대에 본토로 귀환하는 것에 연관된 것으로 이해해야 한다.

그 때가 이르려면 아직 오랜 세월이 흘러야 하지만 장차 그 일은 반드시 이루어지게 된다. 이스라엘 민족이 바벨론에 포로로 잡혀갔다가 다시 귀환하게 되었을 때 언약의 자손들은 아모스를 통해 주어진 이 예언의 말씀을 통해 심판과 회복의 과정을 보며 하나님의 역사하심을 직접 목격하게 되었을 것이다.

이는 물론 그 이후의 전 기독교 역사 가운데서도 그 의미가 드러나게 된다. 또한 그것은 예수 그리스도께서 이 땅에 오셔서 행하신 모든 사역과 하나님 나라와 지상 교회의 설립에 연관되어 있다. 나아가 궁극적으로는 예수님의 재림에도 이 예언의 말씀이 적용되는 것으로 받아들일 수 있다.

오바댜서

〈목 차〉

서 문

오바댜서는 에돔 족속을 향해 주어진 하나님의 계시이다. 그러나 우리가 주의 깊게 깨달아야 할 점은 에돔 족속이 그 말씀을 들었다기보다 오히려 이를 통해 이스라엘 백성이 그 말씀을 듣고 교훈을 받았다는 사실이다. 진정한 언약에서 벗어난 에돔 족속이 하나님께서 보내신 오바댜 선지자의 경고를 들어 받아들일 리 만무하기 때문이다.

따라서 우리는 에돔에 대한 하나님의 말씀은 일차적으로 이스라엘 민족을 위해 계시된 것으로 이해해야 한다. 나아가 그 중심에는 예루살렘 성과 더불어 거룩한 하나님의 성전이 존재한다는 사실을 기억하지 않으면 안 된다. 하나님께서는 창세전에 작정하신 모든 일들을 완성하시기 위해 자신의 뜻에 저항하는 모든 인간들을 엄중하게 심판하시리라는 사실을 계시하셨던 것이다.

에돔 족속은 여호와 하나님에 대한 지식이 전혀 없는 순수 이방족속과는 성격이 다르다. 그들은 육신적으로 아브라함과 이삭의 혈통을 이어받고 있었다. 그 족속의 시조인 에서는 이삭의 아들이자 야곱의 쌍둥이 형으로서 광의(廣義)의 언약적 범주 가운데 존재한 인물이었다. 그러나 그는 하나님으로부터 구원의 은총을 입지 못하고 야곱의 반대편에 서 있었다.

에돔 족속은 저들의 조상 에서와 마찬가지로 이스라엘 민족 주변에 맴

돌면서 하나님의 뜻에 저항했다. 그것을 위해 그들은 이방 종족들을 끌어 모으는 일에 앞장섰다. 에서의 후손들은 스스로 정당성을 내세웠으나 그 것은 하나님께 저항하는 오만하기 짝이 없는 행동이었다. 결국 하나님께 서는 예루살렘과 그 안에 있는 하나님의 성전을 파괴하려는 에돔 족속을 심판하시게 된다.

오바댜서에서는 그에 관한 구체적인 사정을 기록해 보여주고 있다. 본 문에 나타나는 일차적인 의미는 예루살렘을 공격하는 에돔 족속에 해당되 는 내용으로서 이스라엘 백성들이 깨달아 적용해야 한다. 그렇지만 그 가 운데는 하나님의 궁극적인 심판에 관한 메시지가 들어 있다. 우리는 그에 대한 전반적인 의미를 간과해서는 안 된다.

제1장

에돔을 향한 여호와 하나님의 말씀
(옵1-9)

1. 오바댜의 묵시: 시대적 배경(옵1)

선지자 오바댜가 어느 시대에 하나님의 계시를 받아 활동했던 인물이었
는가에 대해서는 일반적으로 두 가지 다른 견해가 있다. 하나는 솔로몬 왕
이후 이스라엘 왕국이 분열된 지 그리 오래지 않은 때인 유다 왕 여호람[12]
이 통치하던 시대가 오바댜 선지자의 활동 시기였을 것이라는 주장이며,
다른 하나는 BC586년 바벨론 왕국에 의해 이스라엘이 패망 당하던 시기일

---

12) 여호람은 유대왕 여호사밧의 맏아들로서 왕위를 계승했다(왕하 8:16). 그는
   북 이스라엘 왕국 아합 왕의 딸 아달야를 아내로 취하고 그녀가 섬기는 우상
   을 섬기며 악을 행했으며 왕위를 보존할 목적으로 다른 왕자들인 동생들을
   무참하게 죽였다. 그로 인해 에돔과 립나 지역 사람들이 그로부터 등을 돌렸
   으며(왕하8:20,21;대하21:8-10), 블레셋과 아라비아인들이 침입해 왕궁의 재
   물과 처자를 포로로 잡아 갔다. 결국 여호아하스만 남겨둔 채 자신은 창자에
   불치의 병이 걸려 죽었다. 그는 열왕들의 묘실에 장사되지 못했다(대상
   21:16-20).

것이라는 견해이다. 양 쪽 모두 중요한 근거로 삼는 것은 예루살렘이 에돔 족속으로부터 공격당하는 내용이 본문 가운데 나타나고 있기 때문이다.

물론 우리는 그 시기를 단정적으로 못 박을 수 없다. 그럼에도 불구하고 필자의 견해로는 전체적인 맥락을 살펴볼 때 남북 이스라엘이 분열된 지 오래되지 않은 시기로 보는 것이 타당할 것으로 여긴다. 그 시기는 선지자 엘리야가 활동하던 때로서 에돔 족속이 유다 왕국과 대치하여 갈등을 일으킨 내용이 성경에 나타나 있다. 그에 관한 구체적인 내용은 역대하의 기록에서 볼 수 있다.

> "여호람 때에 에돔이 배반하여 유다의 수하에서 벗어나 자기 위에 왕을 세운고로 여호람이 장관들과 모든 병거를 거느리고 출정하였더니 밤에 일어나서 자기를 에워싼 에돔 사람과 그 병거의 장관들을 쳤더라 이와 같이 에돔이 배반하여 유다의 수하에서 벗어났더니 오늘날까지 그리하였으며 그 때에 립나도 배반하여 여호람의 수하에서 벗어났으니 이는 저가 그 열조의 하나님 여호와를 버렸음이더라" (대하21:8-10)

위 본문의 정황 가운데는 당시 에돔 족속이 여호람 왕을 배반함으로써 포위당한 사실이 나타난다. 그렇게 되자 유다 왕국은 군사와 병기를 총 동원해 저들에 맞서 싸웠다. 결국 에돔 족속은 립나 지역의 사람들과 함께 여호람의 통치에서 벗어났다. 이는 이스라엘과 에돔의 단절을 의미한다.

이 사건으로 말미암아 유다 왕국의 국력은 점차 쇠퇴해 갔다. 그렇게 되자 여호람 왕의 통치 시기에는 에돔뿐 아니라 주변의 여러 왕국들이 예루살렘을 공격하는 일이 되풀이 되었다. 블레셋인들과 아라비아 사람들도 기회를 틈타 여호람 왕의 영역을 공격했던 것이다. 그들은 예루살렘의 왕궁에 있는 많은 재물과 왕족들과 저들의 처첩들을 포로로 잡아가기도 했다(대하21:16,17).

2. 에돔 족속(옵1,2)

에돔 족속의 시조가 되는 에서는 이스라엘 민족의 시조인 야곱과는 처음부터 원수지간이었다. 에서와 야곱은 쌍둥이 형제였지만 태중에서부터 싸움을 그치지 않았다. 이는 단순히 형제간에 토닥거리는 정도의 애교적인 차원이 아니라 심각한 적대적 갈등을 의미한다. 따라서 저들은 애초부터 함께 살아갈 수 없는 관계였다(창25:22,23).

그들이 어머니 리브가의 태중에서부터 서로 적대관계에 놓여 있었던 입장의 중심에는 하나님이 계셨다. 이는 하나님께서 저들에게 베푸신 은혜와 저주와 연관되며 동시에 하나님에 대한 저들의 순종하는 본질적인 자세와도 연관되어 있었다. 그것으로 인해 야곱은 하나님에 의해 사랑을 받았지만 에서는 미움을 받았다.

동일한 태에 잉태된 형제임에도 불구하고 하나님으로부터 달리 인정받았던 것은 저들에게 상이한 어떤 행위적인 조건이 있었기 때문이 아니었다. 즉 야곱과 에서가 가졌던 판단과 윤리적인 행동 때문이 아니라 하나님께서 창세전부터 작정하신 바에 따라 나타난 결과로 이해해야 한다. 신구약성경에는 그에 대한 많은 증거들을 남기고 있다.

> "나 여호와가 말하노라 에서는 야곱의 형이 아니냐 그러나 내가 야곱을 사랑하였고 에서는 미워하였으며 그의 산들을 황폐하게 하였고 그의 산업을 광야의 이리들에게 넘겼느니라"(말1:2,3); "리브가에게 이르시되 큰 자가 어린 자를 섬기리라 하셨나니 기록된바 내가 야곱은 사랑하고 에서는 미워하였다 하심과 같으니라"(롬9:12,13)

구약시대의 마지막 기록 계시를 받은 선지자였던 말라기는 하나님께서 야곱을 사랑하신 반면 에서는 미워하셨음을 말하고 있다. 이때 야곱에 대한 하나님의 사랑은 일반적인 감정에 기초하는 것이 아니었다. 그것은 하나님의 뜻을 이루기 위한 영원한 사랑과 연관된다. 한편 에서에 대한 미움은 저주에 연관되어 있었다. 우리는 이를 통해 하나님께서 저들을 근본적으로 달리 인정하고 있음을 알게 된다.

사도 바울 역시 로마에 있는 교회에 편지하면서 야곱과 에서에 대해 그와 동일한 증거를 하고 있다. 일반적인 경우라면 혈통적으로 형과 동생은 차별 대우를 받는 것이 자연스럽다. 형은 형으로서 대우를 받고 동생은 동생으로서 취급을 받았던 것이다. 이에 대해서는 이스라엘 민족이 오히려 다른 민족에 비해 더욱 엄격하게 적용되었다. 즉 모세 율법에는 장자 곧 맏아들에 대한 특별한 규례들이 많이 있었던 것이다.

그렇지만 하나님께서는 야곱과 에서의 경우 전혀 다른 적용을 하셨다. 그것은 이스라엘 민족의 일반 백성들에게 쉽게 받아들여지기 어려운 문제였다. 따라서 하나님께서는 저들의 혈통을 그냥 둔 상태에서 형과 동생의 지위를 바꾸셨다. 원래는 에서가 형이었으나 동생 야곱이 형의 명분을 얻도록 하셨던 것이다. 야곱이 굳이 장남의 지위를 가져야만 했던 것은 바로 그런 의미를 지니고 있었다. 이는 전체적으로 보아 하나님의 섭리와 경륜에 따른 것으로 보아야 한다.

3. 에돔 족속의 교만과 하나님의 심판(옵3-9)

에돔 족속은 하나님 앞에서 매우 교만했다. 그들은 저들의 조상인 에서가 형이었으면서 도리어 야곱의 동생이 되었다는 사실을 인정하지 않았을 것이 틀림없다. 즉 그들은 하나님을 진정으로 믿는 자들이 아니었기 때문에 야곱을 장자로 삼으신 하나님의 경륜적 사역을 받아들이지 않았던 것이다.

그렇다면 에돔 족속은 과연 하나님을 몰랐는가, 아니면 잘못 알고 있었던 것인가, 그것도 아니라면 하나님을 알았지만 불순종하는 자들이었는 가? 우리는 에돔 족속이 위의 세 가지 경우 모두에 해당되는 것으로 이해 해야 한다. 그들은 삼위일체이신 여호와 하나님의 본성을 올바르게 깨닫 지 못했으며, 입술로 부르는 이름으로는 이스라엘 백성과 동일한 하나님 을 떠올렸지만 실상은 올바른 지식을 소유하지 못했다.

에돔 족속은 그릇된 지식을 통해 알고 있던 하나님께 순종하지 않았다. 그들은 저들의 조상인 에서의 형제 야곱의 자손들이 세운 예루살렘 성과 그 안에 있는 예루살렘 성전에 대해서 알고 있었을 것이 분명하다. 하지만 그들은 그 성과 성전이 소유한 진정한 의미에 대해서는 알지 못했다.

그러므로 에돔 족속은 야곱의 자손들에 의해 경멸당하고 있었지만 더욱 강하게 무장하여 저들을 능가하리라는 결의를 다졌을 것이 틀림없다. 그 와 같은 생각은 저들이 추구하고자 하는 소원일 뿐 실제로 그렇게 될 수 없 다. 하나님께서 결코 그것을 용납지 않으실 것이었기 때문이다. 말라기 선 지자는 그에 대한 분명한 증언을 하고 있다.

> "에돔은 말하기를 우리가 무너뜨림을 당하였으나 황폐된 곳을 다시 쌓으 리라 하거니와 나 만군의 여호와는 이르노라 그들은 쌓을지라도 나는 헐리 라 사람들이 그들을 일컬어 악한 지역이라 할 것이요 여호와의 영원한 진노 를 받은 백성이라 할 것이며 너희는 눈으로 보고 이르기를 여호와께서는 이 스라엘 지역 밖에서도 크시다 하리라"(말1:4,5)

하나님의 궁극적인 뜻을 받아들이지 않고 도리어 그를 욕보인 에돔 족 속은 피할 곳이 없다. 산속 깊고 높은 곳에 살아가면서 교만한 마음을 가 질지라도 그들은 결코 하나님의 눈을 피하지 못한다. 하나님께서는 설령 저들이 하늘의 별 사이에 숨는다할지라도 거기서 끌어 내리시겠노라는 말 씀을 하셨다. 그들은 결국 승리에 대한 허황된 망상과는 달리 세상의 조롱

거리가 되는 것을 면할 수 없다.

따라서 에돔 족속은 이 땅에서 열심히 땀 흘려 일한다 할지라도 제대로 결실을 맺지 못한다. 나아가 많은 재물을 쌓기 위해 온갖 노력을 아끼지 않겠지만 그것들은 저들의 금고에 오래 머물지 않는다. 저들은 모든 보물들을 다른 종족들에게 다 빼앗기게 된다. 그들에게는 야곱 족속과는 달리 진정한 보호자가 없기 때문이다.

오바댜 선지자는 그에 대한 일반적인 설명을 하고 있다. 보통의 경우라면 집에 도둑과 강도가 든다고 해도 완전히 다 훔쳐 가지 못하고 어느 정도는 남겨 둘 수밖에 없다. 그리고 포도원에 들어가 포도를 훔치는 자라 할지라도 얼마 정도는 남기게 된다. 그러나 에돔 족속을 공격하는 자들은 감춘 보물까지 모든 것들을 하나도 남김없이 다 빼앗아 간다(옵5). 즉 그들은 더 이상 망할 것이 없을 만큼 완전히 패망 당하게 되는 것이다.

그들이 오랜 세월 공들이며 지혜를 쌓기 위해 온갖 노력을 다해 얻은 모든 것들이 패망의 원인이 되고 만다. 즉 인간들이 만들어 낸 모든 지혜는 자신을 구원하지 못할 뿐더러 도리어 하나님의 진리를 알아가는 데 있어서 걸림돌이 될 따름이다. 이와 같이 에돔 족속이 자랑하는 모든 지혜는 저들을 패망에 빠뜨리는 역할 이상 하지 못한다.

또한 저들이 외교적으로 노력하고 애써 화친했던 주변의 모든 종족들도 결국에는 저들에게 반기를 든다. 한때 강한 자들과 이웃하여 외교적인 저력을 과시하는 듯이 보였어도 그것은 그리 오래가지 못한다. 에돔 자손들은 저들에게 다양한 물건들을 제공하며 화목한 관계를 지속해 왔지만 그들은 뒤로 함정을 팠던 것이다.

그럼에도 불구하고 그들은 저들을 향해 밀려오는 패망의 낌새를 자각하지 못한다(옵7). 여전히 그들은 막강한 군사력을 외부에 자랑해 보이려 했지만 오래갈 수 없다. 막강해 보이던 자신의 세력이 맥없이 무너지는 것을 목격하면서 에돔 족속은 스스로 놀라움에 빠지지 않을 수 없게 된다.

본문 가운데 나타나는 '드만'(Teman)은 에서의 손자이자 엘리바스의 아들(창36:11;대상1:36)의 이름이다. 에돔 족속은 저들의 통치지역 북부에 도성을 건설하고 그의 이름을 본 따 호칭했다. '드만'은 에돔 족속의 중심 성읍(암1:12;합3:3;렘49:20;겔25:13)이었지만 결국 멸망당하게 되는 것이다.

이처럼 주변의 왕국들이 대단한 세력을 가진 듯이 보였던 에돔 족속의 성읍이 패망하는 것을 보면서 놀라움을 감추지 못한다. 그들은 한때 막강한 세력을 구축한 듯이 보였지만 아무런 보장성이 없었다. 이는 저들이 하나님의 뜻을 경멸하고 택하신 이스라엘 민족의 도성인 예루살렘을 공격해 파괴하고자 했기 때문에 받게 된 심판의 결과이다.

제2장

예루살렘 성과 에돔의 범행
(옵10-14)

1. 이스라엘의 영역을 침범한 에돔 족속들(옵10)

에서가 하나님께서 택하신 야곱을 멸시했듯이, 그의 자손인 에돔 족속은 야곱의 자손들에게 포악한 행동을 했다. 그 결과 하나님으로부터 부끄러움을 당하고 영원히 멸망당하게 된다. 이는 곧 여호와 하나님을 향해 세력을 펼치는 행위가 되었기 때문이다.

그럼에도 불구하고 죄악에 빠진 자들은 그 사실을 깨닫지 못했다. 그들은 도리어 자신의 세력을 강하게 키워 언약의 도성 예루살렘을 정복하기 위해 혈안이 되어 있었다. 그 일을 위해 에돔 족속은 이방인 종족들을 끌어 모으고자 했던 것이다.

2. 이방세력의 연합작전(옵11)

에돔 족속으로서는 저들 혼자의 힘만으로는 이스라엘 민족의 견고한 성읍 예루살렘을 쉽게 정복할 수 없다는 사실을 잘 알고 있었다. 그러므로 그들은 주변의 여러 종족들을 끌어 모아 하나님의 백성들에게 맞서 대항하게 된다. 그들은 연합군을 형성하여 하나님의 도성 예루살렘을 공격하게 되는 것이다.

이스라엘 민족은 항상 주변의 이방 종족들에 의해 위협을 받았다. 그 가운데 저들 가까이서 격하게 대항하는 자들은 다름 아닌 아브라함의 육적인 혈통을 지닌 이스마엘 족속과 야곱의 쌍둥이 형제인 에서의 혈통을 지닌 에돔 족속이었다. 하나님의 백성을 괴롭히는 자들은 남이 아니라 혈통적인 인척관계에 놓인 자들이었던 것이다.

이스라엘 자손을 괴롭힘으로써 하나님께 저항하는 자들은 악을 꾀하기 위해 이방 세력을 규합해 연합전선을 펼치는 것을 최선의 무기로 삼는다. 그들은 예루살렘을 지배하고 있는 언약의 자손들을 정복하고자 했지만 실상은 여호와 하나님을 대적하고 있었다. 예루살렘의 시온을 더럽게 하고 그에 저항하는 자들의 행위는 악한 자들의 무지에 근거한다. 미가 선지자는 그에 관한 기록을 남기고 있다.

> "이제 많은 이방이 모여서 너를 쳐 이르기를 시온이 더럽게 되며 그것을 우리 눈으로 바라보기를 원하노라 하거니와 그들이 여호와의 뜻을 알지 못하며 그 모략을 깨닫지 못한 것이라"(미4:11,12)

우리가 보게 되는 악한 자들의 특색 가운데 하나는 하나님께 저항하기 위해 서로 협력을 꾀한다는 사실이다. 그들은 진리를 소멸시킬 목적으로 연합전선을 편다. 평상시에는 서로 적대관계에 놓여 있다가도 하나님의 원수가 되는 일에는 하나로 뭉쳐 세력을 행사하게 되는 것이다.

나중에 인간의 몸을 입고 이 땅에 오신 하나님의 아들 예수 그리스도를 십자가에 못 박을 때도 유대인들과 로마인들은 서로 긴밀한 협조를 했다.

그들은 평상시에 적대관계에 놓여 있었지만 예수님을 죽이기 위해서는 힘을 합쳤다. 그와 같은 일은 이스라엘 민족의 대의기관인 산헤드린 공회에서도 그대로 일어났다. 바리새인들과 사두개인들은 정치와 사상적으로 서로 대치하고 있는 형편이었지만 예수님을 정죄하여 십자가에 못 박기 위해서는 협력을 다했던 것이다.

3. 유다자손의 패망 예고(옵12)

하나님께서 종종 이스라엘 민족을 징계하고자 하셨던 것은 저들의 배도 행위에 기인했다. 이는 이방인들이 예루살렘을 공격할 경우에도 마찬가지였다. 따라서 에돔 족속이 공격할 때도 저들의 악행을 막아주시지 않았던 것은 언약의 자손들이 하나님을 떠나 배도에 빠진 사실 때문이었다. 이는 곧 영적으로 악해져가는 이스라엘 민족에 대한 하나님의 정비계획과 연관되어 있음을 말해준다.

하나님께서 이스라엘 민족을 도우시지 않아 패배의 모습을 보이게 되면 에돔 족속이 크게 만족스러워할 것이 틀림없다. 물론 그들은 그것이 이스라엘 백성에 대한 하나님의 심판 때문이라는 사실을 미처 깨닫지 못했다. 단지 저들의 막강한 군사력을 통해 모든 승리를 거머쥘 수 있는 것처럼 의기양양했던 것이다.

이스라엘 백성이 맞닥뜨리게 되는 그러한 상황은 고난의 시기가 될 수밖에 없다. 그럴 때일수록 저들은 배도에 빠진 죄악을 깨달아 정신을 바짝 차려 회개하는 자세를 가져야 한다. 시편기자는 그에 연관된 노래를 하고 있다.

"여호와 내 하나님이여 나를 생각하사 응답하시고 나의 눈을 밝히소서 두렵건대 내가 사망의 잠을 잘까 하오며 두렵건대 나의 원수가 이르기를 내가

저를 이기었다 할까 하오며 내가 요동될 때에 나의 대적들이 기뻐할까 하나
이다"(시13:3,4)

언약의 백성들이 고통에 빠지게 되면 원수들이 기뻐할 것이 틀림없다.
그것은 내심 하나님을 멸시하며 비아냥거리는 의미를 내포하고 있다. 시
편기자는 그와 같은 안타까운 일이 발생하지 않도록 여호와 하나님께 도
움을 요청했다. 우리가 여기서 관심을 기울여야 할 점은 시편기자가 단순
히 개별적인 위기를 피하려 하기 전에 하나님의 영광스런 이름에 관심을
두고 있었다는 사실이다.

4. '남은 자들'에 대한 구원(옵13,14)

하나님께서는 이 땅에 메시아가 오시기까지 언약의 백성들을 완전히 패
망시키지 않으신다. 그러나 어리석은 자들 가운데는 자신의 영달을 위해
힘센 이방인들의 편에 서기를 좋아하기도 한다. 그런 자들은 배도에 빠져
하나님을 욕되게 하면서도 남보다 우위를 차지하는 현실주의자가 되기를
좋아한다.

그러나 참된 지혜를 소유한 자들은 위태로운 상황 가운데서도 하나님을
온전히 의지하게 된다. 그들에게는 오직 여호와 하나님 한 분만이 영원한
소망이 되기 때문이다. 이사야 선지자는 이스라엘이 고난에 처하게 될 때
남은 자들 위에 임할 하나님의 은혜에 관한 예언을 하고 있다.

"그 날에 이스라엘의 남은 자와 야곱 족속의 피난한 자들이 다시는 자기
를 친 자를 의뢰치 아니하고 이스라엘의 거룩하신 자 여호와를 진실히 의뢰
하리니 남은 자 곧 야곱의 남은 자가 능하신 하나님께로 돌아올 것이라"(사
10:20,21)

하나님의 자녀들은 결코 저들을 치는 악한 자들을 의뢰하지 않는다. 그들은 오직 여호와 하나님 한 분만을 의지하며 그에게 피한다. 그렇게 되면 일시적으로는 환난과 고통을 당하게 된다. 그러나 하나님께서는 저들을 결코 홀로 버려두시지 않고 자기에게로 이끄신다. 이로 말미암아 저들이 전능하신 하나님께로 돌아오게 되는 것이다.

제3장

여호와께서 만국을 벌하실 날
(옵15-21)

1. 하나님의 궁극적인 심판의 대상(옵15,16)

오바댜 선지자는 여호와 하나님께서 에돔을 비롯한 이방 족속을 벌하실 날이 가까이 임했음을 선포하고 있다(옵15). 이는 저들이 하나님께 대항한 행동으로 말미암아 보응받게 됨을 의미한다. 여기에는 물론 근원적인 문제가 존재한다.

하나님께서는 이 세상에 죄를 끌어들인 사탄과 그의 세력을 영원히 심판하시게 된다. 그렇게 하기 위해서는 타락한 세상에 존재하는 택한 백성들을 하나도 빠짐없이 구원하는 사역이 선행되어야 한다. 세상에 대한 하나님의 심판은 곧 자기 백성들을 구원하는데 목적이 있기 때문이다.

사탄은 아담을 유혹해 자기편으로 끌어들임으로써 하나님의 모든 피조 세계를 불법으로 장악하게 되었다. 그러나 그것은 원래부터 전적인 하나님의 소유였다. 하나님께서는 친히 창조하신 그 우주만물의 관리를 자신의 형상을 소유한 아담에게 맡기셨다. 그것은 아담에 대한 하나님의 전적인 신뢰에 기초한 것이었다.

> "하나님이 자기 형상 곧 하나님의 형상대로 사람을 창조하시되 남자와 여자를 창조하시고 하나님이 그들에게 복을 주시며 그들에게 이르시되 생육하고 번성하여 땅에 충만하라, 땅을 정복하라, 바다의 고기와 공중의 새와 땅에 움직이는 모든 생물을 다스리라 하시니라(창1:27,28)

하나님의 신뢰에도 불구하고 아담은 사탄의 유혹을 받아 하나님을 배반했다. 그리하여 하나님께서 믿고 관리를 맡기셨던 모든 피조세계를 아담이 사탄에게 갖다 바친 꼴이 되어 버렸다. 그로 말미암아 세상은 사탄의 통치 영역으로 넘어가게 되었던 것이다. 사도 바울은 에베소 교회에 편지하면서 공중 권세 잡은 자에 관한 기록을 남기고 있다.

> "그 때에 너희가 그 가운데서 행하여 이 세상 풍속을 좇고 공중의 권세 잡은 자를 따랐으니 곧 지금 불순종의 아들들 가운데서 역사하는 영이라"(엡2:2)

우주만물과 그 안에 존재하는 모든 타락한 것들은 하나님의 심판의 대상이 된다. 따라서 하나님께서는 만국과 그 가운데 살아가는 인간들을 벌하시게 된다. 죄에 빠진 아담의 자손들이 세운 모든 왕국과 세력은 최종적인 심판의 대상이 될 따름이다.

하나님께서는 그 일을 위해 친히 인간의 몸을 입고 이 세상에 강림하시게 된다. 초림하신 예수 그리스도께서 행하실 일차적인 심판의 방법은 인간들의 일반적인 생각과는 전혀 다르다. 그러므로 하나님으로부터 특별한 은혜를 입지 않은 인간들은 그에 대한 깨달음을 전혀 가질 수 없다.

하지만 죄에 빠진 인간들은 자신에게 임하는 하나님의 심판을 피하지 못한다. 그것은 하나님의 작정으로 말미암아 역사 가운데 발생하게 되는 필연적인 과정이다. 신구약성경에는 그에 관한 분명한 증거들을 남기고 있다.

> "여호와께서 영영히 앉으심이여 심판을 위하여 보좌를 예비하셨도다 공의로 세계를 심판하심이여 정직으로 만민에게 판단을 행하시리로다"(시 9:7,8); "이제 이 세상의 심판이 이르렀으니 이 세상 임금이 쫓겨나리라"(요 12:31)

하나님의 심판은 우선 사탄의 세력을 무력화(無力化)시키는 일을 하게 된다. 즉 세상의 권세를 불법으로 장악하고 마치 왕처럼 군림하며 행세하던 자를 그 영역으로부터 축출하게 되는 것이다. 이는 최종적이며 궁극적인 심판을 예고하고 있다. 예수님께서는 제자들에게 그에 관한 종말적인 내용을 말씀해 주셨다.

> "선한 일을 행한 자는 생명의 부활로, 악한 일을 행한 자는 심판의 부활로 나오리라"(요5:29)

더러운 죄에 물들어 타락한 이 세상은 결코 영원하지 않다. 하나님의 심판 앞에서 살아남을 수 있는 존재는 어느 누구도 없다. 이는 또한 하나님의 선택을 받은 모든 사람들이 소유해야 할 궁극적인 소망이다.

하나님께서는 오바댜 선지자를 통해 자신의 뜻을 멸시하는 세상의 다양한 종족들에 대한 심판을 선언하셨다. 그러나 언약의 도성 예루살렘을 하나님의 뜻 가운데 사수하고자 하던 백성들은 고통 가운데서 구원을 받게 된다. 이에 대한 본질적인 의미는 구약시대뿐 아니라 오늘날 우리 시대에도 동일하게 적용되어야 한다.

2. 언약의 나라와 심판(옵17-19)

하나님께서는 오염된 세상을 심판하시기 위해 먼저 역사 가운데 특별한 언약의 나라를 세우고자 하셨다. 그 왕국은 여호와 하나님께 속하게 될 나라이다. 그것은 하나님의 언약을 통해 점차적으로 드러날 내용이었다.

하나님은 그 일을 이루어 가시기 위해 먼저 갈대아 우르에 있던 아브라함을 선택해 부르셨다. 그리고 약속의 자녀 이삭을 허락하셨으며 야곱을 선택해 이스라엘 민족의 조상으로 삼으시게 되었다. 또한 그의 여러 자식들 가운데 특별히 요셉을 선택해 이스라엘 민족의 장자로 삼으셨다.

> "이스라엘의 장자 르우벤의 아들들은 이러하니라 르우벤은 장자라도 그 아비의 침상을 더럽게 하였으므로 장자의 명분이 이스라엘의 아들 요셉의 자손에게로 돌아갔으나 족보에는 장자의 명분대로 기록할 것이 아니니라 유다는 형제보다 뛰어나고 주권자가 유다로 말미암아 났을찌라도 장자의 명분은 요셉에게 있으니라"(대상5:1,2)

요셉이 야곱의 아들들 가운데 말(末)째에 가까우면서도 그의 장자가 된 것은 애굽에서 가졌던 특별한 통치권과 무관하지 않은 것으로 보인다. 물론 그것은 아비의 침상을 더럽힘으로써 장자로서 무자격자가 된 르우벤의 악행과 밀접하게 연관되어 있었다. 이렇게 하여 야곱과 요셉 자손에 의해 세워진 이스라엘 왕국은 불과 같이 이방 종족들의 악을 소멸시키는 역할을 하게 된다.

이에 반해 이스라엘 민족과 예루살렘에 저항하던 에돔 족속을 비롯한 저항자들은 마치 지푸라기처럼 그 불에 의해 타버린다. 그 과정을 거쳐 하나님의 왕국은 모든 이방지역을 정복하게 될 것이다. 그것은 물리적인 방편을 통한 정복이 아니라 하나님의 복음이 온 세상을 뒤덮게 되는 것을 의미한다. 그렇게 되면 하나님의 자녀들은 이 세상의 세력이 아니라 하나님의 시온산으로 피신하게 된다.

3. '시온산'의 승리(옵20,21)

하나님께서는 자기 백성들을 괴롭힘으로써 자신에게 대항한 에돔 족속을 반드시 심판하신다. 비단 에돔 족속뿐 아니라 그들과 함께 연합전선을 편 모든 이방 족속은 하나님의 심판을 면하지 못한다. 그러나 야곱의 언약에 속한 하나님의 자녀들은 거룩한 시온산으로 안전하게 피신하게 된다. 저들을 위해 예비된 특별한 피난처는 영원한 의미를 지닌다. 그로 말미암아 저들은 하나님으로부터 허락된 기업을 누리게 되는 것이다.

하나님의 구원을 받게 될 언약의 자녀들은 시온산에서 에서의 산을 심판하게 된다. 그때가 되면 네겝과 에서의 산과 평지, 그리고 에브라임과 사마리아의 들뿐 아니라 길르앗과 가나안 사람들의 땅을 얻게 될 것이다. 이는 하나님의 경륜에 의해 이스라엘 민족에게 승리가 안겨짐을 의미한다.

에돔 족속은 하나님께 대항하는 이방 종족들을 대표하는 성격을 지니고 있다. 이와 같이 시온산에서 하나님의 원수들을 심판하는 날이 주님의 백성들을 향해 점차 가까이 다가오게 된다. 그것은 이스라엘 민족의 강화된 세력 때문이 아니라 하나님께서 친히 그렇게 행하시는 것이다.

이는 나중 종말의 때가 되어 하나님의 자녀들이 그리스도와 함께 왕 노릇을 하게 된다는 사실과 밀접하게 연관되어 있다(계20:4-6). 여기서 왕 노릇한다는 뜻은 영원하신 참된 왕과 더불어 악한 세상을 심판하는 권세를 가지게 된다는 의미이다. 오늘날 지상 교회에 속한 하나님의 자녀들이 세상에 대해 구원을 선포하는 일은 악한 세력에 대한 심판을 선언하는 의미를 지닌다.

요한계시록에서는 시온산에 선 어린 양과 그의 백성들에 관한 예언이 기록되어 있다. 거기에는 구원받은 성도로서 하나님의 구원과 심판을 선포하는 자들의 수는 정해져 있었다. 그것은 전적으로 하나님께 속한 영역이다. 우리는 성경을 통해 어린 양과 함께 시온산에 선 성도들이 하나님께 영광을 돌리는 가운데 악한 세상에 대한 그의 심판을 예비하고 있는 모습을 보게 된다.

> "또 내가 보니 보라 어린 양이 시온산에 섰고 그와 함께 십 사만 사천이 섰는데 그 이마에 어린 양의 이름과 그 아버지의 이름을 쓴 것이 있도다·······그가 큰 음성으로 가로되 하나님을 두려워하며 그에게 영광을 돌리라 이는 그의 심판하실 시간이 이르렀음이니 하늘과 땅과 바다와 물들의 근원을 만드신 이를 경배하라 하더라" (계14:1,7)

하나님의 궁극적인 심판은 시온산에 선 어린 양과 더불어 시행된다. 그 자리에는 하나님으로부터 선택받은 모든 자녀들도 함께하게 된다. 그 때는 이마에 어린 양의 이름과 아버지의 이름을 기록한 자들만 그 반열에 설 수 있다. 이는 하나님의 이름을 부끄러워하지 않고 공적으로 신앙을 고백하는 자들이 구원을 받게 된다는 사실을 말해준다.

그 때가 되면 구원받은 백성들이 전능하신 여호와 하나님을 온전히 경배하게 된다. 경배를 받으시는 분이 우주만물을 지으셨다는 사실이 강조되는 것은 만물의 회복을 선포하는 의미를 지닌다. 사탄의 유혹을 받아 타락한 인간이 하나님의 모든 피조세계를 오염되게 했으나 하나님께서 예수 그리스도를 통한 재창조 사역을 완성하신 것이다.

요나서

〈목 차〉

서 문

　선지자 요나는 솔로몬 왕 이후 통일 왕국이 분열된 시대에 하나님의 말씀을 계시 받아 전했다. 열왕기하 14:25에 나타나는 대로 그는 북 이스라엘 왕국의 여로보암 2세가 통치하던 시대에 살았다. 당시는 남 유다 왕국의 아마샤와 웃시야 왕의 섭정시기에 맞물려 있다.

　요나는 하나님의 예언을 직접 기록하고 선포했다. 뿐만 아니라 역사적 사건 가운데 구체적인 행동을 통해 직접 하나님의 뜻을 보여준 인물이었다. 이는 이스라엘 민족을 향한 하나님의 사랑과 그 경륜에 따른 뜻을 보여주고 있는 것이다.

　우리가 기억해야 할 바는, 요나가 북 이스라엘 왕국을 향해 예언한 것으로 제한시킬 필요가 없다는 사실이다. 열왕기서에 나타난 그의 예언 가운데 북 왕국에 대한 내용이 포함되어 있을지라도 그가 북 왕국에 속한 인물로 보기는 어렵다. 요나서에 기록된 문맥을 고려할 때 그가 예루살렘에 거주했던 것으로 보는 것이 오히려 자연스럽다.

　요나서는 비록 짧고 단순해 보이지만 이해하기 쉽지 않은 어려운 책이다. 이는 단순히 요나서에 나타난 기적 때문이 아니다. 하나님께서 왜 그를 앗수르 제국의 거대한 성읍 니느웨로 보내셨는가 하는 문제는 주의 깊게 잘 생각해 보아야 할 점이다. 또한 그가 하나님의 보내심을 받았음에도 불구하고 그 명령을 부담스럽게 여겨 강력하게 불복했던 것은 자기에게 미칠 커다란 위험부담 때문이었을 것이다.

요나가 예언하던 시기의 남 유다 왕국은 아마샤와 웃시야의 통치로 인해 내부적으로는 어느 정도 안정된 상태를 유지할 수 있었다. 하지만 북 이스라엘 왕국과 앗수르 제국의 위협으로부터 완전히 자유롭지는 않았다. 그런 와중에 북 왕국의 여로보암 2세는 하나님을 무시하고 율법을 멸시하는 배도에 빠져 있었다.

당시 남북 왕국 사이에는 상당한 갈등이 있었으며 이스라엘 왕국은 아람 왕국과 전쟁을 벌이기도 했다. 여러 전투에서 승리를 거둔 북 왕국은 소위 황금기를 누렸지만 모든 백성들이 여호와 하나님을 완전히 떠나 있었다. 따라서 그 비슷한 시기에 활동하던 선지자들인 이사야, 아모스 등은 저들의 악한 죄를 강하게 책망하기도 했다.

요나가 하나님의 말씀을 예언하기 수십 년 전부터 앗수르 제국은 이스라엘 민족을 크게 괴롭혔다. 살만에셀 3세는 수리아와 팔레스틴 지역에 대한 공략을 되풀이했다. 당시 앗수르는 수리아 지역 열두 왕들의 연합세력을 무찌르고 속국화하기에 이르렀다. 앗수르 쪽의 남은 역사적 기록에 의하면 당시 수리아 연합군 가운데는 이스라엘 왕국의 아합왕의 이름이 나타난다. 그리고 예후는 앗수르 제국에 조공을 바친 사실에 관한 내용이 기록되어 있다.

그후 웃시야 왕과 여로보암 2세가 통치하던 시대 곧 요나가 선지자로 활동하던 시기에는 앗수르 제국이 이스라엘 민족을 괴롭히며 호시탐탐 침략의 기회를 엿보던 때였다. 그런 중에 하나님께서는 선지나 요나를 불러 앗수르 제국의 성읍 니느웨로 보내셨다. 하나님의 뜻을 저들에게 전달하기 위해서였다. 처음 그 명령을 들은 요나는 자기가 그곳으로 가게 되면 생명을 부지하지 못할 것이란 생각을 했을 것이 틀림없다

나아가 그는 왜 자기가 그 위태로운 지역으로 가야 하는지 정확한 이해

를 하지 못했을 것으로 보인다. 약소민족인 이스라엘에 속한 자가 거대한 제국인 앗수르의 수도인 니느웨에 가서 하나님의 말씀을 선포한다는 것은 위험부담이 있었을 뿐 아니라 선민으로서 자존심에 연관된 문제이기도 했을 것이다. 그럼에도 불구하고 하나님께서는 요나를 니느웨로 보내고자 하셨다. 그는 인간적인 연약함으로 인해 하나님의 명령을 적극적으로 거부하며 저항했지만 하나님의 강권적인 인도하심에 대해서는 어찌할 도리가 없었다.

우리는 요나가 니느웨로 보냄을 받고 요나서가 기록된 것이 아직 북 이스라엘 왕국이 패망(BC722)하기 전의 일이었다는 사실을 기억해야 한다. 하지만 그 전에도 앗수르 제국은 남북 이스라엘 왕국을 공략하며 집어삼키기 위해 기회를 노리고 있었다. 그런 가운데 하나님께서 특별한 선지자인 요나를 니느웨로 보내 저들의 악한 생각을 돌이키도록 촉구하셨다.

또한 이와 더불어 우리가 생각해보아야 할 점은 이방 왕국의 수도에서 하나님의 말씀을 전파하여 돌이키도록 함으로써 이스라엘 민족 가운데 오해하는 자들이 질투에 빠지게 되었을 것이란 사실이다. 당시 이스라엘 민족은 전반적으로 배도의 길을 걷고 있었으나 선민으로서의 자부심은 버리지 않고 있었다. 따라서 배도에 빠져 여호와 하나님을 능욕하면서도 그들은 언약의 백성으로서 하나님의 보호를 받을 것으로 착각하고 있었던 것이다.

그와 같은 상황에서 하나님께서는 요나를 니느웨로 보냄으로써 이방세력으로부터 유대 민족을 보호하고자 하는 뜻과 더불어 이스라엘 민족 자체를 사랑하는 것이 아니라는 점을 동시에 보여주시고자 하셨다. 오히려 저들이 경멸하는 이방 족속이 어떤 이유에서건 하나님의 관심을 받는 대상이 될 수 있음을 드러내 보이셨다. 이는 역사적인 실제 사건을 통해 이스라엘 왕국이라 할지라도 패망에 내어줄 수 있음을 보여주고 있다.

그럼에도 불구하고 요나서는 이스라엘 민족을 위한 사랑의 책이다. 백성들은 그 모든 사실을 보며 배도의 길에서 돌이켜 죄를 뉘우칠 수 있어야만 했다. 그렇게 함으로써 하나님의 뜻을 알고 그의 말씀에 순종해야만 했던 것이다. 하지만 이스라엘 왕국은 하나님의 메시지를 올바르게 이해하지 못했다.

사악한 욕망과 고집에 가득 차 있던 언약의 백성들은 하나님께서 구체적으로 보여주시는 상황을 눈여겨 보거나 귀담아 듣지 않았다. 결국 그리 오랜 세월이 지나지 않아 북 이스라엘 왕국은 앗수르 제국에 의해 완전히 멸망당하는 비운을 겪을 수밖에 없었다. 그것은 결코 우연히 발생한 일이 아니다.

북 이스라엘 왕국이 패망하는 사건은 남은 자로서 예루살렘과 유다 왕국을 보호하시려는 하나님의 뜻에 연관된 것으로 이해해야 한다. 장차 그로부터 오시는 메시아가 그의 주된 관심사였기 때문이다. 따라서 우리는 요나서를 통해 언약의 백성을 향한 하나님의 본질적인 사랑을 깨달아야 하며 그와 동일한 메시지가 오늘날 우리에게도 전해지고 있다는 사실을 기억하지 않으면 안 된다.

우리가 요나서에 기록된 모든 내용은 역사적 사실이라는 점을 분명히 깨달아야 한다. 어리석은 자들은 그 내용을 풍유나 우화, 전설 혹은 신화적인 상징으로 치부하고 있다. 하지만 요나가 물고기 뱃속에서 삼일 밤낮을 머물렀던 일과 니느웨에서 하나님의 말씀을 선포한 모든 일들은 구체적으로 발생한 역사적 사건임이 분명하다. 신약성경 복음서 가운데 예수님께서 요나에 연관된 말씀을 하신 것은 그 실제성을 입증해주고 있다. 우리 시대 자유주의 신학자들이 요나서에 기록된 내용들을 실제적 사건으로 보지 않지만 우리는 요나를 통해 계시된 하나님의 말씀에 대한 분명한 자세를 유지해야만 한다.

제1장

하나님의 특별한 명령과 요나의 불복종, 그리고 메시아 예언
(욘1:1-17)

1. 요나에게 임한 하나님의 명령(욘1:1,2)

여호와 하나님의 말씀이 '아밋대의 아들 요나'에게 임했다. 하나님께서 그에게 특별한 임무를 맡기고자 하셨다. 그것은 오직 선지자 요나에게만 주어진 비밀스런 계시였다. 인간들은 자신의 눈에 보이지 않는 것들을 하나님과 아무런 상관없는 듯이 여기며 살아가지만 하나님께서는 항상 역사 가운데 활동하고 계신다.

구약시대 남북 이스라엘 왕국이 존재하고 앗수르 제국이 통치하던 시기에 인간 역사에 간섭하신 하나님은 지금 우리 시대에도 그대로 관여하신다. 그러나 죄에 빠진 어리석은 인간들은 그에 대한 인식이 전혀 없다. 나아가 하나님을 믿는다고 주장하는 자들조차도 그것을 막연한 상징 정도로 생각하는 경우가 많이 있다. 요나가 예언하던 당시에도 대다수 사람들은 그에 대한 실상을 제대로 알지 못했다.

하나님께서는 선지나 요나를 향해, 자리에서 일어나 앗수르 제국의 수도로서 티그리스 강을 끼고 있는 큰 성읍 니느웨로 가서 말씀을 선포하라는 명을 내리셨다. 하나님이 그를 보내시는 까닭은 저들의 '악독한 죄악'이 넘쳐 하나님에게까지 상달했기 때문이라는 것이었다. 원칙대로라면 요나는 당연히 하나님의 말씀을 거부하지 말고 그에 온전히 순종해야만 했다.

우리가 여기서 생각해볼 수 있는 것은, 하나님께서 왜 이방 왕국인 앗수르와 니느웨 사람들의 죄악에 특별히 분노하시는가 하는 점이다. 당시에도 니느웨 외에 여러 이방 지역에는 하나님께 저항하는 나라와 악한 무리들이 많이 있었다. 하나님께서 요나를 특별히 니느웨로 보내 저들에게 하나님의 뜻을 선포하도록 하신 것은 그 죄악이 이스라엘 민족과 밀접하게 관련되어 있었기 때문이다.

당시 앗수르 제국은 언약의 백성인 남북 이스라엘 왕국을 호시탐탐 노리며 다양한 방법으로 공략을 시도하고 있었다. 하나님의 왕국을 공격의 대상으로 삼아 괴롭힌다는 것은 곧 여호와 하나님을 대적하고 멸시하는 행위와 마찬가지이다. 그때 이스라엘에 속한 백성들은 배도에 빠져 있었지만 하나님은 저들이 그 죄악으로부터 돌이키기를 원하셨다. 따라서 하나님께서 요나를 니느웨로 보내시고자 했던 일차적인 목적은 앗수르 제국이 아니라 이스라엘 민족을 위한 것이었음이 분명하다.

2. 하나님의 명령을 거부하고 도망가는 요나(욘1:3)

요나는 기본적으로 여호와 하나님을 올바르게 알고 있던 신앙인이었다. 하나님은 창세전 선택과 무관하여 자기를 전혀 알지 못하거나 배도의 길에 빠진 언약 바깥의 불신자를 불러 자신의 거룩한 사역을 맡기시는 분이 아니다. 그럼에도 불구하고 믿음의 사람 요나는 하나님의 뜻을 거부하며 받아들이지 않았다.

그는 도리어 여호와 하나님의 낯을 피하기 위하여 멀리 다시스로 도망을 가려고 마음먹었다. 일반적으로는 그곳이 스페인의 땅 끝 곧 지금의 지브롤터(Gibraltar) 해협 부근에 위치한 것으로 생각한다. 또 다른 어떤 학자들은 다시스가 아프리카 북부 어느 지역이라고 주장하지만 정확하게 알 수는 없다. 우리에게는 그 지명의 위치를 알아내는 것이 일차적으로 중요한 것이 아니다.

우리가 성경을 통해 알고 있는 분명한 사실은 요나가 니느웨로 가라는 하나님의 말씀에 순종하기를 거부하고 그 명을 따르지 않았다는 점이다. 뿐만 아니라 그는 가나안 땅에 머물지 않고 멀리 다른 지역으로 떠나려고 했다. 요나는 언약의 왕국이 다스리는 지경으로부터 멀리 떠나는 것이 하나님의 낯을 피하는 방편이라 여겼다.

이는, 요나가 자기에게 임한 하나님의 명령이 일반적인 상상을 초월하는 엄청난 부담으로 받아들여졌다는 점을 시사해주고 있다. 이제 그가 먼 땅 다시스로 떠나면 쉽게 돌아오기 어려운 길이다. 하나님을 섬기는 언약의 자녀로서 그와 같은 큰 결심을 한다는 것은 결코 예사롭지 않다.

물론 요나는 하나님의 집인 예루살렘 성전이 존재하는 가나안 땅을 영원히 떠나고자 한 것은 아니었음이 분명하다. 그는 어디에 있든지 항상 예루살렘과 그 안에 있는 거룩한 성전을 바라보며 신앙생활을 할 것이다. 그리고 자신이 언약의 백성에 속한 사람이라는 사실을 언제나 염두에 두고 살아갈 것이 분명했다

그와 같은 신앙을 소유한 요나였지만 하나님의 낯을 피하여 니느웨와는 정반대 방향으로 멀리 떨어져 있는 다시스로 떠나기 위해 예루살렘과 가까운 항구인 바닷가 도시 욥바로 내려갔다. 이를 볼 때 그가 거주한 지역은 북쪽 이스라엘 왕국이 아니라 남쪽 유다 왕국에 속한 예루살렘이었을 것으로 보인다. 그는 욥바에서, 북부 아프리카 지역으로부터 올라와 욥바

를 경유하여, 다시스로 가는 배를 만나 승선표를 끊어 배에 올라탔다. 그가 이처럼 하나님의 명령을 강하게 거부한 데는 나름대로 어떤 이유가 있었을 것이 틀림없다.

당시 앗수르는 주변 세계에서 막강한 세력을 펼치고 있는 대국(大國)이었다. 앗수르 제국은 요나가 예언하던 시기인 여로보암 2세와 웃시야 왕이 남북 왕국을 통치하던 때 이스라엘 민족을 공략하며 위협을 되풀이했다. 그런 국제적인 상황 가운데서 솔로몬 왕 이후에 분열된 북 이스라엘 왕국은 외적인 세력 확장과 더불어 타락의 극치를 이루고 있었다. 남 유다 왕국 백성들의 타락상도 매우 심각했다. 이스라엘 민족의 통치자들은 하나님의 뜻에 순종하는 삶에는 관심이 없었으며 세속적 국력과 위상을 높이기 위한 세력구축에 급급했을 따름이다.

그러나 당시 이스라엘 왕국은 나름대로 번성하고 국력을 키웠다고 할지라도 주변의 강대국들에 비하면 약소국에 지나지 않았다. 이스라엘 백성이 세력을 확장하고자 하면 다른 힘 있는 나라들이 좌시하지 않고 위협하기를 되풀이했다. 그 가운데 앗수르 제국은 항상 이스라엘 민족에게 두려움의 대상이 될 수밖에 없었다.

하나님께서는 그와 같은 국제적인 정황 가운데서 요나를 앗수르 제국의 수도로 보내 하나님의 메시지를 전하도록 하셨다. 위협을 당하고 있던 약소국의 평범한 시민에 지나지 않는 요나가 당시 대제국의 면모를 갖추고 있던 나라의 수도인 니느웨에 가서 하나님의 말씀을 선포한다는 것은 결코 간단한 일이 아니다. 일반적인 경우라면 상상하기 어려운 무리한 요구가 아닐 수 없었다.

이스라엘 왕국의 정부가 정식으로 보낸 공적인 사신의 신분이 아닌 개인의 자격으로 가서 수도 니느웨 안에서 특별한 메시지를 선포한다는 것은 매우 위험한 일이었음이 틀림없다. 더구나 저들의 죄악을 지적하며 심판에 연관된 메시지를 외친다고 하는 것은 저들의 분노를 불러일으킬 것이 뻔했다. 요나의 판단에, 그런 중대한 일은 개인이 감당할 만한 사역이 아니라고 판단할 수밖에 없었던 것이다.

하나님께서 자기에게 명하신 놀랍고 큰 임무와 그로 인한 두려움이 결국 요나를 멀리 다시스로 도망치도록 만들었다. 하지만 그것은 개인의 능력에 의존하는 요나의 생각이었을 뿐 하나님의 뜻은 아니었다. 하나님은 요나의 도피 의도나 그에 따른 행동과 상관없이 자신이 뜻하시는 바를 반드시 이루어 가시는 분이었다.

3. 바닷길을 가로막으시는 하나님과 사람들의 반응(욘1:4,5)

선원들과 일반 여객들 및 요나를 태운 대형 선박은 욥바를 떠나 다시스를 향해 출발했다. 누구든지 먼 여행길을 떠날 때는 다양한 목적이 있을 것이며 안전하고 좋은 여행을 위한 기대와 더불어 마음이 한껏 부풀어 있었을 것이 분명하다. 선원들 역시 안전한 운항을 위해 만반의 준비를 갖추고 배를 바다에 띄웠을 것이다.

그런데 지중해를 항해하여 가던 중 예측하지 못한 사건이 저들에게 발생했다. 욥바 항구를 출항할 당시 좋던 날씨가 바다 가운데를 지나는 동안 갑자기 흐려지고 점차 큰 폭풍을 일으키며 풍랑을 몰고 왔다. 그것은 일반적인 현상이 아니라 하나님께서 직접 관여하신 일이었다. 그 폭풍은 엄청난 파도를 만들어 큰 배를 파선시킬 만큼 위태로운 상황에 이르게 되었다.

많은 사람들이 타고 있는 선박이 그와 같은 위급한 지경에 놓이게 되자 선원들은 공포에 휩싸이지 않을 수 없었다. 배를 지키기 위해 모든 노력을 기울여 보았지만 그에 대처할 만한 뾰족한 방법이 없었기 때문이다. 그렇게 되자 그 배에 탄 사람들은 각각 자기가 믿는 신들을 향해 부르짖기 시작했다. 그들은 파선을 막고 자신의 생명을 보존하기 위해 할 수 있는 모든 방법을 강구했던 것이다.

결국 배의 침몰을 막기 위해 배에 실린 물건들을 하나씩 바다에 던져버리기 시작했다. 아무리 귀중한 것이라 할지라도 자신의 생명보다 귀할 수는 없다. 인간들은 그와 같은 극단적인 환경에 놓이게 될 때 비로소 무엇이 소중하고 무엇이 불필요한 것인지 깨달아 알게 된다.

인간들의 일반적인 삶에 있어서도 그와 마찬가지다. 지혜로운 자들은 그런 위기의 상황이 발생하기 전에 모든 것을 바르게 파악할 수 있는 시각을 가진다. 어리석은 자들은 항상 죽음을 눈앞에 두고 있으면서도 자기가 소유한 물질이 절대적인 것인 양 착각하며 살아가고 있다. 그러나 성숙한 성도라면 이 세상에 생명보다 소중한 보물은 아무 것도 없다는 사실을 분명히 인식하고 있어야만 한다.

욥바에서 다시스로 가는 배가 무서운 폭풍에 의해 파선 위기에 놓이게 되자 그 배에 탄 사람들은 비로소 생명이 가장 소중하다는 점을 깨닫기 시작했다. 우리는 여기서 매우 중요한 교훈을 배우게 된다. 오늘날 사람들이 겉보기에 평온해 보일지라도 실상은 세상의 거센 풍랑 가운데 살아가고 있으며 언제든지 파선할 위기에 직면할 수 있음을 기억해야 한다. 어리석은 자들은 무서운 폭풍 가운데 파선 위기에 놓인 배와 같은 세상에서 이 땅의 귀중품을 챙기고 움켜잡고자 하는 태도를 보인다. 그러나 지혜로운 성도들은 자신의 영원한 생명을 소중하게 여기며 결코 그런 식으로 미련한 삶을 살아가지 않는다.

그런데 다시스로 향하여 가는 배가 극도의 위기에 처해 있을 때 요나는 배 밑층에서 깊은 잠에 빠져 태연하게 누워 자고 있었다. 우리는 여기서 요나의 신앙을 어느 정도 엿볼 수 있다. 니느웨로 가라는 하나님의 명령을 거부하고 다시스로 도망을 가면서도 여전히 하나님에 대한 믿음이 남아 있었던 것이다. 물론 하나님의 요구에 불순종한 그의 마음이 매우 불편했을 것은 틀림없다.

우리는 여기서 하나님을 믿는 성도이지만 개인이 처한 사정에 따라 이중적이 될 수 있다는 사실을 보게 된다. 요나는 니느웨로 가는 것을 두려워하면서도 자연적인 극한 위기에 대해서는 의연할 수 있었다. 이는 요나가 하나님의 명을 어기고 있었지만 여전히 하나님을 믿는 믿음에는 근본적인 변화가 없었음을 말해주고 있다. 즉 인간적인 연약한 성품으로 인해 불안한 모습을 보이면서도 여전히 하나님을 믿고 있는 양면성을 보여주고 있는 것이다.

4. 당황한 선장의 마지막 지푸라기 (욘1:6-10)

먼 항해 길을 오가는 노련한 선장도 무서운 풍랑 앞에서는 자신의 한계를 느끼지 않을 수 없었다. 인간들의 노력으로는 아무것도 할 수 없다는 사실을 알았던 것이다. 그는 절체절명(絶體絶命)의 그 위기를 모면할 수 있는 방법은 인간들의 노력이 아니라 신의 노여움을 풀어 그 도움을 받는 것 밖에 없다고 여기고 있었다.

그러므로 그는 배 안에 타고 있는 모든 선원들과 승객들에게 각자의 신에게 간구하도록 촉구했다. 그런데 그 말을 듣지 않고 태연하게 잠들어 있는 요나를 발견했을 때 어처구니없었을 것이다. 모든 사람들이 긴박한 상황 가운데서 떨고 있을 때 요나 혼자만 딴전을 부리고 있던 것은 이해할 수 없는 일이었다.

선장은 깊은 잠에 빠져 있던 요나를 흔들어 깨웠다. 그 위기의 상황에서 배 밑층에서 잠자고 있는 사람을 보고 모르는 척 그냥 둘 수 없었다. 모든 사람들이 자기가 믿는 신에게 그 위기로부터 구출해달라고 간곡히 기도하는 터에 어떻게 그런 식으로 태연하게 잠을 잘 수 있느냐는 것이었다.

그래서 선장은 요나를 깨워 저의 신에게 간구하라는 요구를 했다. 혹시 그 신이 배에 탄 모든 사람들을 불쌍히 여겨 구해 줄지 모르기 때문이었다. 물론 여기서 선장이 언급한 신이란 우리가 믿는 기독교 하나님을 알았기 때문에 한 말은 아니었다. 그 순간에는 배 안에 타고 있던 모든 사람들이 생명을 구하기 위해 저마다 자기의 신에게 매달리며 울부짖지 않을 수 없었던 것이다.

그런 중에 배에 타고 있던 자들은 그 상황에 대한 해결책을 모색하기 위해 과연 누구 때문에 그런 무서운 재앙이 임하게 되었는지 제비를 뽑아 찾아내자는 결의를 했다. 그렇게 하여 모든 사람이 제비를 뽑은 결과 요나가 그 재앙의 원인 제공자로 지목되었다. 우리는 그렇게 인도하신 분은 하나님이었다는 사실을 알 수 있다.

요나가 선박에 탄 사람들을 위협하는 재앙의 원인자로 지목이 되자 이번에는 무슨 이유로 그 폭풍이 일어나게 되었는지 알아보고자 했다. 그래서 요나의 인적사항을 확인하며 직업이 무엇인지 고국은 어디이며 어느 지역 어느 민족에게 속한 자인지 공개적으로 질문했다. 요나는 그 말을 듣고 자기는 히브리 사람으로서 우주만물을 창조하신 여호와 하나님을 믿고 경외하는 자임을 밝혔다.

그리고 자기는 여호와 하나님의 명령을 어기고 그의 낯을 피하여 다시스로 가려고 한다는 사실을 고했다. 요나는 그 배에 탄 사람들 앞에서 어떤 핑계도 대지 않고 아무런 저항감 없이 사실 그대로 밝혔다. 그 모든 위기가 여호와 하나님의 심판에 의한 것이란 점을 잘 알고 있었기 때문이다.

그 배에 탄 사람들은 요나의 말을 듣고 나서 크게 두려워하는 마음을 가졌다. 그들이 직면한 폭풍과 거센 파도가 일반적인 자연 현상이 아니라 히브리인들이 믿는 여호와 하나님의 진노로 인한 것이라 판단하게 되었기 때문이다. 그러므로 그들이 생명을 구하여 무사히 살아남기 위해서는 재앙의 원인을 제공한 요나가 믿는 여호와 하나님의 진노를 풀어야 한다고 믿었던 것이다.

5. 문제해결에 돌입한 선박 탑승자들(욘1:11-15)

배에 승선한 사람들이 저들이 처한 위기를 벗어나기 위해 그 원인을 제공한 요나를 찾아내는 동안 바다는 점점 더욱 거센 폭풍과 더불어 거대한 풍랑을 일으켰다. 그것을 보며 공포에 질린 사람들은 요나에게 질문했다. 어떻게 하면 바다가 잔잔해져 배가 안전하게 운항할 수 있겠느냐는 것이었다.

그때 요나는 놀랍게도 자신을 위한 어떤 변명도 하지 않고 매우 침착한 반응을 했다. 그것은 자기를 들어 심한 풍랑이 일고 있는 바다에 던져 넣으라는 자발적인 요청이었다. 그는 그 큰 폭풍이 임한 것이 자기의 죄 때문이라는 사실을 깨닫고 있었으므로 그렇게 하면 바다가 잔잔해지리라 믿고 있었다.

우리는 여기서 요나의 신앙을 엿보게 된다. 요나가 자기를 무서운 풍랑이 이는 바다에 던지라고 한 것은, 요나에게는 하나님에 대한 회개의 한 방편으로 여겨졌던 것으로 이해할 수 있다. 요나는 자기가 바다 가운데 던져지면 하나님께서 다른 사람들의 목숨을 살려 주리라 믿었지만 자기를 살려주시리라는 생각을 전혀 하지 않았을 것이 분명하다.

그럼에도 불구하고 그 배 위에서 위기의 상황을 겪고 있던 사람들은 요나를 즉시 죽음에 내어주고자 하지 않았다. 그들은 인명(人命)을 해치려 하지 않고 노를 저어 배를 육지에 닿도록 하기 위해 최선의 노력을 기울였다. 그럼에도 불구하고 점점 더 강하게 불어 닥치는 맹렬한 폭풍으로 인해 그 목적을 달성할 수 없었다. 우리는 여기서 요나를 살리기 위해 힘을 다하는 선원들을 보며 하나님을 알지 못하는 자들의 의리와 인간미를 보게 된다. 하지만 그것이 하나님의 뜻은 아니었다.

배에 탄 사람들은 요나를 거센 풍랑이 치는 깊은 바다 가운데 빠뜨리지 않고는 히브리인들의 하나님 여호와의 진노를 누그러뜨리는 방법이 없다는 판단을 하게 되었다. 그래서 그들은 요나로 인해 진노한 여호와 하나님에게 간구하기에 이르렀다. 대다수 사람들은 여호와 하나님을 믿거나 그가 참 하나님이라는 사실을 인격적으로 알고 믿었기 때문이 아니라 위기의 원인 제공자인 요나의 하나님이기 때문에 그렇게 했던 것이다.

결국 그 사람들은 요나를 거센 풍랑이 이는 바다에 던져 빠뜨리기로 결심했다. 그들은 여호와 하나님의 명령을 거부한 요나를 죽음에 내어주는 것으로 인해 자신들에게 책임을 돌려 멸망시키지 말도록 간구했다. 그들은 자기를 바다에 던지면 된다는 요나의 요청을 받아들여 그렇게 할 뿐 그를 살해하여 죽이려는 범죄의도가 있었던 것이 아니라는 것이다.

그러면서 요나의 불순종으로 말미암아 진노한 여호와 하나님의 뜻이 이루어지게 되기를 간절히 원한다는 식으로 기도했다. 다시 언급하지만 그것은 배에 탄 사람들이 여호와 하나님을 신앙했기 때문이 아니라 요나로 인해 진노한 히브리인들의 하나님 여호와를 공포의 대상으로 여겼기 때문이다.

그리하여 그 사람들은 요나를 들어 무서운 풍랑이 이는 바다 속으로 던져 넣었다. 그렇게 하여 요나는 성난 바다에 빠져 죽게 되었다. 험악한 바다로 내던져지는 순간 요나는 하나님께 저항한 자기의 죄를 잘 알고 그 일을 기꺼이 받아들였다. 그는 죽음이 두려웠겠지만 그것은 자기가 마땅히 당해야 할 징벌로 여겼다. 앞에서도 언급한 것처럼 요나는 하나님이 그 무서운 바다에서 자기를 살려주실 것으로 믿지는 않았을 것이 틀림없다.

한편 요나를 거센 풍랑이 치는 무서운 바다 속으로 던져 넣자마자 바다는 즉시 파도를 멈추고 잠잠해졌다. 그리하여 그 배의 선원들과 다시스를 비롯한 다른 지역으로 가려던 사람들은 무사히 목적지에 도착했을 것이다. 저들의 기억 속에는 어떤 히브리 사람이 자기의 신인 여호와 하나님의 명령을 거부하다가 바다에 빠져 죽은 불행한 사건만 남아 있게 되었다. 그들 가운데 어느 누구도 요나가 특별한 방법으로 다시 살아나게 되었으리라고 생각하는 사람은 없었을 것이 분명하다. 또한 그 시점에는 이스라엘 백성들 가운데 바다에서 일어나고 있는 그 놀라운 사건에 대해 아는 자가 아무도 없었다.

요나 역시 그 두려운 일로 인해 죽음을 맞이하려 했을 뿐 이 세상에서의 생명을 유지하려거나 더 이상 자신의 생명이 지속되리라는 기대를 털끝만큼도 할 수 없었다. 하지만 하나님께서는 아무도 알지 못하는 특별한 방법으로 요나를 살리시기로 작정하셨다. 하나님은 요나가 강하게 거부했던 자기의 일을 다시금 그에게 맡겨 행하도록 인도하고 계셨다. 인간들로서는 상상조차 할 수 없는 놀라운 일이 진행되어가고 있었던 것이다.

6. 이방인들의 불의한 제사와 하나님의 이면 사역(욘 1:16,17)

무서운 폭풍과 풍랑의 원인을 제공한 요나를 바다에 던져 넣자 즉시 바다가 잔잔해지는 것을 배에 탄 모든 사람들이 목격했다. 언제 그런 일이 있었느냐는 듯 금방 고요하게 된 것이다. 그런데 겉으로는 조용해진데 반해 속으로는 사람들에게 두려움이 엄습해왔다. 히브리인들의 하나님 여호와의 위엄 때문이었다.

그래서 그들은 여호와 하나님께 제물을 바치며 그를 섬기고자 한다는 서원을 했다. 하지만 그들의 종교 행위는 성경의 율법과 상관없는 이방인들의 임시적인 방식이었을 뿐 진정으로 하나님께 바쳐지지는 않았다. 즉 저들은 위기의 상황을 만든 요나의 하나님을 두려워하여 이방신들에게 그렇게 하듯 불의한 제물을 바쳤을 따름이다.

즉 그 사람들 가운데 소수의 히브리인들이 있었다고 할지라도 이방인들과 뒤섞여 드리는 혼합된 제사는 경멸의 대상일 뿐이었다. 그것은 하나님께 영광을 돌리는 것이 아니라 도리어 하나님을 욕되게 하는 행위에 지나지 않았다. 따라서 배에 타고 있던 모든 사람들이 그때부터 여호와 하나님만을 믿기 시작한 것으로 이해해서는 곤란하다.

이는 목적지에 도착하여 제각기 여러 지역으로 흩어지게 될 승객들과 선원들이 장차 지속적으로 여호와 하나님을 섬기며 경배했을 것이라 볼 수 없기 때문이다. 예루살렘 성전에 대한 기본적인 깨달음이 없는 상태에서 언약의 민족 가운데 받아들여진다는 것은 불가능한 일이었다. 이방인으로서 언약공동체 영역 안으로 들어가기 위해서는 반드시 할례의 과정을 통한 신앙고백이 요구되었다.

한편 여호와 하나님께서는 요나가 던져진 그 선박 아래 깊은 바다 가운데 큰 물고기를 예비해두고 계셨다. 그 큰 물고기가 어떤 어종인지 알 수 없었으며 아무도 그것을 눈으로 목격할 수 없었다. 배에 타고 있던 사람들의 눈에 거센 풍랑이 이는 바다 속의 그 물고기가 보이지 않았을 뿐 아니라 요나도 그것을 보지 못했다. 그러나 하나님께서는 아무도 모르게 그 물고기를 예비해 두셨다가 배 위에서 던져지는 요나를 입 속으로 삼키게 하셨다.

그리하여 요나는 삼일 밤낮을 물고기 뱃속에 갇혀 있어야 했다. 우리는 그가 어떤 식으로 그 안에서 생존했는지 구체적인 상태를 짐작하기 어렵다. 하지만 분명한 사실은 그 물고기 뱃속이 저의 가장 안전한 피난처가 되었다는 사실이다. 요나는 그곳에서 전혀 위험하지 않은 상태로 완벽한 보호막을 통해 하나님의 보호를 받을 수 있었던 것이 분명하다.

우리가 여기서 생각해 볼 수 있는 것은 요나가 그 물고기 뱃속에서 무슨 일을 했을까 하는 점이다. 명백한 것은 물고기 뱃속에서 일반적인 어떤 활동도 할 수 없었으리라는 사실이다. 따라서 그 안에서 하나님으로부터 계시된 말씀에 대한 기억과 더불어 깊은 묵상에 잠겨 기도했을 것은 틀림없다.

그때 요나는 구약성경에 기록된 모든 언약과 더불어 하나님과 인간, 이스라엘 민족과 자신의 삶, 그리고 장차 오시게 될 메시아에 대한 깊은 묵상을 했을 것이 분명하다. 이는 요나에게 있어서 깜깜한 물고기 뱃속은 빛이 완전히 차단된 채 삼일 밤낮 동안 묵상과 단련의 시간이 되었을 것이라는 사실을 말해주고 있다. 즉 그곳은 하나님께서 그를 위해 특별히 마련한 은혜의 공간이었던 것이다.

하지만 요나는 삼일이 지나면 밖으로 나가게 될 것이라 기대할 수 없었다. 아마도 그는 시간이 멈추어버린 깜깜한 물고기 뱃속에서 그렇게 지내다가 생애를 마칠 것이라 생각했을 것이다. 당시 그는 모든 것을 하나님께 맡기고 있었을 뿐 그 어떤 기대도 할 형편이 되지 못했기 때문이다.

우리는 또한 물고기 뱃속에 머물렀던 요나의 사건에 대한 신약성경의 해석을 기억해야 한다. 악한 유대인들이 예수님께 시비를 걸며 그가 만일 메시아라면 그에 대한 분명한 표적을 보여 달라는 요구를 했다. 그때 예수님께서는 요나가 물고기 뱃속에서 밤낮 삼일 동안 갇혀 있었던 사건을 언급하며 자기도 나중에 죽어 밤낮 삼일을 땅속에 묻혀 있게 되리라는 사실을 말씀하셨다.

> "요나가 밤낮 사흘을 큰 물고기 뱃속에 있었던것 같이 인자도 밤낮 사흘을 땅속에 있으리라"(마12:40); "악하고 음란한 세대가 표적을 구하나 요나의 표적 밖에는 보여 줄 표적이 없느니라 하시고 저희를 떠나 가시다"(마 16:4)

우리가 여기서 분명히 알 수 있는 사실은 요나가 큰 물고기 뱃속에 갇혀 있을 때 그것은 장차 오실 메시아에 관한 예표로서 그의 죽음과 무덤에 갇히는 사건에 연관되어 있었다는 사실이다. 즉 예수님께서 나중에 구약성경에 기록된 그 사건을 인용함으로써 요나가 물고기 뱃속에 갇혀있던 사건을 단순히 적용만 한 것이 아니라 처음 요나가 물고기 뱃속에 있을 때부터 그것은 벌써 메시아 예언에 연관되어 있었음을 말씀해 주셨다. 따라서 구약시대 요나서를 읽고 그 의미를 생각하는 지혜로운 자들은 장차 있게 될 메시아 사역에 관한 희미한 그림자로서 그 사건을 이해해야 했던 것이다.

제2장

물고기 뱃속의 요나의 절박한 기도
(욘2:1-10)

1. 요나의 특별한 은신처(욘2:1)

요나는 선상에서 무서운 풍랑이 치는 바다에 던져졌을 때 죽음에 직면할 수밖에 없었다. 배에 남은 사람들은 요나를 불쌍하게 여겼을 것이 분명하다. 아까운 한 사람이 자기의 신의 요구에 불순종했다가 죽음에 처해졌기 때문이다. 그러나 요나는 모든 사람들이 알고 있던 것과 달리 죽은 것이 아니라 하나님께서 예비하신 커다란 물고기 뱃속에서 밤낮 삼일을 머물러 있어야 했다.

물고기 뱃속에 있던 요나에게는 낮과 밤이 없는 상태에서 시간이 정지되어 있는 것과 마찬가지였다. 흑암 속에 갇힌 선지자는 물고기가 어딘가 모를 방향으로 헤엄쳐 가는 상태에서 엄습한 불안감과 더불어 더욱 절박할 수밖에 없었을 것이다. 그의 주변에는 의지할 만한 것이 아무것도 남아 있지 않았다. 자신의 불순종에도 불구하고 그는 오로지 성경에 기록된 천상의 하나님만 바라볼 수밖에 없었다.

요나는 물고기 뱃속에 갇혀 있을 동안 바깥으로 나갈 궁리를 하지 못했을 것이 틀림없다. 실상 그곳은 가장 안전한 은신처였음에도 불구하고 그에게는 감옥처럼 여겨졌을 것이며 거기서 탈출한다는 것은 불가능한 일이었기 때문이다. 따라서 진노하신 하나님께서 언젠가 자기를 그곳으로부터 구출해주시리라는 기대를 하지 않았을 것이다. 그는 물고기 뱃속에서 사는 만큼 살다가 때가 이르면 죽으리란 생각을 했을지도 모른다. 그것은 개인적인 입장에서 볼 때 이루 형언할 수 없는 극한 위기에 처한 형국이 된다.

그리고 요나가 큰 물고기 뱃속에서 기적적인 삶을 지탱해가는 동안 그 사실을 알고 있던 사람은 세상에 아무도 없었다. 언약의 백성들은 물론 그의 가족이나 친구들 가운데 어느 누구도 그 사실을 알지 못했다. 즉 지중해 어디선가 그런 놀라운 일이 발생하고 있다는 점에 대하여 짐작하는 것조차 전혀 불가능했다. 이는 하나님의 사역은 때로 아무도 모르는 사이 비밀리에 진행되고 있음을 보여주고 있다.

또한 우리가 여기서 짐작해볼 수 있는 것은, 하나님께서 물고기 뱃속에 갇힌 요나를 위하여 물고기 위장 내부의 잡다한 다른 물질들로부터 분리되는 막으로 된 특별한 공간을 만들었을 것이란 사실이다. 그는 깜깜한 공간에서도 물고기 위장 안의 지저분한 음식물과 뒤섞이지 않은 채 머물렀을 것이 틀림없다. 요나가 물고기 뱃속에 있을 동안에는 특별한 공간에서 호흡을 하며 지낼 수 있었던 것이다.

당시 물고기는 요나를 자신의 뱃속에 가두어 둔 채 지중해 깊은 바다에서 동쪽의 육지 가까운 곳으로 끊임없이 헤엄치며 이동해 갔을 것이 분명하다. 물론 요나는 그 물고기가 어디로 향해 가는지 목적지를 전혀 알지 못했을 뿐 아니라 그런 생각조차 하지 못했을지 모른다. 그에 대한 관심을 가질 만큼 여유가 있었을 것으로 보이지 않기 때문이다.

하지만 하나님께서는, 요나가 명령을 어기고 자기의 판단에 따라 니느웨를 피해 서쪽 다시스로 향하여 가던 방향을 이제 하나님의 뜻에 따라 동쪽 방향으로 되돌리고 계셨다. 즉 그를 태웠던 배가 여유롭게 다시스가 있는 서쪽으로 항해하여 가는 동안 바다 속의 그 물고기는 정반대 방향을 향해 헤엄쳐 가고 있었다. 물고기가 헤엄쳐 가는 곳은 원래 하나님께서 지시하신 지역인 니느웨가 가까워지는 방향이었다.

우리는 여기서 바다 위에 떠서 다시스로 향해 의기양양하게 나아가는 배에 승선한 사람들과, 깊은 바닷물 속에서 아무도 모르게 정 반대쪽을 향해 헤엄쳐가는 물고기와 그 안에 불안한 모습으로 갇혀있던 요나를 떠올려 볼 수 있다. 물고기 뱃속은 요나에게 있어서 가장 안전한 일종의 은신처 역할을 했지만 그의 느낌은 전혀 달랐을 것이 분명하다. 요나에게 있어서 그 특별한 은신처는 하나님께서 예비하신 최고의 안전 지대였으나 안일한 자세로 즐거움을 누릴 수는 없었던 것이다. 즉 실제로는 가장 안전한 곳이었음에도 불구하고 요나는 시간이 정지한 것 같은 분위기에서 불안한 마음을 떨치지 못했을 것으로 보인다.

타락한 세상에서 살아가는 성도들은 종종 절대 안전한 현실에도 불구하고 주변 환경으로 인해 불안해하는 어리석음을 보일 때가 있다. 이에 대해서는 오늘날 우리 역시 그와 동일한 오류에 빠질 수 있다. 하나님께서는 창세전에 택하신 자기 자녀들을 가장 안전한 영역인 거룩한 교회로 불러 모으셨다.

따라서 교회에 속한 신실한 하나님의 자녀들은 이제 타락한 이 세상에 살아가면서 불안해할 하등의 이유가 없다. 하지만 신앙이 어린 교인들은 자기가 처한 특별한 환경으로 인해 불필요한 염려를 하며 불안해하는 경우가 많다. 하여튼 물고기 뱃속에 갇힌 요나는 며칠 동안 가장 안전한 은신처에 거하면서도 그의 불안한 심정으로 인해 하나님을 더욱 간절히 찾으며 그에게 매어달릴 수밖에 없었다.

물론 요나는 어딘지 모를 곳을 향하여 부지런히 헤엄쳐가는 물고기의 깜깜한 뱃속에 갇혀 심한 불안감에 빠져 있으면서도 동시에 하나님의 특별한 섭리가 작용하고 있다는 사실을 분명히 깨닫고 있었다. 그것은 인간의 상상을 초월한 일이었다. 즉 그동안 전혀 들어보지 못한 신기한 경험을 하면서 물고기 뱃속에 갇힌 그 선지자는 하나님의 뜻에 더욱 민감한 자세를 가지게 되었을 것이 틀림없다.

그리하여 요나는 흑암 중에서 여호와 하나님께 간절히 기도하게 되었다. 이제껏 하나님을 섬기며 믿고 있었지만 하나님의 구체적이고도 특별한 섭리 가운데서 그에게 간구하지 않을 수 없었다. 물고기 뱃속에 갇힌 요나는 하나님으로 말미암은 신비한 환경을 체험하며 자신의 모든 것들을 내려놓은 채 간절히 기도하게 되었던 것이다.

우리가 여기서 염두에 두어야 할 바는, 참된 언약의 자녀들은 물고기 뱃속의 요나에게 속한 의미를 지니고 있다는 사실이다. 이는 모든 성도들이 십자가에 달려 죽어 무덤 속에 갇혔다가 삼일 만에 부활하신 주님께 속한 사실과 연관되어 있다. 이처럼 물고기 뱃속에 삼일 동안 갇힌 요나가, 단순한 객관적인 역사적 사실을 넘어 우리에게 실존적인 의미를 제시하고 있음을 말해주고 있다.

2. 물고기 뱃속에서 행해진 요나의 기도(욘 2:2-8)

(1) 요나의 회개와 다짐(욘 2:2-4)

요나는 빛이 전혀 없는 흑암 같이 깜깜한 물고기 뱃속에 갇혀 절박한 상태에 놓여있으면서도 하나님에 대한 기본적인 믿음을 버리지 않았다. 그는 자기가 처한 고통의 상태에서 여호와 하나님을 바라보며 그에게 의존하고 있었다. 그곳은 실상 하나님께서 예비하신 최상의 은신처였으나 그에게는 커다란 고통의 시간이 지속되었다.

요나는 도리어 자기가 받게 된 고난으로 인해 여호와 하나님께 더욱 간절히 부르짖게 되었다. 그에게는 칠흑보다 더 어두운 물고기 뱃속이 아무런 소망이 없는 죽음의 영역같이 느껴졌을 것이다. 그러므로 하나님 이외에 달리 소망을 둘 만한 대상이 전혀 없었으므로 오직 그를 향한 간절한 기도가 나올 수밖에 없었다. 그는 기도하는 가운데 하나님께서 자기의 음성을 들어주신다는 사실을 확실히 깨닫고 있었다. 시편 기자도 이와 유사한 상황에서 동일한 성격의 고백을 노래한 적이 있다.

> "사망의 줄이 나를 얽고 불의의 창수가 나를 두렵게 하였으며 음부의 줄이 나를 두르고 사망의 올무가 내게 이르렀도다 내가 환난에서 여호와께 아뢰며 나의 하나님께 부르짖었더니 저가 그 전에서 내 소리를 들으심이여 그 앞에서 나의 부르짖음이 그 귀에 들렸도다"(시18:4-6)

죄 된 상태를 완전히 벗어나지 못한 인간들은 비록 하나님의 자녀가 되었다고 할지라도 모든 것이 풍족하고 안정된 삶 가운데 있을 때는 하나님을 애절하게 찾기가 쉽지 않다. 성경에서 교훈하고 있는 것처럼 죽음에 이를 만큼 절박한 상황에 처하게 될 때 하나님을 향한 간절한 기도가 나올 수 있다. 이에 대해서는 성경이 기록되던 시대뿐 아니라 오늘날 우리에게도 동일하게 적용된다.

아무것도 부족함이 없는 풍요로운 상태에서 살아가는 자들은 결코 하나님을 간절히 찾지 않는다. 배부르고 넘치는 시대에 살아가는 자들은 마치 취미생활을 하듯 하나님을 섬기려는 경향성이 있다. 따라서 인생을 살아가면서 때로 극한 고통의 상황에 처하는 것이 어떤 의미에서는 하나님의 뜻을 절실하게 바라볼 수 있는 복된 시간이 될 수도 있다. 하지만 어리석은 자들은 그에 대한 올바른 깨달음이 없이 한탄만 할 따름이다.

요나는 배에 탄 선원들과 승객들이 무서운 풍랑이 치는 깊은 바다 속으로 자기를 던져넣은 것을 두고 여호와 하나님께서 직접 관여하신 것으로 받아들였다. 따라서 그 사람들을 원망하지 않았으며 저들의 행위를 어떤 범죄 행위로 여기지 않았다. 하나님께서 다른 사람들의 손을 빌려 거룩한 요구를 배척한 자기를 깊은 바다 가운데 던져 넣었다고 생각했기 때문이다. 따라서 그것은 어떤 경우에도 결코 피할 수 없는 일이었다.

요나는 깊은 바다에 빠진 상태에서 당시의 환경을 시적으로 표현함과 더불어 하나님께 간절히 기도하고 있다. 바다 가운데 내던져진 요나는 큰 물결이 자신의 온 몸을 휘감았으며 하나님께서 일으키신 엄청난 파도가 그 위를 덮쳤노라고 말했다. 하나님으로부터 버림받아 그의 목전에서 쫓겨난 처지에 놓이게 된 요나는 그러할지라도 다시금 그의 거룩한 성전을 바라볼 것이라는 고백을 했다.

모든 것을 상실해버린 상태에서도 그는 극도로 어려운 환경을 비관하지 않고 예루살렘 성전에 거하시는 여호와 하나님을 끝까지 붙잡겠노라는 다짐을 했다. 하나님의 무서운 징계가 임하고 있을 때조차도 자신은 하나님께 속한 사람이라는 점을 잊지 않았기 때문이다. 요나는 그것이 자기에게 유일한 소망이 된다는 믿음을 부여잡고 있었던 것이다.

(2) 요나의 생명을 구하신 하나님(욘2:5,6)

성난 파도가 일렁이는 깊은 바다 속으로 내던져진 요나는 삶을 완전히 포기해야만 할 정도로 큰 절망에 빠질 수밖에 없었다. 나아가 엄청난 양의 물이 그의 몸을 휘둘러 싸게 되어 영혼마저 자유롭지 않은 상태처럼 되어 버렸다. 그는 바다풀이 자신의 머리를 휘감아서 옴짝달싹할 수 없게 되었다는 말을 하고 있다.

또한 깊은 바다 속 밑바닥까지 내려가 빗장이 굳건하게 쳐진 채 죽음의 땅에 갇혀 있는 듯했다는 사실을 언급하고 있다. 거기서 다시 살아나게 된다는 것은 불가능한 일이었다. 이 모든 것들은 스스로는 도저히 헤어 나올 수 없는 죽음에 직면한 자신의 절박한 상태에 대한 시적인 표현으로 이해할 수 있다.

즉 이 말은 바다에 내던져진 요나가 물고기 입을 통해 뱃속으로 들어가기 전 숨을 참을 수 있을 만한 시간인 불과 몇 십초, 길어야 1,2분 정도에 지나지 않는 매우 짧은 시간에 가졌던 피할 수 없는 느낌이다. 이처럼 요나는 하나님의 특별한 손길이 아니었으면 죽을 수밖에 없는 신세였다. 하나님께서는 그 사망의 구렁텅이로부터 요나의 생명을 직접 구출해 주셨다. 이는 하나님께서 그를 큰 물고기 뱃속으로 집어넣은 사실에 연관되어 있다.

요나가 처한 그 위기의 상황은 노아 홍수 때 무서운 파도를 치는 바다 위에 떠 있어야 했던 노아의 가족과, 홍해 바다가 갈라진 물 벽을 통과하는 긴장감에 빠진 이스라엘 민족을 연상케 한다. 노아의 가족은 긴 기간 동안 무서운 풍랑이 치는 죽음의 바다를 넘었으며 이스라엘 백성은 홍해 바다를 건너 시내광야에 도착함으로써 새로운 생명을 공급받았다. 이처럼 요나도 매우 짧은 시간이었지만 죽음의 바다를 지나 큰 물고기 뱃속으로 들어가 생명을 유지하게 되었던 것이다.

(3) 예루살렘 성전을 향한 요나의 기도(욘2:7)

요나는 그 가운데서 자기 속에 살아 움직이는 생기가 서서히 사그라져 가고 있다는 사실을 느끼게 되었다. 그것은 이 세상에서의 생명을 마감하는 죽음을 향해 나아가는 것과 마찬가지였다. 그럴 때 그는 여호와 하나님을 의지하며 그에게 간절히 기도했다.

그렇게 하자 자기의 기도가 예루살렘 성전에 계시는 여호와 하나님께 도달하게 되었다는 사실을 고백했다. 요나는 기도 가운데 그에 대한 사실을 믿고 알았다는 점을 언급하고 있다. 이는 곧 그 기도가 지상의 성전을 거쳐 영원한 천상의 나라에 직접 나아가게 된다는 사실을 의미한다.

이는 또한 요나의 몸은 깜깜한 물고기 뱃속에 갇혀 있었지만 그의 영혼은 예루살렘 성전을 향하고 있다는 사실을 말해주고 있다. 그곳 지성소 안에 여호와 하나님께서 거하시기 때문이다. 그러므로 요나는 어느 곳 어떤 형편에 놓여 있을지라도 그의 영혼은 항상 거룩한 성전을 거쳐 영원한 천상의 나라에 속해 있었던 것이다.

(4) 요나의 서원(욘2:8,9)

진리를 알지 못하는 이방인들과 배도자들은 하나님의 은총을 감사하게 받아들일 줄 모른다. 그들은 여호와 하나님으로부터 다양한 도우심을 입고 있음에도 불구하고 진정으로 하나님께 감사하지 않는다. 저들에게 하나님은 감사와 경배와 찬양의 대상이 아니며 때로 단순한 공포의 대상이 될 따름이다. 요나와 함께 무서운 풍랑이 이는 바다에서 배를 타고 있던 사람들도 그와 같았다.

여호와 하나님께서 무서운 풍랑 가운데서 극한 위기에 처한 선박을 구출해주셨으므로 특별한 은총으로 인해 그 배에 탄 모든 사람들은 각기 목적지를 향해 안전하게 항해하여 갈 수 있었다. 하지만 그 배 안에 타고 있던 사람들은 위기의 상황을 벗어나게 되자 하나님께서 베푸신 은혜를 금방 잊어버렸다. 이처럼 거짓되고 헛된 것을 숭상하는 자들은 위태로운 여건 가운데서 자기에게 임한 하나님의 은혜를 직접 경험했음에도 불구하고 그에 진정으로 감사하는 마음을 유지할 줄 모른다.

그러나 하나님을 진정으로 경외하는 요나의 신앙은 저들과 근본적으로 달랐다. 그는 현실적으로 심한 고난 가운데 처해 있으면서도 그때뿐 아니라 장차 감사하는 목소리로 여호와 하나님께 제사를 드리겠다는 서원을 했다. 그리고 자기가 한 서원을 반드시 갚겠다는 다짐을 했다. 시편 기자도 동일한 환경에 처했을 때 하나님을 찾아 간구하면 들어주실 것이라는 노래를 부르고 있다.

"감사로 하나님께 제사를 드리며 지극히 높으신 자에게 네 서원을 갚으며 환난 날에 나를 부르라 내가 너를 건지리니 네가 나를 영화롭게 하리로다" (시50:14,15)

위에 기록된 대로 시편 기자가 계시받은 하나님의 말씀과 마찬가지로 요나는 극한 고통의 상황을 겪고 있으면서도 여호와 하나님께 감사하는 마음을 버리지 않았다. 즉 그에게 하나님을 불평하거나 원망하는 마음이 전혀 남아 있지 않았다. 오히려 하나님께 감사의 제사를 드리며 경배하고자 하는 마음을 유지하고자 했다. 이는 그가 어려운 여건 가운데서도 하나님의 약속을 굳게 믿고 있었기 때문이다.

요나는 참된 구원이 오직 여호와 하나님께 달려 있다는 사실을 잘 알고 있었다. 따라서 그는 자신의 연약함으로 인해 심한 환란에 빠졌을 때도 하나님의 언약을 부여잡고 있었던 것이다. 그와 같은 믿음이, 불안하게 헤엄쳐가는 물고기 뱃속의 흑암천지 가운데 있는 요나에게 진정한 소망을 허락하게 되었다. 그것은 눈앞에 보이는 육체의 구출을 넘어 영원한 구원을 바라보게 했던 것이다.

3. 요나를 토해낸 물고기 (욘2:10)

여호와 하나님께서는 뱃속에 요나를 담고 있는 물고기로 하여금 동쪽 해변의 육지 가까이 나아가도록 하여 그를 땅 위에 토해내도록 하셨다. 깜깜한 물고기 뱃속은 그가 영원히 거할 처소가 아니었다. 그곳은 하나님의 섭리에 의해 마련된 특별한 공간으로서 잠시 머무는 의미 있는 소중한 영역이었다. 하지만 당시 요나는 흑암 중에 거하면서 그 물고기가 조만간 자기를 육지에 토해낼 것이란 점을 전혀 기대할 수 없었다. 나아가 삼일이 지나면 육지로 나가게 되리라는 사실은 상상조차 할 수 없는 일이었다.

그런데 물고기는 먼 바다 속 물길을 헤엄치며 삼일 밤낮을 보낸 후 바닷가에 접한 어느 육지에서 요나를 토해냈다. 처음 요나의 입장에서는 그 기간이 삼일이었는지 며칠이 지났는지 전혀 알지 못했을 것이 분명하다. 단지 상당히 오랜 기간 동안 움직이는 물고기 뱃속에 갇혀 있었다는 사실만 알았을 것이다. 요나에게 물고기 뱃속은 시간이 정지한 듯한 상태의 흑암천지였을 따름이었기 때문이다.

어쨌거나 요나가 물고기 뱃속에서 밤낮 삼일이 지난 후 육지로 나오게 된 것은 하나님의 놀라운 섭리에 의한 것이었다. 요나는 자기가 전혀 기대하지 못했던 일이 발생했을 때 엄청나게 놀랐을 것이 틀림없다. 어쩌면 그가 물고기의 입을 통해 그 뱃속에 들어갈 때보다 그 물고기가 자기를 육지에 토해냈을 때 훨씬 더 크게 놀랐을지 모른다.

요나가 물고기라는 특수한 이동수단에 의해 깊은 바다로부터 육지로 나오게 되었다는 것은 새로운 삶이 시작되었다는 사실을 말해준다. 그것은 하나님께서 자신의 계획된 뜻을 이루기 위해 그를 육지로 내보내신 것이다. 즉 그것은 요나가 간절히 원한 것이거나 의도에 따른 자발적인 행동에 의한 것이 아니었다. 아무도 모르는 사이 하나님의 전적인 섭리와 경륜에 따라 그와 같은 놀라운 일이 진행되어 갔던 것이다. 이는 요나를 통해 행하실 하나님의 특별한 뜻이 존재한다는 사실을 보여주고 있다.

제3장

니느웨에서 하나님의 메시지를 선포하는 요나
(욘3:1-10)

1. 여호와 하나님의 두 번 째 명령(욘3:1,2)

요나는 니느웨로 가라는 하나님의 첫 번째 명령을 정면으로 거역했었다. 그런데 하나님께서는 그의 강권적인 힘으로 다시스로 가는 요나의 발걸음을 되돌리셨다. 그리하여 물고기 뱃속에서 삼일 밤낮을 머물다가 밖으로 나온 요나는 두 번째 명령을 들었다.

극한 위기를 넘긴 후 하나님으로부터 두 번째 동일한 명령을 받게 된 요나는 더 이상 그것을 거부할 명분이 없었다. 그는 하나님의 요구와 인도하심에 순종해야 했던 것이다. 그때는 그것을 거부하기 위해 다른 핑계를 대기 어려웠으며, 하나님의 무서운 심판을 실제로 경험했기 때문에 이제 더욱 분명한 자세를 취해야만 했다.

우리가 여기서 기억해야 할 점은, 요나가 자신의 순수한 신앙심이나 충성심 때문에 자발적으로 하나님의 사역을 감당하게 된 것이 아니라는 점이다. 오히려 그와는 정반대적인 성격을 지니고 있었다. 그는 하나님의 뜻에 대하여 강력하게 저항했지만 하나님께서 저를 자기의 특별한 사역을 위해 강권적으로 부르셨다.

이와 유사한 상황은 성경 전체 내용 가운데 되풀이하여 나타나고 있다. 모세가 그랬으며 선지자 예레미야도 그러했다. 성경에 기록된 많은 믿음의 선배들은 그와 유사한 과정을 거친 것으로 보인다. 출애굽기에는 모세가 여호와 하나님의 명령을 듣고 그것을 거부한 사실이 기록되어 있다. 자기에게 존재하는 여러 조건들을 살펴볼 때 하나님의 준엄한 명령을 따를 수 없다는 것이었다.

"모세가 여호와께 고하되 주여 나는 본래 말에 능치 못한 자라 주께서 주의 종에게 명하신 후에도 그러하니 나는 입이 뻣뻣하고 혀가 둔한 자니이다 여호와께서 그에게 이르시되 누가 사람의 입을 지었느뇨 누가 벙어리나 귀 머거리나 눈 밝은 자나 소경이 되게 하였느뇨 나 여호와가 아니뇨 이제 가라 내가 네 입과 함께 있어서 할 말을 가르치리라 모세가 가로되 주여 보낼 만한 자를 보내소서" (출4:10-13); "여호와께서 모세에게 말씀하여 이르시되 나는 여호와라 내가 네게 이르는 바를 너는 애굽 왕 바로에게 다 말하라 모세가 여호와 앞에서 아뢰되 나는 입이 둔한 자이오니 바로가 어찌 나의 말을 들으리이까" (출6:29,30)

모세는 하나님께서 자기를 애굽의 왕궁으로 보내려고 하시자 즉시 그 명을 받아들일 수 없다는 말부터 했다. 그가 애굽의 황제에게 나아간다는 것은 스스로 죽음을 자초하는 것과 마찬가지였다. 이미 사십 년이란 오랜 세월이 흐르긴 했으나 그는 애굽을 배반한 인물이었다. 애굽 공주의 왕자 출신으로 권력의 핵심부에 있던 자가 히브리인으로 드러나 왕궁을 탈출한 것은 엄청난 사건이 아닐 수 없었다.

비록 모세와 연관된 그 사건이 발생한 지 오래되었다고 할지라도 여전히 애굽의 정치 지도자들 가운데는 그 사건을 기억하는 자들이 상당수 있었을 것이 틀림없다. 그런 모세가 자기 민족을 이끌어내기 위해 애굽의 왕궁에 들어가 파라오를 대면하여 하나님의 뜻을 전한다는 것은 여간 부담스러운 일이 아니었을 것이다.

그럼에도 불구하고 하나님께서는 모세에게 강한 명령을 내리셨으며 모세는 그에 순종할 수밖에 없었다. 그것은 매우 두려운 일이었음이 분명하다. 따라서 선지자들 가운데는 하나님에 대한 신앙이 분명했음에도 불구하고 소극적이거나 부정적인 태도를 보인 사람들이 많이 있었다. 선지자 예레미야도 모세와 동일한 태도를 보였다. 하나님께서 자신의 특별한 목적을 위해 그를 이스라엘 민족 가운데 보내고자 했을 때 먼저 그것을 거부하는 태도를 보였다. 예레미야는 그에 대한 분명한 기록을 남기고 있다.

> "내가 이르되 슬프도소이다 주 여호와여 보소서 나는 아이라 말할 줄을 알지 못하나이다 하니 여호와께서 내게 이르시되 너는 아이라 말하지 말고 내가 너를 누구에게 보내든지 너는 가며 내가 네게 무엇을 명령하든지 너는 말할지니라"(렘1:6,7)

예레미야는 하나님께서 자신의 뜻을 언약의 백성들을 향해 전하도록 하셨지만 그는 심히 부담스러워하지 않을 수 없었다. 그와 같은 예는 신구약 성경 전체에 나타나고 있다. 이는 성도의 순종이 순수한 자발적인 판단에 근거한다기보다 하나님의 강권적인 역사하심에 달려 있다는 사실을 보여주고 있다.

신약시대 사도 바울 역시 자발적으로 하나님의 사도가 되어 그 사역을 감당했던 것이 아니었다. 교회를 심하게 핍박하던 바울을 강권적으로 불러 거룩한 사역을 맡긴 분은 하나님이었다. 예수를 믿는 성도들을 잡아들여 박해하기 위해 다메섹으로 가던 바울을 직접 불러 그에게 나타나 말씀하신 분은 예수님이었으며 그것이 바울 자신의 열망이나 충성심 때문이 아니었던 것이다.

요나가 니느웨로 간 것도 그의 탁월한 충성심 때문이 아니었다. 오히려 그는 내키지 않는 그 상황을 피하기 위해 온갖 노력을 기울였다. 그럼에도 불구하고 하나님께서는 그를 강권적으로 불러 앗수르 제국의 수도인 큰 성읍 니느웨로 보내 자신의 뜻을 선포하여 전하도록 하셨던 것이다.

2. 요나의 순종(욘3:3)

요나는 두 번째 되풀이 된 하나님의 명령을 듣고 앗수르 제국의 수도인 니느웨로 갔다. 그것은 순종의 행위이기는 했지만 기쁨으로 받아들이는 순수 자발적 순종과는 다소 달랐다. 어쨌거나 그는 하나님의 지시에 따라 먼 길을 떠나 니느웨로 가게 되었다.

니느웨는 앗수르 제국의 수도로서 당시 세계 최대 규모의 도시였다.[13) 모든 국가는 수도를 화려하게 함으로써 나라의 위엄을 보이고자 한다. 외국의 많은 사신들이 드나들며 그 형편을 자기 나라에 돌아가서도 그대로 평가하며 전할 것이기 때문이다. 아마도 그곳에 도착한 요나의 눈은 휘둥그레졌을 것이다.

그 성읍은 규모가 엄청나게 컸으므로 그것 자체로서 약소국에서 방문한 사람을 위축시킬 만했을 것이 분명하다. 그 성은 사람이 삼 일을 걸어 다

---

13) 존 칼빈은 그의 '요나서 주석'의 각주에서 니느웨 성읍의 규모에 대한 서술을 하고 있다: Marckius가 인용한 Diodorus Siculus의 견해에 따르면, 니느웨 성읍의 형태는 장방형이었다고 한다. 가로의 길이는 150stadia(1stadium은 약 200m)였으며 세로의 길이는 90stadia 크기의 규모였다. 이는 가로 30km 세로 18km 규모가 되었다. 그리고 성벽의 높이는 100피트로 약30m정도 이며 성벽 위의 폭은 세대의 전차가 달릴 수 있었다고 한다. 그리고 성벽 주변에는 60m 정도의 탑이 1,500개 정도가 있었다고 한다. 이는 어마어마한 규모가 아니라 할 수 없다. 물론 우리가 이와 같은 추정을 정확한 것으로 받아들이기 어렵다고 할지라도 그 규모를 어느 정도 짐작해 볼 수 있다.

녀야만 전체를 파악할 수 있을 만큼 컸다. 칼빈은 그의 주석에서 당시 니느웨 주변에는 4백여 개의 크고 작은 경기장들이 있었다고 한다. 이를 통해 그 성읍의 규모가 어느 정도였는지 짐작해 볼 수 있다.

성경은 또한 그 도성에 좌우를 분변치 못하는 어린 아이들이 12만 명 정도 된다고 했다(욘4:11). 그로 보아 어른들을 포함한 전체 인구는 2백 만 명이 넘었던 것으로 여겨진다. 이는 당시로는 상상하기 어려운 엄청난 규모가 아닐 수 없었다.

요나가 도착한 니느웨는, 성경이 말하고 있는 것처럼 하루 이틀 길을 걸어서는 파악할 수 없을 만큼의 큰 성읍이었다. 요나는 난생 처음 그와 같이 거대한 도시에 도착해 상당히 당황스러웠을지도 모른다. 물론 그전부터 그 성에 대한 이야기를 많이 들어왔겠지만 실제로 그 광경을 목격했을 때는 그 느낌이 달랐을 것이다.

3. 요나의 회개촉구(욘3:4)

요나가 니느웨 성 안으로 들어가 그곳 백성들에게 하루 종일 하나님의 뜻을 선포하며 회개를 촉구하자 그 성읍은 발칵 뒤집혔다. 우리는 물론 그때 사용된 언어에 대하여 확실히 알기는 어렵다. 분명한 점은 그가 히브리어가 아니라 앗수르 사람들이 사용하는 방언을 사용했을 것이란 사실이다. 물론 요나가 어떻게 그 언어를 배워 익혔는지에 대해서는 알 수 없다.

하지만 우리가 알 수 있는 사실은 당시에도 외국어를 배워 익히는 것은 특별한 일이 아니었다는 점이다. 따라서 요나는 저들의 언어를 사용할 수 있었을 가능성이 크다. 어쩌면 하나님께서 오순절 성령 강림 이후에 사도들이 '난 곳 방언으로' 말했듯이 그에게 특별한 계시적 은사가 임했는지도 모른다. 우리는 그것이 전혀 불가능한 것이라 말하기 어렵다. 어쨌거나 요나는 니느웨 지역의 거민들이 알아듣는 말로 하나님의 뜻을 선포한 것은 틀림없다.

요나가 낯선 니느웨 성에서 목숨을 내놓은 채 회개를 촉구하는 하나님의 뜻을 선포하고 있을 때 예루살렘의 성전 종사자들과 남북 이스라엘 왕국의 정치지도자들을 비롯한 일반 백성들 가운데 그 사실을 아는 사람은 없었다. 즉 하나님의 명령에 의해 그곳에 가 있는 요나를 위해 기도하거나 걱정하는 사람은 아무도 없었던 것이다.

그런 가운데 요나는 니느웨 성 사람들에게 회개를 촉구하는 하나님의 말씀을 선포하며 강력하게 외쳤다. 우리가 눈여겨보아야 할 점은, 요나가 앗수르 제국의 정치 지도자들에게 하나님의 메시지를 조용히 전달한 것이 아니었다는 사실이다. 그는 니느웨에 살고 있는 일반 백성들을 향해 외쳤던 것이다.

그가 부르짖은 말씀의 주된 내용은 니느웨 사람들의 죄악으로 인해 앞으로 사십 일이 지나면 니느웨 성이 파괴되어 무너져 내린다는 것이었다. 그러니 빨리 회개하고 잘못으로부터 돌이키라고 다그쳤다. 당시 니느웨에 거주하던 백성들은 자신이 무엇을 돌이켜야할지 그 내용을 알고 있었던 것이 틀림없다.

우리가 여기서 짐작해 볼 수 있는 것은 당시 요나가 니느웨 사람들에게 저들의 신앙이나 부정직한 일반 윤리적인 잘못을 뉘우치라고 요구하지 않았을 것이라는 사실이다. 그것은 이스라엘 민족에 연관된 범죄로서 하나님께 저항하는 행위였던 것이 분명하다. 당시 니느웨 사람들은 호시탐탐 이스라엘 민족을 공격하면서 그 땅을 정복하여 모든 전리품을 취해오기 위해 온갖 노력을 기울였을 것으로 보인다.

또한 그 백성들이 악행을 뉘우쳐 회개하지 않으면 앞으로 사십 일 후에 저들이 자랑으로 삼고 있는 그 큰 성읍 니느웨가 완전히 파괴될 터인데 어떤 방식으로 파괴될지에 대해서는 정확하게 알 수 없다. 이점에 대해서는 니느웨에 살고 있는 사람들은 물론 요나 역시 마찬가지였을 것이다. 즉 지진이나 자연 현상으로 인해 성과 건물이 파괴된다는 것인지, 아니면 외부 세력의 갑작스런 침략으로 인해 모든 것이 파괴된다는 것인지 분명하지 않다. 하여튼 분명한 사실은 하나님의 말씀에 순종하지 않고 저항할 경우 거대한 그 성읍이 허물어진다는 것이었다.

4. 니느웨 성에 일어난 기적(욘 3:5,6)

니느웨 성의 사람들은 놀랍게도 요나의 선포를 거부한 것이 아니라 신적인 언어로 받아들였다. 그들은 요나의 말을 믿고 스스로 금식을 시작했다. 그리고 굵은 베옷을 입고 슬픔에 빠졌다. 그렇게 되자 공적인 계통을 거쳐 왕에게도 보고되었다. 왕 또한 그 소식을 듣고 일어나 관복을 벗고 굵은 베옷을 입고 재(ash) 위에 앉았다. 그것은 처참한 상황에 이르게 될 것에 대한 두려움 때문이었다.

우리는 여기서 니느웨 사람들이 요나가 외치는 소리에 그렇게 처신해야만 했던 이유가 무엇이었을까 하는 점을 생각해 보게 된다. 일반적인 경우라면 그런 사람이 나타나면 정상적이지 않은 사람이라 간주하게 된다. 어느 시대 어느 곳이라 할지라도 종교적인 이상 증세를 보이는 사람들은 항상 있어왔기 때문이다.

그럼에도 불구하고 그 백성들이 이방 지역, 특히 약소국인 이스라엘에서 온 한 사람의 말로 인해 그런 반응을 보이게 된 것은 결코 평범하지 않은 매우 특이한 일이다. 이는 그들이 당시 어떤 특수한 환경으로 말미암아 매우 불안한 형편에 처해 있었을 것이란 점을 말해주고 있다. 그것이 어떤 문제든지 간에 그 모든 정황들은 하나님으로 말미암은 것으로 이해해야 한다.

그렇다고 할지라도 우리는 니느웨 백성들이 그와 같은 반응을 보인 것은 여호와 하나님을 신앙했기 때문이 아니었다는 사실을 기억해야 한다.

그들은 단지 요나가 믿는 히브리인들의 신인 여호와 하나님에 대해 두려운 마음을 먹고 있었을 따름이다. 그 사람들은 우리와 동일한 고백으로 하나님을 신앙했던 것으로 볼 수 없다. 하지만 분명한 점은 그들이 스스로 처한 형편에 대한 메시지를 신적인 것으로 받아들였다는 사실이다.

우리가 여기서 짐작할 수 있는 것은 당시 니느웨에는 요나의 선포와 연관하여 어떤 사건과 더불어 기적이 동반되었을 것으로 보인다는 점이다. 하나님께서는 목적하는 바를 이루기 위해 사람들을 보내실 때 자신의 사자를 앞서 보내신 경우가 많이 있었다. 출애굽기에는 이스라엘 백성이 적의 지배 영역으로 들어갈 때 하나님께서 앞서 사자를 보내시겠다는 말씀을 하신 기록이 나타난다.

> "내가 사자를 네 앞서 보내어 길에서 너를 보호하여 너로 내가 예비한 곳에 이르게 하리니……. 내가 내 위엄을 네 앞서 보내어 너의 이를 곳의 모든 백성을 파하고 너의 모든 원수로 너를 등지게 할 것이며 내가 왕벌을 네 앞에 보내리니 그 벌이 히위 족속과 가나안 족속과 헷 족속을 네 앞에서 쫓아내리라" (출23:20-28)

우리는 또한 이뿐 아니라 엘리사의 사환이 막강한 아람군대가 산을 포위하고 있는 것을 보며 공포에 질렸던 때를 기억한다. 그 광경을 본 사환은 이제 모든 것이 끝난 것으로 생각하며 절망에 빠졌다. 그러나 엘리사는 하나님께서 천사들을 동원해 자기를 돕고 계신다는 사실을 알고 있었다. 그리하여 하나님께 자기 사환의 눈을 열어 주시도록 간구했다. 그러자 그 사환은 영적인 눈을 떠서 그들을 지켜 보호하는 천군천사들이 불 말과 불병거를 타고 포진한 모습을 보고 힘을 얻게 되었다(왕하6:13-18, 참조).

이처럼 요나가 니느웨에 갔을 때도 하나님께서는 자신의 사자를 먼저 보냈을 것으로 보인다. 물론 우리는 하나님의 사자가 구체적으로 어떤 역할과 활동을 했는가에 대해서는 정확하게 알 수 없다. 하지만 그가 니느웨 사람들이 충분히 두려워할 만한 어떤 상황으로 만들어 갔을 것은 틀림없는 사실이다.14)

막강한 세력을 보유한 앗수르 제국의 수도인 니느웨 사람들이 굵은 베옷을 입고 금식을 하며, 대제국을 통치하는 막강한 왕이 굵은 베옷을 입고 재를 뒤집어썼다는 것은 예삿일이 아니다. 그것 자체가 놀라운 기적이 아닐 수 없었다. 왕이 그렇게 했다는 것은 알 수 없는 어떤 정치적인 위기를 느꼈기 때문일 수도 있다.

그 모든 것은 전적으로 하나님께서 홀로 계획하시고 행하신 일이었다. 이스라엘 본토에 살고 있던 언약의 백성들은 당시 니느웨에서 무슨 일이 일어나고 있는지 전혀 알지 못했다. 나아가 요나와 함께 지중해의 배 위에 타고 있던 사람들은, 물에 빠져 죽은 요나라는 사람이 대제국의 수도인 니느웨에서 하나님의 말씀을 선포하고 있다는 사실은 상상조차 할 수 없는 문제였다.

---

14) 예를 들어 지축이 크게 흔들릴 만한 지진이 일어났다고 가정해보자, 그것도 한 번이 아니라 일정 기간을 두고 몇 번씩 되풀이되었다면 사람들은 매우 큰 두려움에 빠질 수밖에 없다. 지금도 그렇기는 하지만 고대에는 그와 같은 불안한 자연적인 현상이 발생하면 그것을 신이 노한 것이라 판단하는 경우가 많았다. 어쩌면 요나가 니느웨를 방문하여 사람들에게 회개를 촉구하기 전에 그 지역에 그와 유사한 일들이 발생했을지도 모른다. 그런 중에 요나가 가서 그곳 백성들에게 회개를 촉구했을 때 사람들의 마음이 크게 동했을 것으로 보인다. 물론 우리는 당시에 지진이 일어났는가 하는 문제는 정확하게 알 수 없지만 그 정황은 짐작할 수 있다. 하나님께서 사전에 그곳에 특별한 일이 발생하게 했을 것이란 점에 대해서는 어렵지 않게 받아들일 수 있는 것이다. 우리는 또한 바로 그 시기와 가까운 때 가나안 땅에 큰 지진이 일어났던 사실을 선지자 아모스의 기록을 통해 알게 된다(암1:1). 물론 그 지진이 니느웨와 직접 연관되는 것으로 보기는 어렵지만 당시에도 강한 지진들이 있었다는 사실은 알 수 있다.

5. 왕의 조서(욘3:7,8)

앗수르 제국의 왕은 니느웨 성읍에 조서를 내려 백성들로 하여금 그에 따르도록 명령했다. 그것은 정부의 공식 문서였다. 그 내용 가운데는 사람이나 짐승이나 소 떼나 양 떼조차도 식음을 전폐해야 하며 어떤 음식도 입에 대지 말아야 한다는 법령이 들어 있었다. 인간들을 포함한 살아있는 동물들은 음식을 먹지 말아야 하며 물도 마시지 말아야 하는 것이다.

또한 그 조서 가운데 사람들뿐 아니라 짐승들에게도 굵은 베옷을 입혀야 한다고 명시된 것은 매우 특별한 일이다. 짐승들도 굵은 베옷을 입는다는 것은 결코 일반적이지 않다. 하지만 여기서 짐승들에게 굵은 베옷을 입힌다는 것은 당시 앗수르 사람들의 독특한 문화로 이해하는 것이 자연스럽다.

그리고 니느웨 성읍에 살고 있는 모든 백성들은 여호와 하나님을 향해 부르짖어야 하며, 각기 악한 길에서 돌이키고 손으로 저지른 포악한 행동으로부터 떠나도록 명령했다. 성경 본문에 언급된 신앙에 연관된 기술에도 불구하고 여기서 '하나님'이 언급된 것은 우리가 믿는 여호와 하나님에 대한 신앙에 근거한 것으로 보기 어렵다.[15] 앞에서 말한 것처럼 그들이

---

15) 구약시대 이방인들이 여호와 하나님을 온전히 신앙하기 위해서는 몇 가지 중요한 조건이 있다. 첫째는 그들의 신앙이 하나님의 집인 예루살렘 성전을 향하고 있어야만 한다. 물론 그것은 단순한 방향뿐 아니라 그곳에서 진행되는 제사에 관한 이해를 해야 함을 의미하고 있다. 둘째는 구약성경에 나타난 믿음의 선배들을 통한 언약과 구속사에 관한 기본적인 이해가 있어야만 한다. 즉 노아, 아브라함, 모세, 다윗에게 허락된 언약적인 의미를 깨닫고 받아들여야 한다. 셋째는 그들 가운데 남자들은 할례를 받아야 한다. 할례는 타락한 세상과의 구별을 의미하기 때문이다. 이와 같은 내용들이 받아들여지지 않은 상태에서는 그들이 진정으로 하나님을 신앙하는 것으로 볼 수 없다. 요나가 니느웨에 가서 회개를 선포했을 때 니느웨 왕을 비롯한 많은 이방 백성들이 여호와 하나님께 부르짖고 그 앞에서 자신의 잘못을 뉘우쳤던 것은 사실이다. 하지만 그렇다고 해서 저들이 여호와 하나님에 대한 참된 신앙을 가진 것으로 말할 수 없다. 그들은 단지 재앙을 내리시는 히브리인들의 하나님 여호와에 대하여 두려운 마음을 가지고 있었을 따름이다.

구약의 언약과 예루살렘 성전에 대한 본질적인 의미를 이해한 것으로 보이지 않으며, 할례를 받음으로써 신앙을 고백한 것으로 드러나지 않기 때문이다. 그들은 단지 히브리인의 두려운 하나님을 염두에 두었을 따름이다.

만일 그들이 여호와 하나님을 진심으로 신앙했다면 니느웨에 살고 있는 앗수르 사람들 가운데 여호와 하나님을 믿는 사람들이 그후에도 상당수 남아있어야 한다. 그것은 단순히 정신적이며 심적인 상태에 그치는 것이 아니며 구약성경의 율법과 성전에 대한 지속적인 이해와 깨달음이 동반되어야 한다. 이는 그들은 히브리인들의 신인 여호와 하나님을 두려워했을 뿐 신앙의 대상은 아니었다는 점을 말해주고 있다.

6. 하나님의 자비를 구하는 왕(욘3:9)

앗수르 제국의 왕은 히브리인들의 신인 여호와 하나님이 노여움을 풀고 그 뜻을 돌이켜 주기를 원했다. 신이 진노를 그치면 니느웨 성이 파괴되지 않고 저들이 멸망하지 않을 수 있으리라 생각했던 것이다. 얼른 보면 그들이 마치 믿음이 있어서 그러는 것 같아 보이지만 실상은 그렇지 않다.

앗수르 제국의 왕은 여호와 하나님에 대한 진정한 신앙에 근거한 것이 아니었다. 그들은 이스라엘 민족을 향해 저지른 저들의 잘못을 뉘우치고 돌아서면 하나님이 심판을 중단하리라고 판단하고 있었다. 그것은 언약의 백성들을 침략하고 괴롭힌 일에 밀접하게 연관되어 있는 것으로 보아야 한다.

우리가 쉽게 알 수 있는 사실은 당시 남북 이스라엘 왕국 곧 언약의 백성이 앗수르 제국에 의해 심한 위협을 당하고 있었다는 점이다. 앗수르 사람들은 약소국에 속한 이스라엘 백성을 멸시했다. 하지만 힘이 없는 그들은 속수무책으로 당할 수밖에 없었으며 어떤 대응도 하기 어려운 상황이었다.

그러나 여호와 하나님은 언제든지 막강한 앗수르 제국을 제압할 수 있었다. 하나님의 자녀들은 여호와 하나님을 의지함으로써 앗수르 제국을 비롯한 이방 왕국의 공격을 막을 수 있다. 하지만 이스라엘 민족 자체의 힘을 통해 외침을 방어하거나 물리치지 못한다.

그러나 앗수르 왕을 비롯한 국가 관료들을 대상으로 삼아 저들의 행동을 돌이키도록 요구한 분은 여호와 하나님이었지만 그가 저들의 신앙의 대상이 되었던 것은 아니다. 그들은 단지 이스라엘의 하나님 여호와를 크게 두려워했을 따름이며 그를 믿고 의지하고자 하지는 않았다. 그들에게는 여호와가 공포의 대상이었을 뿐 믿음의 대상이 아니었던 것이다.

7. 하나님의 응답(욘3:10)

하나님께서는 니느웨 사람들을 비롯한 저들의 왕과 관료들에게 응답하셨다. 그들은 그동안 자신이 이스라엘 민족에 대하여 저지른 악행 곧 그 모독적인 길에서 돌이키기로 했기 때문이다.16) 즉 이스라엘 민족과 하나님께 저항하는 행위를 중단하고자 했다. 그러므로 하나님은 그들에게 내

---

16) 예수님께서는 복음서에서, "심판 때에 니느웨 사람들이 일어나 이 세대 사람을 정죄하리니 이는 그들이 요나의 전도를 듣고 회개하였음이어니와 요나보다 더 큰 이가 여기 있노라"(마12:41;눅11:32)고 말씀하셨다. 예수님의 이 말씀은 실제적 상황이 아니라 비유로 이해하는 것이 자연스럽다. 본문에 언급된 '요나의 전도'란 '진리의 복음을 받아들이라'는 의미라기보다 하나님께서 요나에게 요구하신 니느웨를 향한 심판에 대한 선포를 의미한다, 우리가 여기서 주의 깊게 생각해 보아야 할 점은, 예수님께서 말씀하시고자 하는 것은 니느웨 사람들의 구원에 관한 문제가 아니라 이방인인 불신자들조차도 하나님의 심판을 두려워할 줄 아는데 언약의 백성이라 하면서 그에 대한 깨달음이 전혀 없는 자들을 나무라고 계신다는 사실이다. 즉 이방인들인 니느웨 사람들만큼의 수준도 되지 않는 배도에 빠진 바리새인들과 서기관들을 책망하고 있는 것이다.

리고자 하신 재앙을 내리지 않기로 작정하셨던 것이다.

하지만 하나님께서 저들의 참된 신앙을 보고 기쁨으로 응답하신 것이라 볼 수는 없다. 즉 그 사람들이 하나님께 아담의 범죄로부터 구원받은 것으로 이해하기 어렵다. 그들이 여호와 하나님을 진정으로 믿는 신앙을 소유했던 것은 아니었기 때문이다. 그럼에도 불구하고 그들이 이스라엘 민족을 침략하고 괴롭히는 일을 중단하고자 한 것이 하나님의 진노를 멈추게 했다.

우리는 하나님께서 요나를 니느웨에 보내신 까닭이 요나 자신을 위해서가 아니었다는 사실을 알고 있다. 또한 그 이방인들에게 긍휼을 베풀고자 한 것이 아니었으며 저들에게 특별한 유익을 베풀고자 한 것도 아니었다. 나아가 엄밀한 의미에서 볼 때 이스라엘 민족 자체를 위해서 그렇게 하신 것이라 말하기도 어렵다. 하나님께서는 선택된 언약의 자손들과 예루살렘을 통해 이 땅에 오실 메시아에게 근본적인 관심을 가지고 계셨던 것이다.

그럼에도 불구하고 우리는 여기서 이방인들에게도 일반적인 관용을 베푸시는 여호와 하나님을 볼 수 있다. 그것은 물론 구원과 직접 연관되는 것은 아니다. 즉 저들에게 영원한 구원을 약속한 것은 아니지만 저들에게 재앙을 내리지는 않으셨다. 이는 그들이 하나님의 뜻을 벗어나 언약의 백성을 괴롭히는 일을 중단시키고자 하셨기 때문이다.

우리가 여기서 마음속 깊이 새겨야 할 점은, 힘이 부족한 이스라엘 왕국은 이방 왕국에 의해 심한 고통을 당했지만 자기 백성을 사랑하시는 하나님께서는 그 악한 자들에게 특별한 메시지를 주어 악행을 멈추도록 하셨다는 사실이다. 이와 같은 일은 오늘날 우리 시대에도 여전히 발생하고 있다. 참된 교회와 성숙한 성도들은 항상 이에 대한 분명한 깨달음을 소유하고 있어야만 한다.

제4장

요나의 분노와 하나님의 교훈
(욘4:1-11)

1. 요나의 분노(욘4:1,2)

하나님께서 니느웨 사람들에게 재앙을 내리지 않은 것을 본 요나는 마음이 불편하여 속으로 매우 화가 났다. 그는 자신의 심경을 하나님께 그대로 고하며 기도했다. 요나가 그 상황을 심히 싫어하고 분노한 것은 하나님에 대항하여 그런 태도를 보였다기보다 당시의 분위기로 인해 자기 혼자 화가 났던 것으로 이해하는 것이 자연스럽다. 그는 하나님이 니느웨 사람들을 심판하여 저들에게 무서운 재앙을 내리시는 것이 지극히 합당한 방편이라 생각하고 있었기 때문이다.

요나는 여기서 자기가 첫 번째 하나님의 명령을 듣고 그에 불응했던 것에 대한 주관적인 핑계를 대고 있다. 그것은 지난 번 약속의 땅에서 니느웨로 보내려고 하시는 하나님의 명을 들었을 때 자신이 멀리 다시스로 도망치려고 했던 것은 이런 결과가 있으리라는 사실을 알았기 때문이라는 것이었다. 자기는 하나님이 은혜롭고 자비로우시며 노하기를 더디 하실 뿐 아니라 인애가 커서 뜻을 돌이켜 니느웨 사람들에게 재앙을 내리지 않으리라는 것을 미리 짐작하고 있었다는 것이다.

그러나 우리는 요나의 그 말을 어느 정도 진정성이 있는 것으로 받아들여야할지 분명히 알기 어렵다. 이는 아직 구체적인 일이 진행되기도 전에 그렇게 알고 있었다는 것은 지나친 주장이라 하지 않을 수 없기 때문이다. 즉 하나님의 성품이 은혜롭고 자비로워서 노하기를 더디 하는 것은 사실이지만 그렇다고 해서 하나님께 저항하며 악을 저지르는 니느웨 사람들을 그런 식으로 대우해 저들에게 재앙을 내리지 않으리라는 것을 미리 알았다는 것은 받아들이기 어려운 주장이다.

그럼에도 불구하고 요나가 매우 화가 나서 기도하는 가운데 하나님 앞에서 그런 주장을 했던 것은 틀림없다. 이는 자신의 생각이 정당하다는 사실을 강조한 것으로 이해하는 것이 가장 자연스럽다. 그가 생각하기에 하나님을 욕되게 한 니느웨 사람들은 마땅히 하나님으로부터 무서운 재앙을 당해야만 했다. 요나는 이스라엘 민족을 대적하고 하나님의 뜻에 저항하는 백성이 재앙을 받는 것은 지극히 당연하다는 생각을 하고 있었다. 이는 니느웨 사람들이 하나님께 저항하는 가운데 이스라엘 민족을 끊임없이 괴롭혀 온 것은 사악한 죄악이 아닐 수 없었기 때문이다.

하지만 그와 같은 요나의 판단은 하나님의 뜻이 아니라 요나 나름대로 정리한 지극히 인간적인 합리적 사고의 결과였다. 그러므로 요나는 언약의 자손들을 호시탐탐 노리며 괴롭히는 자들을 징벌하지 않고 용서하시는 하나님을 도저히 이해할 수 없었다. 요나가 하나님 앞에서 스스로 화를 크게 낸 이유는 바로 거기 있었던 것으로 여겨진다.

2. 낙심에 빠진 요나의 관망하는 태도(욘4:3-5)

하나님께서 악을 행한 니느웨 사람들에게 재앙을 내리지 않는 것으로 인해 요나는 심한 낙심에 빠지게 되었다. 자기가 기대하던 바와 정반대로 전개되어가는 상황이 그로 하여금 절망케 했던 것이다. 이는 그의 이기적인 자세 때문이 아니라 언약의 민족에 대한 깊은 사랑에 연관된 것으로 보아야 한다.

그러므로 요나는 하나님께 자신의 생명을 거두어 달라는 간구를 했다. 이 땅에서 힘겹게 살아가는 것보다 죽는 것이 차라리 낫다고 여긴 것이다. 즉 그는 하나님으로부터 자신의 진정성을 인정받지 못하고 언약의 백성이 처한 원통함을 풀어주시지 않는 하나님을 이해하기 힘들어 고통스럽다는 이유로 말미암아 그와 같은 표현을 하고 있다. 우리는 여기서 요나의 고뇌하는 심정을 엿보게 된다.17)

하지만 생명을 거두어달라는 요나의 극단적인 표현이 섞인 간구를 들은 하나님께서는 도리어 그를 책망하셨다. 어떻게 하나님의 완벽한 판단과 결정으로 인해 그렇듯이 분노하느냐는 것이었다. 요나는 그에 대해 달리 할 말이 없었다. 전지전능하신 하나님께서 행하신 일을 두고 화를 내는 행동은 잘못되었다는 것을 잘 알고 있었기 때문이다.

그럼에도 불구하고 요나는 하나님께서 니느웨 사람들을 어떻게 다루어 가실지 잘 알지 못했다. 그것은 전적으로 하나님께 속한 일이었기 때문이다. 결국 요나는 그런 상황 가운데서 홀로 니느웨 성 밖으로 나갔다. 그는 성 동편의 한적한 곳으로 나가 자리를 잡았다. 그곳에서 자기를 위하여 임시 거처인 초막을 짓고 그 그늘 아래 앉아 있었다. 니느웨 성이 과연 어떻게 되어갈지 멀리서 바라보고자 했던 것이다.

요나가 그렇게 했던 것은 하나님의 말씀에도 불구하고 '사십 일'이 지

---

17) 우리는 여기서 사정이 좀 다르긴 하지만 사도 바울이 로마에 있는 교회에 편지하면서 한 말을 떠올리게 된다. "오호라 나는 곤고한 사람(a wretched man)이로다 이 사망의 몸에서 누가 나를 건져 내랴"(롬7:24). 바울은 여기서 자신의 무능으로 인한 비참한 상태를 고백하고 있다. 우리는 당시 요나의 심경도 그와 유사했을 것이란 생각을 해 볼 수 있다.

나면 무슨 일이 발생하게 될지도 모른다는 기대 때문이었을 것으로 보인다(욘3:4, 참조). 그는 아브라함과 롯의 시대 하나님께서 소돔과 고모라에 유황과 불을 내려 멸망시키던 사건을 기억하며 니느웨도 그렇게 되기를 바라며 기다렸을지도 모른다. 하지만 그것은 요나의 왜곡된 기대였을 뿐 실제로는 그렇게 되지 않았다.

3. 요나와 박 넝쿨(욘4:6-9)

요나는 그런 기대를 가지고 마른 풀들을 모아 임시로 지은 초막의 그늘 아래 앉아 있었다. 하지만 뜨거운 햇빛이 그 위에 비치자 견디기 어려운 형편에 놓이게 되었다. 그때 하나님께서는 그를 위해 특별히 박 넝쿨을 준비해 주셨다. 그 무성한 넝쿨 잎의 그림자가 요나를 고통스럽게 하는 햇빛을 가리도록 해 주셨던 것이다. 그리하여 그의 머리에 그늘이 지게 되어 더위로 말미암은 괴로움을 면할 수 있었다. 요나는 그 박 넝쿨로 인해 고통이 덜어지자 즐거운 마음을 회복하게 되었다.

그런데 하나님께서는 그 이튿날 아무도 모르는 사이 이른 새벽에 벌레들로 하여금 그 박 넝쿨을 씹어 물어뜯도록 하셨다. 그렇게 되자 잎이 무성하던 박 넝쿨이 곧 시들어 버렸다. 그후 아침 해가 떠오르자 하나님은 요나가 머물고 있는 곳에 뜨거운 햇빛과 더불어 무더운 동풍이 불게 하셨다.

그 뜨거운 햇빛과 더불어 무더운 동풍이 요나를 향해 불게 되자 그의 머리에 직접 내리쬐는 햇빛으로 인해 요나는 정신이 혼미하게 되었다. 그는 그 괴로움이 워낙 심하여 스스로 죽기를 원했다. 살아있으면서 심한 고통을 당하는 것보다 차라리 죽는 것이 낫다고 판단했던 것이다. 그가 박 넝쿨 때문에 기뻐하기도 하고 그것 때문에 죽기를 바랄 만큼 고통스런 마음을 가지기도 했다.

　요나는 그 박 넝쿨이 하나님의 특별한 배려라는 사실을 모르는 채 자연적인 것으로 받아들였을 것이 분명하다. 그는 그 박 넝쿨로 인해 기쁨과 즐거움을 누리기도 하고 고통스러워 괴로운 마음을 가지기도 했지만 그것이 하나님께서 목적을 가지고 행하신 일이란 사실을 미처 깨닫지 못하고 있었다. 하나님께서는 그것을 통해 요나에게 매우 중요한 교훈을 주시고자 하셨던 것이다.

　요나는 앞에서도 하나님이 니느웨 사람들에게 재앙을 내리시지 않는다는 이유로 빨리 죽고 싶다는 말을 했었다. 이번에는 자기에게 뜨거운 햇빛이 비치게 되자 그 괴로움을 이기지 못해 죽기를 원했다. 이 의미 가운데는 언약의 민족을 괴롭히고 하나님을 능욕하는 니느웨의 이방인들보다 언약의 자손들과 선지자인 자기가 도리어 못한 대우를 받고 있다는 서운한 마음이 포함되어 있었던 것으로 보인다.

　그러나 하나님께서는 도리어 햇빛을 가리는 역할을 하는 박 넝쿨과 그 잎이 말라버린 것으로 인해 화를 내는 요나를 책망하셨다. 그 박 넝쿨은 하나님께서 요나를 위해 특별히 허락하신 선물이며, 요나 스스로 그것을 준비한 것이 아니었다. 따라서 그 일 때문에 화를 내는 것은 전혀 합당치 않은 행동이라는 것이었다. 하지만 요나는 화가 치밀어 설령 죽을지라도 자기가 화를 내는 것이 합당하다고 대꾸했다. 이는 그와 같은 상황을 도저히 이해할 수 없었기 때문에 그런 반응을 보일 수밖에 없다는 것이었다.

　어쩌면 요나의 그와 같은 대응이 자기 나름대로는 믿음으로 인한 것일지 모른다. 그것은 또한 언약의 왕국과 그 가운데 살아가는 백성들을 위한 것이기도 했다. 요나는 하나님을 신앙하는 나름대로의 믿음이 있었지만 더 크고 오묘한 하나님의 섭리를 제대로 이해하지 못하고 있었던 것이 틀림없다. 우리는 하나님께서 인간들의 사고를 초월하여 전체적인 것을 보시는 가운데 자신의 섭리와 경륜에 따라 우리의 구원을 위한 모든 일을 행하고 계신다는 사실을 기억하지 않으면 안 된다.

4. 하나님의 설명(욘4:10,11)

하나님께서는 요나에게 자신이 허락한 박 넝쿨을 위해 그가 아무런 수고도 하지 않고 배양도 하지 않은 사실에 대한 언급을 하셨다. 요나가 박 넝쿨을 통해 뜨거운 햇빛을 피할 수 있었던 것은 전적으로 하나님의 특별한 배려로 인한 것이었다. 그리고 하나님은 요나에게 하룻밤에 자라났다가 하룻밤에 시들어버린 그 박 넝쿨을 얼마나 아꼈는가 하는 점을 상기해 보도록 요구하셨다.

우리가 여기서 기억해야 할 바는 하나님께서 그 박 넝쿨을 특별히 준비하신 것은 박 넝쿨 자체를 위해서가 아니라 하나님의 사람 요나를 위해서였다. 그리고 그에게 소중한 교훈을 주시고자 하는 마음이 있었다. 이는 매우 중요한 의미를 지니고 있으며 하나님은 요나에게 바로 그점을 말씀하시고자 했다.

요나가 하나님의 메시지를 선포하고 그로부터 재앙을 받기 원했던 큰 성읍 니느웨에는 좌우를 분변하지 못하는 어린 아이가 십이 만(120,000) 명이나 되었다. 그들은 어른들과 달리 이스라엘 민족에 대하여 직접적인 적대감이나 침공의사를 가질 수 없었다. 당시 많은 가축과 더불어 수백만 명에 이를 니느웨 백성들 가운데는 그에 무지한 자들도 상당수 포함되어 있었다. 이는 그 어린 아이들이 풍요로운 환경을 통해 다음 세대까지 막강한 세력이 상속되어 가리라는 사실을 말해주고 있다.

하나님께서는 요나에게 박 넝쿨에 연관된 사실을 상기시키면서, 요나가 뜨거운 햇빛을 막아주는 도구 역할을 한 박 넝쿨을 아끼듯이, 자기가 장차 특별한 도구로 사용하게 될 그 성읍 니느웨를 아끼는 것은 합당하다는 말씀을 하셨다. 하나님은 여기서 니느웨 사람들을 이스라엘 왕국을 심판하기 위한 도구로 사용하시기 위해 아낀다는 사실을 말씀하셨다. 앞에 언급된 대로 요나는 뜨거운 햇빛으로부터 자기를 보호해주던 박 넝쿨의 소중함을 잘 알고 있었을 것이 분명하다. 하나님께서 니느웨 사람들에게 재앙을 내리지 않은 것도 그와 동일한 관점에서 이해해야 한다는 것이다.

하나님은 여기서 그것을 통해 니느웨 사람들이 장차 약속의 땅에 거하는 언약의 민족을 위한 박 넝쿨과 같은 도구 역할을 하게 되리라는 사실을 말씀하고자 하셨다. 즉 하나님 보시기에 진정으로 중요한 것은 재앙을 면한 니느웨 성과 그 안에 거하는 백성이 아니라 어떤 형태로든 저들로 말미암아 참된 유익을 얻게 될 하나님의 자녀들이었다. 물론 거기에는 혈통적 민족 자체가 아니라 장차 그 가운데서 오시게 될 메시아가 가장 중심적인 위치에 놓여 있다.

우리는 여기서 앗수르 제국이 이스라엘 민족을 위해 어떤 구체적인 유익을 줄 수 있는가 하는 점을 주의 깊게 생각해 볼 필요가 있다. 그것은 결코 간단하게 이해할 수 있는 문제가 아닌 것이 분명하다. 그 유익이란 결코 사람들의 이성과 경험으로 파악될 수 있는 성질의 것이 아니기 때문이다.

하지만 우리는 그 가운데는 소중한 언약에 연관된 내용이 존재한다는 사실을 기억하지 않을 수 없다. 아마도 그것은 앗수르 제국이 나중 하나님의 심판의 도구가 되어, 북 이스라엘 왕국을 공략하여 패망시킬 것에 연관되어 있을 가능성이 크다. 하나님께 가장 중요한 것은 이스라엘 민족 전체가 아니라 예루살렘과 그 안에 있는 거룩한 성전이다. 물론 그 가운데 거하는 신실한 언약의 백성이 소중한 대상이었다.

인간적인 관점에서 본다면, 배도 행위를 지속하는 북 이스라엘 왕국이라 할지라도 패망하지 않고 끝까지 존속되는 것이 낫다고 판단할지 모른다. 하지만 여호와 하나님을 떠난 배도자들을 심판하여 패망케 하는 것이 오히려 예루살렘 성전이 있는 남쪽 유다 왕국을 보호하면서 언약과 신앙의 순수성을 유지하는 소중한 방편이 될 수 있다. 즉 배도에 빠진 북이스라엘 왕국을 앗수르 제국의 손을 통해 멸망에 내어주는 것이 메시아 강림을 향한 전체적인 구속사에 유익이 되는 것이다.

이처럼 하나님께서 그때 니느웨를 즉각 멸망시키지 않고 남겨두신 것은 나중 배도에 빠진 북 이스라엘 왕국을 패망시킴으로써 하나님의 뜻을 이루어가는 것에 연관되어 있는 것으로 보는 것이 타당하다. 즉 사악한 배도자들을 심판하고 혈통적 다윗 왕국과 예루살렘을 보호하는 것이 더욱 중요했던 것이다. 이는 하나님의 집인 거룩한 성전과 그 가운데 오시게 될 메시아가 얼마나 중요한 것인가를 잘 말해주고 있다.

우리는 요나서의 맨 마지막 부분에 기록된 이 말씀을 이와 같은 언약적 의미를 배제한 채 달리 해석할 방법을 찾아내기 어렵다. 결국 하나님의 궁극적인 관심은 약속의 자녀들과 예루살렘 성전에 있는 것으로 이해해야 한다. 그것을 통해 장차 자기 백성을 구원하실 메시아가 저들 가운데 강림하실 것이기 때문이다. 이것이 하나님의 자녀들에게 허락되는 진정한 은혜가 된다.

성구색인

오바댜

요나서